Elke Hartebrodt-Schwier
Dr. Stephan Schwier

ELKE HARTEBRODT-SCHWIER
DR. STEPHAN SCHWIER

Rundum-Paket für die
Planung und Durchführung
von Kinder- und Jugendfreizeiten

Mit Illustrationen von Dorothée Böhlke

AUSSAAT

Unser Dank gilt

– allen Kindern und Jugendlichen für die vielen schönen Freizeiterfahrungen.
– allen ehrenamtlichen Mitarbeiterinnen und Mitarbeitern, die zu erfolgreichen Freizeiten beigetragen haben.
– Henry Schwier für seine Anregungen und Diskussionsbeiträge.

1.Auflage 2003
© Aussaat Verlag
Verlagsgesellschaft des Erziehungsvereins mbH,
Neukirchen-Vluyn
Titelgestaltung: Hartmut Namislow
Satz + Druck: Breklumer Druckerei Manfred Siegel KG
Printed in Germany
ISBN 3-7615-5290-4
Bestellnummer 155 290

Inhaltsverzeichnis

0.	Einleitung	8
1.	Was ist Freizeit?	9
2.	Planung von Freizeiten	13
2.1.	Freizeiten als pädagogischer Raum	14
2.2.	Möglichkeiten für Freizeiten als Teil sozialpädagogischer Arbeit	16
2.3.	Möglichkeiten für Freizeiten als Teil religionspädagogischer Arbeit	19
2.4.	Ziele von Freizeiten	21
2.5.	Freizeitstruktur	25
2.6.	Auswahl von Mitarbeitern	25
2.6.1.	Chancen und Probleme der Zusammenarbeit mit Jugendlichen	28
2.6.2.	Chancen und Probleme der Zusammenarbeit mit Erwachsenen	29
2.6.3	Ziele der Zusammenarbeit mit Ehrenamtlichen	30
2.7.	Arbeiten im Team	31
2.8.	Gruppendynamische Aspekte	33
2.9.	Rollenfunktionen in der Arbeit mit Gruppen	37
3.	Erlebnispädagogik als Methode von Freizeitarbeit	41
4.	Vorbereitung einer Freizeit	47
4.1.	Der Freizeitort	48
4.2.	Werbung und Öffentlichkeitsarbeit	50
4.2.1.	Praktische Tipps für eine Pressemitteilung	51
4.2.2.	Praktische Tipps für ein Plakat	55
4.2.3.	Praktische Tipps für einen Internetartikel	56
4.3.	Ausschreibung und Anmeldebestätigung	57
4.3.1.	Praktische Tipps für eine Ausschreibung	58
4.3.2.	Praktische Tipps für eine Anmeldebestätigung	59
4.4.	Informationsabend	60
4.4.1.	Ablauf des Abends	60
4.4.2.	Informationsfragebogen über den Teilnehmer	64
4.5.	Finanzierung von Freizeitmaßnahmen	64
4.5.1.	Finanzfragen	65
4.5.2.	Beispiel einer Freizeitkalkulation	68
4.6.	Programm und Thema	70

5. Tagesablauf und Organisation während einer Freizeit 73

5.1.	Tagesleitung	74
5.2.	Fahrt zum Freizeitort	74
5.3.	Ankommen	79
5.4.	Regeln für die Gruppe	80
5.5.	Das erste Kennenlernen	81
5.5.1.	Eierkram	81
5.5.2.	Spielekette „Eine Seefahrt, die ist lustig"	82
5.5.3.	Spielekette „In sechs Tagen um die Welt"	90
5.6.	Rund um die Weckzeit	96
5.7.	Rund um die Mahlzeiten	97
5.8.	Tagesschau	102
5.8.1.	Bildershow	102
5.8.2.	Feedback-Runde	103
5.8.3.	Andacht	106
5.8.3.1.	Impulse zur Vorbereitung einer Andacht	107
5.8.3.2.	Typische Themen für eine Andacht	110
5.9.	Freizeitgottesdienst	114
5.9.1.	Grundbausteine eines Freizeitgottesdienstes	114
5.9.2.	Beispiele für einen Freizeitgottesdienst	115
5.10.	Besprechung im Mitarbeiterkreis	118
5.11.	Freizeitzeitung	121
5.12.	Bank	125
5.13.	Der letzte Abend	125
5.13.1.	Das SPOOG-Fest	126
5.13.2.	Geld oder Liebe	128

6. Besondere Situationen für Teilnehmer und Leitung 135

6.1.	Erkrankungen und Unfälle	136
6.2.	Mit dem Kanu unterwegs	138
6.3.	Mit dem Zelt unterwegs	140
6.4.	Mit dem Fahrrad unterwegs	141
6.5.	Heimweh	141
6.6.	Alkohol und Rauchen	142
6.7.	Multimedia	142
6.8.	Post und Telefon	143
6.9.	Besuch der Eltern	144
6.10.	Ruhezeiten der Mitarbeiter	144
6.11.	Freundschaftsbeziehungen im Mitarbeiterkreis	145
6.12.	Regelverstoß durch Teilnehmer	145

7. Aufsichtspflicht 147

8.	Nachbereitung einer Freizeit	157
8.1.	Endabrechnung einer Freizeit	159
8.2.	Das Nachtreffen	159

9. Anhang		163
9.1.	Checkliste für das Kochen in der „Wildnis"	164
9.2.	Mengenangabe für Kochen in der Großgruppe	165
9.3.	Stockbrotrezept	166
9.4.	Checkliste für die Materialkisten	167
9.5.	Raster für die Programmplanung	169

10.	Stichwortverzeichnis	170

11.	Literaturverzeichnis	173

Einleitung

Eine Freizeit wird geplant, vorbereitet und durchgeführt. Eine Freizeit – egal ob zur zwei Tage oder zwei Wochen – bedarf einer guten Vorbereitung. Mitarbeiter müssen gewonnen, die Ziele definiert und die Reiseart organisiert werden.

Die Freizeit im Sinne der Freizeitpädagogik ist im Leben eingebunden und benötigt viel Phantasie bei der Ausgestaltung. Theorie und Praxis sind miteinander verzahnt und gleichermaßen wichtig für den Erfolg. Die Teilnehmer einer Freizeit müssen dabei genau so im Blick sein wie die haupt- und ehrenamtlichen Mitarbeiter. Dieses Buch gibt Anregungen, Vorschläge und Hinweise für die Bereiche Planung, Vorbereitung und Durchführung einer Freizeit. Weitere Kapitel geben einen Überblick über die zu beachtende Aufsichtspflicht als Nebenpflicht, besondere Situationen einer Freizeit und die Nachbereitung.

1. Was ist Freizeit

Begriffsklärung
Freizeit – ein Begriff mit vielen Fassetten und Hintergründen:
Was machst du in deiner Freizeit? Kommst du mit auf die Jugendfreizeit? Wir gehen heute in den Freizeitpark! Schau 'mal, meine neue Freizeithose!
Viermal Freizeit – immer in einem anderen Kontext.

Die Begriffe „frei" und „Zeit"
Der Begriff setzt sich aus zwei Wortteilen zusammen. Das Wort „frei" haben schon die Germanen benutzt, die diesem Begriff eine rechtliche Bedeutung gaben. Die Menschen in der eigenen Familie/Sippe wurden als „frei", im Sinne von gleichberechtigt, bezeichnet. In späteren Jahrhunderten wurden die Städte „frei" – ungebunden und unabhängig von Königen und Fürsten. Die sogenannte „Bauernbefreiung" gab den Menschen auf dem Lande die Möglichkeit, selbstständig und eigenverantwortlich ihr Leben zu führen. „Freiheit, Gleichheit, Brüderlichkeit" – der Wahlspruch von Revolutionären und politisch frei denkenden Menschen. Heute ist „frei" ein allgemein gebrauchtes Adjektiv mit den Bedeutungen unabhängig, nicht eingeengt, ungebunden.
Der Begriff „Zeit" wandelte sich von der Bedeutung „Einteilung, Abschnitt" über „Alter, Jahre" bis hin zur „Stunde, feste Einteilung (der Zeit)".

Die Wortfolge „frey zeyt"
Die feste Wortfolge „frey zeyt" wird im deutschen Sprachgebrauch etwa ab 1350 gebraucht. Es ist ein Rechtsbegriff, der den Menschen Schutz und freien Handel während der Märkte ermöglichte (vgl. Nahrstedt 1972, S. 31). Der Begriff erfuhr im 16. Jahrhundert eine neue Wandlung. Die Reformation führte zu einem kulturellen, sozialen, religiösen und wirtschaftlichen Wandel in Deutschland und Europa. Martin Luther (1483-1546) wertete die Arbeit als Beruf zum pflichtgemäßen Selbstzweck des Lebens religiös auf und die arbeitsfreie Zeit ab. Die Zeit, in der die Menschen nicht arbeiteten, wurde zunehmend von der Arbeitszeit getrennt: die freie Zeit als Gegenpol zur Zeit der Arbeit. Religion und geistige Erbauung sollten in der „frey zeyt" ihren Platz haben.

Der Begriff „Freizeit" in der Pädagogik
Der zusammengesetzte Begriff „Freizeit" entstand zuerst im Bereich der Pädagogik. Jean-Jacques Rousseau (1712-1778) gehört zu den geistigen Urhebern des Wortes Freizeit, weil er eine auf Freizeit angelegte Erziehung gründete. Auch die Pädagogen Pestalozzi (1746-1827) und Fröbel (1782-1852) setzen sich intensiv mit der Funktion von Freizeit in Schule und Erziehung auseinander. So schrieb Pestalozzi 1808, dass die Schüler sowohl vor dem Mittagessen als auch danach Zeit zur Erholung brauchten. An „Bummeltagen" sollten ihnen Zeit zum Spielen, Wandern und Reisen zur Verfügung stehen, die der „recreation" diente (vgl. Nahrstedt 1972, S. 33). Freizeit wurde somit Zeit zur freien Beschäftigung, freien Selbstbestimmung und -tätigkeit.

In den Jahren der industriellen Revolution wurde die Arbeitszeit das bestimmende Maß im Leben der Menschen. Die Trennung von Arbeits- und Freizeit wurde radikal. Als erster Sozialwissenschaftler im deutschsprachigen Raum untersuchte Sternheim die Freizeit und begründete somit maßgeblich die Freizeitforschung mit. Bei einer Untersuchung kam er zu folgendem Ergebnis: „Als Freizeit wird diejenige Zeit betrachtet, welche nach der normalen Arbeitsperiode übrig bleibt […]" (Kraus-Siemann 1989, S. 16). Die Freizeit wird zum negativen Begriff.

In den fünfziger Jahren des 20. Jahrhunderts entwickelte sich die Freizeitforschung weiter. Vor allem Sozialwissenschaftler aus den USA waren an der Forschung beteiligt. Der Amerikaner Riesman sah Freizeit als einen Ort, „[…] ab den sich der außengeleitete Mensch auslebt und durch Kultivierung des Konsums Selbstverwirklichung anstrebt" (Kraus-Siemann 1989, S. 17). In der Zeit des Wirtschaftswunders der fünfziger Jahre änderten die Menschen ihr Verhalten. Sie strebten nicht nur nach Arbeit, sondern begannen, ihre Freizeit gezielt zu gestalten. Urlaub und freie Tage wurden zu geplanten Zeiten im Jahr. Die Freizeitindustrie wuchs, weil nun auch viele Menschen in der Lage waren, sich Freizeit „leisten" zu können. Mit der Zeit entstanden und entstehen immer neue Formen: Urlaubsburgen für die Sonnenhungrigen, Freizeitparks für die Naherholung bis hin zu den „Events" für die Spaßgesellschaft.

Die Freizeitforschung beschäftigte sich zunehmend mit dem Phänomen Freizeit. Mit dem Wandel von der Arbeits- zur Freizeitgesellschaft finden die Forscher immer neue Theorien über die Zusammenhänge von Arbeit und Freizeit. Fest steht, dass die Menschen sich heute nicht mehr nur über die Arbeit definieren, sondern zunehmend auch über ihre Freizeit (-beschäftigung).

Freizeit im pädagogischen Sinn

„Freizeit" in diesem Buch ist im pädagogischen Sinn zu verstehen und gründet sich auf die Überlegungen der Pädagogen des 18. und vor allem 19. Jahrhunderts.

Die von Wichern (1808-1881), Vertreter eines Freizeitverständnisses von Erholung und Spiel, praktizierte Form des Gemeinschaftslebens inspirierte die Verbandsarbeit der Evangelischen Jugend, so dass 1913 die erste zehntägige Freizeitmaßnahme in Deutschland arrangiert wurde. In der Gruppenarbeit sollten die Teilnehmer über Lebensfragen mit Gleichgesinnten austauschen. Gemeinschaftserfahrungen, die das gemeinsame Durchdenken von Lebensfragen erleichtern, ließen die Freizeiten zu „geistigen Höhepunkten" werden. Durch sozialpolitische Fragestellungen von Friedrich Naumann (1860-1919) wurde die Anfangsphase der Freizeitpädagogik geprägt. Grundlegend ging Naumann davon aus, dass in der Freizeit das verbessernd kultiviert werden müsse, was man auch zu einer anderen Zeit bereits ausübt. Ferner sollten die Menschen zur Selbständigkeit und Kreativität ermuntert werden (vgl. Nahrstedt 1972, S. 35-36). Mit dieser Auffassung einer „sinnvollen Freizeitgestaltung" kritisiert Naumann den Sozialisationscharakter der Vergnügungsindustrie, die das Freizeitverhalten auf das reduziert, was sich vermarkten lässt.

Primäre und sekundäre Freizeitpädagogik

In den siebziger Jahren entwickelte sich eine „primäre" Freizeitpädagogik – als Beschreibung des Freizeitbereichs unter Berücksichtigung der Zusammenhänge von

Arbeit und Freizeit – zu einer eigenständigen Teildisziplin der Erziehungswissenschaft mit einem eigenen Methodenansatz. Die „sekundäre" Freizeitpädagogik ergänzt die primäre, in dem sie den Freizeitbereich als Teilgebiet der Schul-, Berufs-, Sozial-, Sonder- und Kulturpädagogik beschreibt (vgl. Opaschowski 1983, S. 37).

Ziele freizeitpädagogischer Arbeit
Viele Ziele sind von der Pädagogik und Sozialwissenschaft beschrieben worden. Als Beispiel stellen wir freizeitpädagogische Ziele vor, die von der Evangelischen Kirche in Deutschlands (EKD) formuliert worden sind:

Freizeitpädagogik sorgt dafür, dass...
- die Menschen durch geeignete Methoden Hilfen und Anregungen erhalten, um mit der persönlichen Freizeit verantwortlich umgehen zu können.
- Freizeitbedürfnisse und -funktionen als Lernchance für den selbstbestimmten und angemessenen Umgang mit freier Zeit gesehen werden.
- Erziehungsinhalte wie Freizeit, Selbstbestimmung und -erhaltung sich nicht nur auf das Freizeitverhalten beschränken.
- z.B. Freude, Kreativität und Unterhaltung ihren Raum haben und entsprechend gefördert werden.
- benachteiligte Gruppen angesprochen werden (vgl. Ev. Arbeitstelle Fernstudium 1987, S. 98-99)

Hauptziele für die Durchführung von Freizeiten
Drei Hauptziele für die Durchführung von Freizeiten können festgehalten werden: Erholung, Erlebnis und Erziehung. Inhalte und Methoden für die Freizeitpädagogik sind dabei von den Zielen abhängig. Ausgehend von einer inhaltlichen sinnvollen Freizeitgestaltung muss darauf hingewiesen werden, dass Freizeitpädagogen immer die Bedürfnisse der Menschen im Blick haben müssen und nicht diktieren können, was für sie sinnvoll sein soll. Ebenso dürfen Freizeitangebote mit – oft zwanghaften – Animationen nicht zum Allheilmittel gegen Langeweile werden.

2. Planung von Freizeiten

Ein Mitglied eines Kirchenvorstandes: „Was soll der ganze Aufwand mit der Freizeit? Wo ist denn da der Sinn? Ist die Gruppenarbeit hier vor Ort nicht wichtiger als dieses Ringelpiez mit Anfassen?"

Das folgende Kapitel beinhaltet die konzeptionellen Überlegungen und Problembereiche, die sich bei der Planung von Freizeitmaßnahmen stellen und die vor der Reise diskutiert und geklärt werden müssen. Es sind die Bereiche der Begründung, der Zielsetzung und der Organisation von Freizeiten.

2.1. Freizeiten als pädagogischer Raum

Die Arbeit mit Kindern und Jugendlichen stellt neben der Herkunftsfamilie und der Schule eine eigenständige Institution dar. Sie beschäftigt sich speziell mit der Sozialisation der Kinder und Jugendlichen und ist durch das Kinder- und Jugendhilfegesetz (KJHG) geregelt. Pädagogische Maßnahmen können von Verbänden, Gruppen und Initiativen der Jugend, anderen Trägern der Jugendarbeit und von Trägern öffentlicher Jugendhilfe angeboten werden (§ 11 (2) KJHG). Die Inhalte der Jugendarbeit werden durch § 11 (1) KJHG beschrieben.
Zu den Schwerpunkten gehören nach § 11 (3) KJHG:

„1. außerschulische Jugendbildung mit allgemeiner, politischer, sozialer, gesundheitlicher, kultureller, naturkundlicher und technischer Bildung,
2. Jugendarbeit in Sport, Spiel und Geselligkeit,
3. arbeitswelt-, schul- und familienbezogene Jugendarbeit,
4. innerdeutsche und internationale Jugendarbeit,
5. Kinder- und Jugenderholung,
6. Jugendberatung.« (Junge/Lendermann 1990, S. 47)

Folglich versteht sich Jugendarbeit als eine unterstützende Einrichtung, die die Sozialisationsziele der anderen Erziehungsinstitutionen ergänzen, fortführen und vertiefen will. Darüber hinaus kann sie Mängel oder Fehlverhalten ausgleichen und auf die Sozialisation von Kindern und Jugendlichen verändernd oder hinterfragend Einfluss nehmen.
Gemäß § 11 (3) KJHG dienen die Angebote in der Jugendarbeit der Erholung von Kindern und Jugendlichen. Freizeiten tragen nicht nur zur Erholung, Besinnung und „sinnvollen« Freizeitgestaltung bei, sondern verfolgen spezifische inhaltliche Schwerpunkte, die im Zusammenhang mit den jeweiligen Einrichtungen gesehen werden müssen.

Bedingungen pädagogischer Freizeiten

Irene Klein benennt in ihrem Buch „Freizeitfahrplan« sechs Bedingungen bzw. Möglichkeiten, denen die pädagogischen Freizeiten unterliegen (vgl. Klein 1978, S. 28-33):

Ferienzeit
Freizeiten finden in der Regel in der schulfreien Zeit statt. Sie bilden zum Alltagsleben eine Ausnahmesituation, in der keine schulischen Leistungen von den Kin-

dern und Jugendlichen gefordert werden. Es stellt sich eine Veränderung des sonst gleichförmigen Tagesablaufes ein, die aber gleichzeitig ein Gefühl der inneren Unruhe oder des „Nicht-wissen-was-tun« hervorruft. Andererseits fördert die freie Zeit die Bereitschaft, auf Neues zuzugehen, wenn hierzu attraktive Angebote geschaffen werden.

Freiwilligkeit
Die Freiwilligkeit der Teilnahme an einer Freizeit ist eine wichtige Voraussetzung für eine positive Einstellung und Erwartung gegenüber den Erlebnissen, die eine Freizeit mit sich bringt. Unter diesem Aspekt haben die Kinder und Jugendlichen eher Lust, ihre freie Zeit „sinnvoll« auszugestalten, als wenn sie zur Teilnahme an einer Maßnahme gezwungen werden.

Neue Umgebung
Freizeiten finden in einer ungewohnten Umgebung statt, die Neugierde weckt, neue Erfahrungen ermöglicht sowie die Teilnehmer mit dem Leben anderer Menschen konfrontiert. Die Heranwachsenden leben oft in einer erfahrungsarmen Umwelt. Es ist etwas ganz Besonderes, zum Beispiel beim Zelten den Gegensatz von Tag und Nacht, das Wetter und Naturgeräusche hautnah zu erleben. Es ist wichtig, dass sich die Freizeitleitung Gedanken über mögliche Wirkungen der äußeren Bedingungen des Ferienorts und der Freizeitstruktur macht.

Das Zusammensein mit Gleichaltrigen
Bei einer Freizeit wird das Zusammenkommen mit Gleichaltrigen gefördert. Sie bietet ein wichtiges Übungs- und Erfahrungsfeld, um sich mit anderen auseinander zu setzen, gemeinsam Neues auszuprobieren und zu reflektieren, was sich Einzelne allein oft nicht zutrauen. Gelernte Werte und Maßstäbe können hinterfragt werden, ohne dass mit Sanktionen gerechnet werden muss. Es können neue Verhaltensweisen und Rollen erprobt werden, losgelöst von Verhaltensmustern, die im Elternhaus oder in der Schule eingespielt sind oder sich ständig wiederholen.

Neue Erfahrungen
Freizeiten bieten den Teilnehmern einen Raum, viele Erfahrungen zu sammeln. Beispiele sind: Bewältigung von Küchendienstaufgaben, mit anderen ein Zimmer teilen, Nachts lange mit anderen diskutieren, Anerkennung erhalten, Nahrungsmittel achten oder Natur hautnah erleben. Diese Liste ließe sich noch um etliche Punkte erweitern. Festzuhalten ist jedoch, dass die Mitfahrer in einer Freizeit auf ganzheitlicher Ebene lernen, wenn sie neue Erfahrungen erlangen. Diese Erlebnisse können zu Verhaltensänderungen führen, zum Beispiel in der Einschätzung von Dingen und Menschen. Das Verhalten wird vertieft, entfaltet und trainiert und nicht korrigiert (vgl. Schilling 1995, S. 26).
Indem Berufspädagogen einen Freiraum zur Gestaltung anbieten, wo Spontaneität, Mitgestaltung und Entwicklung von Phantasie gefragt sind, wird das Sammeln von neuen Erfahrungen unterstützt (vgl. Schmucker 1990, S. 12).

Begegnung mit Personen verschiedener Altersstufen
Freizeiten bieten sowohl den Teilnehmern als auch dem Leitungsteam eine Entwicklungsmöglichkeit zum Verständnis zwischen Menschen verschiedener Altersstufen. Diese Chance ist besonders dann gegeben, wenn Hauptamtliche mit jugendlichen und/oder erwachsenen Ehrenamtlichen in der Leitung zusammenarbeiten. Trotz eines bestehenden Altersunterschiedes können die älteren Gruppenleiter als Partner der jüngeren Teilnehmer erlebt werden. Voraussetzung hierfür ist, dass Teamer bereit sind, etwas von den Jugendlichen zu lernen, und nicht nur von ihrer Möglichkeit Gebrauch machen, Anordnungen zu erteilen oder Regeln aufzustellen.

2.2. Möglichkeiten für Freizeiten als Teil sozialpädagogischer Arbeit

Kinder und Jugendliche haben heute viele Möglichkeiten, an kosteneffektiv organisierten „Konsumtrips« oder an nicht-kommerziellen Freizeiten teilzunehmen, die äußerlich alle die oben beschriebenen Bedingungen erfüllen mögen. Daher ist es wichtig, an dieser Stelle das spezielle der sozial- und religionspädagogischen Freizeitarbeit darzustellen, und deren inhaltliche Alternative zu anderen Freizeitanbietern zu verdeutlichen. In diesen anderen Freizeiten mögen pädagogisch ausgebildete Animateure zwar Methoden verwenden, die auch religions- bzw. sozialpädagogische Institutionen einsetzen, die kommerziellen Anbieter sind im allgemeinen aber weniger an den Bedürfnissen und Interessen der Jugendlichen, sondern vielmehr am Profit des Unternehmens interessiert.

Bezeichnung der Mitarbeiter
Wenn wir von Religionspädagogen und Sozialpädagogen sprechen, sind in der Regel auch die ehrenamtlichen Mitarbeiter gemeint, die in den entsprechenden Institutionen mitarbeiten und Freizeiten organisieren und leiten. Die Hauptamtlichen tragen für die Freizeiten aber eine größere Verantwortung – es sei denn, die Freizeit wird ausschließlich durch Ehrenamtliche organisiert. Das Verhältnis und die Zusammenarbeit der Haupt- und Ehrenamtlichen beschreiben vor allem die Kapitel „Auswahl von Mitarbeitern" und „Arbeiten im Team" in diesem Buch. Auch auf der Ebene der hauptamtlichen Mitarbeiter gibt es verschiedene Berufsgruppen, die Freizeiten durchführen. So leiten in kirchlichen Institutionen auch Pastoren Freizeiten an. Wir sprechen dennoch von sozial- und religionspädagogisch, da ein „Projekt Freizeit" in diese beiden Arbeitsgebiete einzuordnen ist.

Freizeiten als Teil sozialpädagogischer Arbeit
Sozialpädagogisch angeleitete Freizeiten formulieren Ziele, die auch in der Religionspädagogik ihre Anwendung finden. Besondere religionspädagogische Einheiten hingegen, wie Andachten oder Bibelarbeit, entsprechen nicht den Aufgaben der Sozialpädagogik. Die Möglichkeiten in der religionspädagogischen Arbeit können daher als Ergänzung dienen.

Die haupt- und ehrenamtlichen Mitarbeiter in der Sozialpädagogik bedienen sich einer Didaktik als „Wissenschaft des Lernens«, indem sie bei Freizeiten den Kindern und Jugendlichen einen Raum zum Lernen bieten. Johannes Schilling benennt in seinem Buch „Didaktik/Methodik der Sozialpädagogik", acht Elemente einer sozialpädagogischen Didaktik (Schilling 1995, S. 21-46), die sich auf die besondere Situation von Freizeiten übertragen lassen:

Lernen

Wenn Kinder und Jugendliche in Freizeiten die Möglichkeiten bekommen zu lernen, müssen Sozialpädagogen besonders darauf achten, dass die Teilnehmer nicht Objekt, sondern Subjekt des Lernens sind.
An dieser Stelle ist darauf hinzuweisen, dass Freizeiten einen besonderen Freiraum bieten, sich in sozialen Verhaltensweisen zu üben. Aber nicht nur soziale Fähigkeiten und Fertigkeiten können durch besondere Angebote angeregt werden, sondern auch motorische, musisch-tänzerische, intellektuelle und kreative.

Prozess

Bei der sozialpädagogischen Arbeit handelt es sich um einen Lehr-Lern-Prozess unter dem Einfluss der Zeit. Sozialpädagogen müssen den Lernenden Zeit lassen, wenn Verhaltensänderungen wünschenswert sind. Von daher ist es wichtig, dass die Freizeitleitung die Lernschritte in ein lang-, mittel- und kurzfristiges Konzept einordnet. Sie darf die Zielgruppe einer Freizeit nicht durch zu hochgesteckte Ziele überfordern. Freizeiten können nicht losgelöst vom Gesamtkonzept der Arbeit mit Kindern und Jugendlichen gesehen werden und müssen sich an das Alltagsgeschehen anlehnen.

Gefälle

Teilnehmer und Mitarbeiter einer Freizeit stehen in einem Lehr-Lern-Verhältnis. Das Ziel der Sozialpädagogik sollte es sein, in einem langfristigen Prozess dieses Gefälle abzubauen, um ein partnerschaftliches Verhältnis zwischen Lehrenden und Lernenden herzustellen. Dies gelingt meist nur schrittweise und muss den Bedürfnissen der Kinder und Jugendlichen entsprechen.

Verhältnis

Die didaktischen Elemente „Abbau eines Gefälles" und das „Verhältnis" hängen unmittelbar zusammen. Wenn das Ziel der sozialpädagogischen Arbeit lautet, das vorhandene Gefälle zwischen Lehrenden und Lernenden abzubauen, dann muss neben den einzelnen Schritten der kommunikativen Didaktik darüber nachgedacht werden, wie die Sozialpädagogen durch Haltungen und Fähigkeiten ein partnerschaftliches Verhältnisses erlangen.

Die Erziehungspsychologen R. Tausch und A.-M. Tausch formulieren vier Dimensionen, die förderlich für die Beziehung sind:
1. Achtung, Wärme und Rücksichtnahme,
2. vollständig einfühlendes Verstehen,
3. Echtheit, Übereinstimmung und Aufrichtigkeit,
4. viele fördernde nichtdirigierende Tätigkeiten (vgl. Schilling 1995, S. 35).

Gerade Freizeiten bieten im Gegensatz zur kontinuierlichen Arbeit einen Raum, diese Grundwerte umzusetzen, da die Mitarbeiter mehr Zeit haben, sich den einzelnen Teilnehmern zuzuwenden.

Darüber hinaus müssen sich Sozialpädagogen im Haupt- und Ehrenamt fragen, welche Rolle sie gegenüber den Teilnehmern einnehmen wollen. In der Erziehungswissenschaft spricht man von Erziehungsstilen, die Einfluss auf das Verhältnis zwischen dem „Erzieher« und dem Heranwachsenden nehmen (vgl. Schraml 1972, S. 103). Kurt Lewin nennt in seinem Modell drei Leitungsstile, die für die Ausgestaltung des pädagogischen Verhältnisses von großer Bedeutung sind. Neben dem autoritären und dem Laissez-fair-Stil hat sich der partnerschaftlich-demokratische Leitungsstil für das optimale Lernen der jeweiligen Zielgruppe bewährt. Trotzdem müssen sich Pädagogen fragen, in welchen Situationen möglicherweise ein partnerschaftlicher Stil nicht geeignet ist. Nicht jede Gruppe kann mit einem partnerschaftlich-demokratischen Leitungsstil umgehen. In der Anfangsphase ist es sinnvoll, die Bedingungen herauszufinden, unter denen die Teilnehmer zur Zeit lernen.

Inhalt und Beziehungen
Die Kommunikation zwischen Sender und Empfänger vollzieht sich nicht nur auf einer Sachebene, sondern beinhaltet gleichzeitig eine persönliche Auseinandersetzung auf der Beziehungsebene (vgl. Schulz von Thun 1991, S. 26).
Für die Mitarbeiter ist das von großer Bedeutung, weil damit der Inhalt der pädagogischen Arbeit als zweites und die untereinander bestehenden Beziehungen als erstes gesehen werden. Die Inhalte der Arbeit mögen also noch so sinnvoll für die Entwicklung der Teilnehmer erscheinen, sie werden erst dann von den Kindern und Jugendlichen angenommen, wenn die Beziehung zwischen den Kommunikationspartnern geklärt ist. Folglich ist eine gute Beziehung die Basis und Voraussetzung für das Lernen der Zielgruppe. In einer gestörten Beziehung verliert der Inhaltsaspekt erheblich an Bedeutung.

Situation
Schilling unterscheidet zwischen einer inneren und einer äußeren Situation (vgl. Schilling 1995, S 42). Die äußere Situation meint das Umfeld, in dem sich die Teilnehmer bewegen, und die innere Situation bezieht sich auf die momentane Verfassung und die Gefühle der Kinder und Jugendlichen. Freizeiten als äußerer Faktor wirken fördernd auf die innere Verfassung der Zielgruppe und beeinflussen den Lehr-Lern-Prozess positiv. Demnach sind Freizeiten Motivation und Anreiz dazu, sich mit neuen Inhalten auseinander zu setzen und Neues zu erproben.

Ziele
Das achte didaktische Element, die Ziele, werden in Kapitel 2.4. aufgeführt.

Schilling benennt diese acht didaktischen Elemente als spezifisch sozialpädagogisch. Wir sind jedoch der Auffassung, dass sich diese auch auf andere pädagogische Bereiche übertragen lassen. Um zum Gelingen einer Freizeit beizutragen, müssen in der Freizeitleitung didaktische Kenntnisse vorhanden sein.

2.3. Möglichkeiten für Freizeiten als Teil religionspädagogischer Arbeit

Kirchliche Mitarbeiter nehmen Aufgaben der religiösen Erziehung und Sozialisation wahr, mit der Orientierung an Jesus Christus und seiner Bindung an Gott. Die Freizeiten bieten Kindern und Jugendlichen einen Raum, einen Lebensbezug des Glaubens ersichtlich zu machen.
In der Präambel der Ordnung für die evangelische Jugendarbeit in der Ev.-luth. Landeskirche Hannover heißt es:

„Evangelische Jugendarbeit geschieht dort, wo junge Menschen durch das Wort Gottes zur Gemeinschaft des Glaubens und Lebens berufen werden. Sie ist dem evangelisch-lutherischen Bekenntnis verpflichtet. Evangelische Jugendarbeit will allen jungen Menschen das Evangelium von Jesus Christus in ihnen gemäßer Weise bezeugen, sie mit der biblischen Botschaft in ihrer Lebenswirklichkeit begleiten und sie ermutigen, in der Nachfolge Jesu Christi als mündige Christen kirchliches Leben mitzugestalten und Verantwortung in der Welt wahrzunehmen. [...]« (Landesjugendkammer 1987, S. 5).

Die Kinder und Jugendlichen sollen zur Auseinandersetzung mit der Botschaft des Evangeliums hingeführt und eingeladen werden, ihr Leben als Christen zu gestalten und es in der Gemeinde Christi zu verankern. Inhalte von Freizeitmaßnahmen beinhalten besondere Chancen zur Wahrnehmung kirchlicher Aufgaben. Ein Beispiel ist § 3 Kirchengemeindeordnung KGO der Landeskirche Hannover. Das dort Festgehaltene wird im Folgenden kurz erläutert (vgl. Informations- und Pressestelle 2000, S. 53-54):

Verkündigung
In der ursprünglichen Wortbedeutung des Begriffes geht es um die Mitteilung einer erfreulichen Nachricht. Jesus verkündet die Frohe Botschaft und bewirkt durch sein Handeln, dass Menschen zum Glauben kommen.
Freizeiten ermöglichen einen Raum der Verkündigung im ganzheitlichen Sinn. Das Zeugnis der Liebe Gottes zu den Menschen setzt Maßstäbe für das Leben, wie zum Beispiel Verzeihen statt Vorrechnen von Schuld, Liebe statt bloße Gerechtigkeit, Forderungen stellen statt Zurückschlagen und Gewalt (Klein 1978, S. 127). Die Verkündigung, wie in Andachten, Gottesdienst oder Gebet, muss auch in anderen Programmpunkten der Freizeit sichtbar und erlebbar werden. Nur dann kann sie in Wort und Tat überzeugen. Religiöse Sozialisation findet also nicht nur durch die Vermittlung von biblischen Geschichten statt, sondern gerade durch das Vorleben von Verhaltensweisen, wie beispielsweise Nächstenliebe oder Vergebung. Darüber hinaus bezieht sich religiöse Sozialisation auf die Persönlichkeit. Die Heranwachsenden machen Erfahrungen mit Beziehungen zu Anderen, zur Natur und Kultur und begreifen, dass sie in die Welt eingebunden sind und ihr Leben ein Geschenk ist (vgl. Fraas 1990, S. 108).

Missionarische Arbeit

Durch die selbstlose Hinwendung Jesu zu den Menschen, in der Gottes eigene Hinwendung endgültig sichtbar geworden ist, begründet sich der missionarische Ansatz kirchlicher Freizeiten. Die Arbeit mit Kindern und Jugendlichen bezieht ihren Auftrag aus dem Matthäusevangelium (Mt. 5,13-16): „Ihr seid das Salz der Erde. Ihr seid das Licht der Welt." Um der Welt „Geschmack" zu geben und ein Licht für andere zu sein, muss sich die kirchliche Arbeit an den Kindern und Jugendlichen orientieren. Ziel des missionarischen Ansatzes ist es, die Heranwachsenden zu motivieren und zu befähigen, dem eigenen Leben Sinn zu geben und das Leben am Weg Jesu zu orientieren.

Diakonie

Indem sich Freizeiten an Kinder und Jugendliche richten, die geringe Möglichkeiten haben, ihre Bedürfnisse und Interessen zu äußern und zu befriedigen, erfüllen Menschen eine diakonische Aufgabe der Kirche. Die Kirche ist dabei ein Leib, der viele Glieder mit unterschiedlichen Funktionen besitzt (1. Kor. 12,12-30).

Durch Diakonie wird ein Heilungsprozess in Gang gesetzt bzw. unterstützt, um den jungen Menschen zu einem „ganzen" Mensch-Sein zu verhelfen. Heilung findet sowohl im individuellen als auch im gesellschaftlichen Bereich statt. Der diakonische Ansatz findet seine Berechtigung in der Nachfolge Jesu, in der das menschliche Miteinander zu gestalten und zu verantworten ist.

Freizeiten sind somit ein diakonisches Arbeitsfeld und fördern ein intensives soziales Lernen. Man achtet aufeinander, ist füreinander da oder nimmt auf Schwache Rücksicht.

Seelsorge

Freizeiten geben den Mitarbeitern einen Raum für mehr Gespräche mit den Teilnehmern als während der kontinuierlichen Arbeit. In den Freizeiten wird Annahme, Vergebung und Ermutigung in der Gruppe gelebt, so dass die Seelsorge an Möglichkeiten gewinnt.

Gemeinschaft

Gemeinschaftserfahrungen als Grundelement christlicher Lebensgestaltung sind inhaltlich von Gruppenerlebnissen zu unterscheiden. Die Kirche hat Verantwortung für die jungen Menschen, deshalb muss sie sich die Begegnung mit ihnen zum Ziel machen. Wichtig ist hierbei, dass eine christliche Gemeinschaft für alle entsteht. Jesus hat in seinem Handeln Wege gewiesen, wie diese Gemeinschaft zu leben ist. „Als Jesus im Haus des Levi zu Gast war, aßen viele Zöllner und Sünder zusammen mit ihm und seinen Jüngern..." (Mk. 2,15). Jesus hält sich nicht an Grenzen, sondern geht gleichermaßen zu Zöllnern wie zu Pharisäern. Er schenkt ihnen Vertrauen und gibt ihnen die gleichen Chancen. Die Liebe ist Ziel und Inhalt christlicher Gemeinschaft.

Freizeiten bieten in unserer Zeit zunehmender Vereinzelung und Vereinsamung einen Raum, in Gemeinschaft mit anderen zu leben. Sie prägen das Sozialverhalten der Kinder und Jugendlichen und eröffnen möglicherweise Gotteserfahrungen.

Diese dargestellten Funktionen kirchlicher Freizeiten orientieren sich am Leben und an der Lehre Jesu. Er ist Urbild des solidarisch-liebenden Menschen und somit Vorbild im Handeln, das durch Hinwendung zu denen, die abseits stehen, gekennzeichnet ist. Diakonie und Verkündigung sind untrennbar miteinander verbunden, denn Jesus spricht nicht nur über Gott, sondern zeigt auch durch sein Handeln, wer Gott ist. Grundlage für christliches Handeln ist die Lebenssituation der Kinder und Jugendlichen, zu denen sich die Kirche „auf den Weg« machen muss. Die Gemeinde hat die Aufgabe, sich für die jungen Menschen zu öffnen und ihnen einen Raum zu schaffen, in dem sie ihre Bedürfnisse, Interessen und Probleme äußern können.

Freizeiten als Baustein der Gemeindentwicklung
Somit ist die kirchliche Freizeitarbeit ein Baustein der Gemeindeentwicklung. Wichtig ist dabei, Freizeiten als Anknüpfungspunkt für die kontinuierliche Arbeit vor Ort zu sehen, damit sich die Auseinandersetzung mit und in Gestaltung von Christsein nicht nur in Freizeiten vollzieht. Freizeiten vermitteln allen Beteiligten weit mehr Erfahrungen, Antworten und Lebenshilfen, als die kontinuierliche Gemeindearbeit. Freizeiten bieten demnach Freiräume für das In-Beziehung-Treten mit Gott, also für transzendente Sinndeutungen von Alltagserfahrungen.

Freizeiten als Inseln im Alltag
Aufgrund der oben dargelegten Begründung von Freizeiten für die religions- und sozialpädagogische Arbeit mag nun der Eindruck entstanden sein, dass Freizeiten eine Inselsituation im Vergleich zum Alltagsgeschehen darstellen. Dieser Vorwurf liegt besonders dann nahe, wenn Teilnehmer am Ende einer Fahrt unter Tränen zum Ausdruck bringen, dass sie während einer Freizeit vieles anders erlebt haben als im Alltag. Es versteht sich von selbst, dass die Freizeitleitung sehr sensibel mit solchen Reaktionen der Teilnehmer umgehen muss.
Aber indem Freizeiten anders als das Alltägliche sind, ergeben sich vielfältige Entwicklungsmöglichkeiten der Kinder und Jugendlichen. Eben darin liegt die Chance von Freizeiten. Sie sind keine Flucht vor der Wirklichkeit, sondern Konfrontation mit dem täglichen Leben. Die in einer Freizeit gewonnenen Erfahrungen sind Mittel zur Bewusstseinsbildung und -veränderung (vgl. Klein 1978, S. 42-43).

2.4. Ziele von Freizeiten

Die pädagogische Arbeit mit Kindern und Jugendlichen als dritte Sozialisationsebene beinhaltet weniger intentionale/zielgerichtete als vielmehr funktionale Lernfelder. Auch die Planung und Durchführung von Freizeiten, die zum Bereich der Kurzzeitpädagogik zählen, sind ein eigenes Lern- und Erziehungsfeld mit spezifischen Zielen. Daneben gibt es spezifische Ziele in Familie, Schule und Jugendhilfe. Die Freizeitleitung muss unter einer Vielfalt von Zielen entscheiden und auswählen, welche Ziele sie in Freizeiten berücksichtigen möchte (vgl. Schilling 1981, S. 23-30). In diesem Buch kann keine Liste mit allen möglichen Zielen für eine Freizeit aufgestellt werden, da sie keinen Anspruch auf Vollständigkeit erheben könnte. Vielmehr ist es wichtig zu bedenken, unter welchen Bedingungen die Ziele formuliert werden müssen.

Bei der Formulierung von Zielen helfen die folgenden Faktoren, die berücksichtigt werden müssen (vgl. Schilling 1981, S. 32-33):

Institution und Erwachsene
Pädagogen übernehmen mit ihren ehrenamtlichen Mitarbeitern in Freizeiten die Aufsichtspflicht gegenüber aufsichtsbedürftigen Personen. Rechtsfragen stellen immer eine Nebenpflicht bei der Erziehung von Kindern und Jugendlichen dar. Kenntnisse über gesetzliche Grundlagen bieten der Freizeitleitung Sicherheit im Umgang mit den Teilnehmern, so dass sie sich nicht hinter rechtlichen Fragestellungen verschanzen muss, wenn pädagogische Entscheidungen gefordert sind.
Religions- und Sozialpädagogen sind bei der Formulierung ihrer Ziele an die Vorstellungen und Bedingungen der Institutionen gebunden, bei denen sie beschäftigt sind. Bei einer kirchlichen Freizeit wird die Einhaltung bestimmter Werte erwartet, die möglicherweise bei Freizeiten anderer Institutionen nicht vermittelt werden. Wir haben bei der Organisation von verschiedenen Freizeiten oft erlebt, dass Eltern ihre Kinder mit dem Kommentar anmeldeten, dass sie dann wüssten, dass ihre Kinder bei der Kirche gut aufgehoben seien. An dieser Stelle sei es dahingestellt, welche inhaltliche Bedeutung die Eltern dem Adjektiv „kirchlich« beimessen. Aber hierbei kommt zum Ausdruck, dass Eltern bei der Anmeldung ihrer Kinder eine gewisse Vorentscheidung treffen und sich mit dem Träger einverstanden erklären.

Leitungsteam
Die Betreuer als sekundäre Zielgruppe einer Freizeit nehmen durch ihre Sozialisation Einfluss auf die Formulierung von Zielen, die in Abhängigkeit zum Alter, der Qualifikation der Mitarbeiter sowie der Teamgröße stehen.

Teilnehmer
Im wesentlichen werden die Ziele an den Bedürfnissen, Interessen und Wünschen der Teilnehmer einer Freizeit orientiert. Die Bedürfnisse und Interessen stehen mit den Sozialdaten der Kinder und Jugendlichen in einer Wechselbeziehung. Das beeinflusst wiederum die Ziele einer Freizeit. Auch hier gilt, dass die Größe einer Teilnehmergruppe für die Formulierung der jeweiligen Ziele entscheidend ist.

Ferienort und –dauer
Indem sich die Mitarbeiter während der Planungsphase einer Freizeit für einen bestimmten Ferienort, wie zum Beispiel Segelschiff, Zeltlager, Gruppenhaus, entscheiden, werden bestimmte Ziele erst möglich oder ausgeschlossen. Dabei ist bei der Auswahl des Ferienortes zu berücksichtigen, ob zum Beispiel eine Gruppe allein oder mit anderen Gruppen auf dem Zeltplatz lebt. Denn indem sich Gruppen zur selben Zeit am gleichen Ort aufhalten, muss sich das Team bereits im Vorfeld darüber Gedanken machen, ob es Kontakte zu den anderen knüpfen möchte. Aber nicht nur der Ort beeinflusst die Zielentwicklung einer Ferienmaßnahme, sondern auch die Freizeitdauer und die Jahreszeit, in der die Reise stattfindet.

Richt-, Grob- und Feinziele auf Freizeiten
Zusammenfassend ist also zu beachten, dass sich die Formulierung von Freizeitzielen stets in einem konkreten Feld mit konkreten Personen und Bedingungen be-

wegen (vgl. Schilling 1981, S. 34). Daher ist es zweckmäßig, die Erziehungsziele in drei Ebenen zu präzisieren: Richt-, Grob- und Feinziele. Die Richtziele, die viele Interpretationen zulassen, beinhalten zentrale Begriffe bzw. Bestandteile von Programminhalten, wie z.B. Emanzipation oder religiöse Erziehung. Grobziele beschreiben Teilbereiche der Richtziele, wie z.B. das Einüben von Autonomie, Solidarität oder das Erkennen der Natur als Schöpfung Gottes.  Grobziele geben nur ein mittleres Maß an Genauigkeit an, weil entweder der Verhaltensteil abstrakt und der Inhaltsteil konkret oder umgekehrt formuliert ist. Die Feinziele dagegen werden so konkret wie möglich formuliert und beschreiben Handlungen zu den Grobzielen, wie z.B. dass die Jugendlichen lernen, selbst aktiv zu sein und Initiative zu entwickeln oder zu erkennen, dass die Schöpfung Gottes nicht ausgebeutet, sondern bewahrt werden muss. Bei Feinzielen ist sowohl der Verhaltensteil als auch der Inhaltsteil konkret.

Da es sich bei Freizeiten um eine Kurzzeitpädagogik handelt, dürfen die Ziele nicht zu hoch gesteckt sein. Die Teilnehmer, die vor einer Freizeit zum Beispiel nicht gelernt haben, sich kritisch mit den Bedingungen der Gesellschaft auseinander zu setzen, um engagiert zu handeln, können kaum während einer vierzehntägigen Reise dieses Ziel erreichen. Bei der Formulierung von Zielen gilt es also, sich stets auf den Ist-Zustand der Gruppe zu konzentrieren sowie den Lernenden zu ermöglichen, die Lernziele zu erkennen, zu bewerten und zu erreichen.

Ziele sozialpädagogischer Freizeitarbeit

Den Abschluss dieses Kapitels bildet eine Zusammenstellung von spezifisch religions- und sozialpädagogischen Zielen:

Autonomie

Unter Autonomie versteht man den Zustand der Selbstverwirklichung und Eigenständigkeit, d.h. dass Kinder und Jugendliche sich selbst und anderen gegenüber verantwortlich handeln können. Somit schließt die Autonomie bestimmte Haltungen und Fähigkeiten ein, die von der Zielgruppe erworben werden muss:

– Entwicklung eines persönlichen Selbstbewusstseins und Selbstwertgefühls,
– Entwicklung von persönlichen Zielen und individueller Bedürfnisbefriedigung,
– Fähigkeit zur kritischen Selbstreflexion,
– Fähigkeit zur Entwicklung von Handlungsstrategien,
– Urteils- und Entscheidungsfähigkeit.

Kreativität

Kreativität meint in erster Linie die Fähigkeit, neue Beziehungen einzugehen, ungewöhnliche Ideen zu produzieren und von traditionellen Denkmustern abweichen zu können.

Produktivität

Sie schließt einerseits die Fähigkeit und Bereitschaft ein, dass Kinder und Jugendliche ihren eigenen Standort in einer Gesellschaft kritisch hinterfragen und gegebenenfalls verändern können. Andererseits meint Produktivität im Sinne von Kreativität die Fähigkeit, einer überbetonten Leistungsorientierung entgegenwirken zu können.

Sexualität
Unter Erziehung zur Sexualität ist nicht nur Aufklärung über Verhütungsmittel und biologische und emotionale Zusammenhänge geschlechtlicher Beziehungen gemeint, sondern vielmehr die Fähigkeit:

– Beziehungen zu anderen eingehen zu können,
– auf die Gefühle anderer Rücksicht nehmen zu können,
– Vorurteile, Tabus und Ideologien überprüfen zu können,
– Gefühl, Zärtlichkeit und Zuwendung zulassen und bejahen zu können.

Soziabilität
Soziabilität meint die Fähigkeit und Eignung einer Person, mit anderen in einer Gruppe leben zu können. Soziabiliät ist folglich die Voraussetzung für das Erreichen anderer Lernziele und umfasst folgende Fähigkeiten:
- mit konstruktiver Kritik umgehen können,
- bereit sein, sich mit anderen Menschen auseinandersetzen,
- solidarisch miteinander arbeiten und gemeinsame Ziele erreichen,
- Interessen anderer anerkennen und eigene Interessen in die Entscheidungsprozesse einbringen (vgl. Klawe 1986, S. 67).

Transzendale Bindung
Junge Menschen sind auf der Suche nach einer begründeten Erklärung ihrer Existenz in der Welt und in der Beziehung zu anderen Menschen. Somit haben Pädagogen die Aufgabe, den Kindern und Jugendlichen Erfahrungen zu ermöglichen, die ihnen Hinweise zur Deutung ihres Lebens geben. Ob und inwieweit den Teilnehmern vermittelt wird, dass der Mensch auf einen letzten Sinn hin angelegt ist, den wir Christen Gott nennen, steht im Zusammenhang mit den Aufgaben, die die jeweilige Institution zu erfüllen hat.

Diese sechs Sozialisationsziele sind dem Richtziel der Emanzipation zuzuordnen. Alle diese Ziele lassen sich auch auf die religionspädagogische Arbeit anwenden.

Ziele religionspädagogischer Freizeitarbeit
– Freizeiten sind als Lernfeld des Glaubens zu sehen, das heißt, dass Kinder und Jugendliche ermuntert und dazu befähigt werden, über Glaubensfragen sprechen zu können. Durch spezifische Programmpunkte soll ihnen ein Raum gegeben werden, sich auf das Suchen nach dem Glaubens einlassen zu können.
– Junge Menschen sollen sich in sozialen Verhaltensweisen üben, indem sie sich z.B. für die Schwachen einer Freizeitgruppe einsetzen und sich an Entscheidungsprozessen beteiligen. Diese Verhaltensweisen gewinnen erst dann an prägender Kraft, wenn sie auf ihren Grund zurückgeführt werden, nämlich das Bemühen, sich durch solche Verhaltensweisen in der Nachfolge Jesu einzuüben.
– In einer Freizeit sollen die Kinder und Jugendlichen den Raum haben, Erlebnisse, wie Freude, Spaß oder Staunen über die Natur, vor dem Hintergrund der biblischen Botschaft zu sehen. Die Hinführung zu einem ökologisch verantwortlichen Leben ist während einer Freizeitmaßnahme möglich. Sie ist dann religionspädagogisch, wenn die menschliche Verantwortung gegenüber Gott, also der christliche Glaube zum Ausdruck kommt.

– Bei einer Freizeit stehen Gemeinschaftserfahrungen im Mittelpunkt. Sie helfen den Teilnehmern, andere Seiten an sich zu entdecken oder sich im Austausch miteinander zu bereichern. Die Christliche Gemeinschaft meint zugleich die Gemeinschaft mit Gott, der uns in Jesus Christus begegnet. Daher sind Gemeinschaftserfahrungen nicht nur prägend für das Sozialverhalten, sondern auch für die Eröffnung von Gotteserfahrungen.

Mit diesen vier beispielhaften Zielen für eine Freizeit lassen sich nicht alle Lernfelder des Glaubens erschöpfend darstellen. Wichtig bei kirchlichen Freizeiten ist, dass die Leiter und Mitarbeiter ihren Glauben formulieren und weitergeben können. Die Teilnehmer erhalten so ein Vorbild und werden angeleitet, ihren Glauben zu leben und nach außen zu tragen.

2.5. Freizeitstruktur

Jede Freizeitmaßnahme ist durch eine spezielle eigene Struktur gekennzeichnet, die sich durch das Arrangement folgender Faktoren ergibt:

Teilnehmergruppe
Zum Beispiel Alter, Geschlecht der Teilnehmer, Gruppengröße, Bekanntheitsgrad der Teilnehmer untereinander; Problemprofil der Gruppe: zum Beispiel soziale Auffälligkeit.

Leitungsteam
Zum Beispiel Vorerfahrungen und Qualifikationen sowie individuelle Präferenzen der Hauptamtlichen und Ehrenamtlichen. So ist es zum Beispiel kaum denkbar, dass Hauptamtliche sich für einen Segeltörn auf dem Ijsselmeer entscheiden, ohne eine genaue Vorstellung davon zu haben, welche Bedeutung diese Freizeitstruktur für den gesamten Tagesablauf hat.

Zusätzlich bestimmen die Zielsetzungen sowie das Setting einer Maßnahme die Freizeit: zum Beispiel Dauer, landschaftliche Region, räumlicher Aktionsradius, Inhalte der Freizeit.

2.6. Auswahl von Mitarbeitern

Als Hauptamtlicher allein eine Freizeit zu leiten ist weder möglich noch sinnvoll für die Teilnehmer, den Hauptamtlichen selbst sowie für die Attraktivität der jeweiligen Institutionen.
Während der Freizeitplanung muss sich ein Hauptamtlicher Gedanken über die Gewinnung und Zusammensetzung eines Mitarbeiterteams machen. Dazu wählt er unter verschiedenen Gesichtspunkten aus, die eine wichtige Rolle für das Gelingen einer Freizeit spielen.
Unterschiedliche Kriterien sprechen für die Auswahl von Mitarbeitern.

Die Mitarbeiter ...
– haben (jahrelange) Erfahrung in der Begleitung von Freizeiten,
– sind zuverlässig,
– besitzen bereits einen Gruppenleitungsschein,
– gewährleisten ein gemischtgeschlechtliches Team,
– bringen für die Planung und Durchführung von Freizeiten eine hohe Motivation mit,
– sind über 18 Jahre alt und sind somit bei der Übernahme der Aufsichtspflicht selber nicht mehr minderjährig,
– werden in ihrer Rolle als unterstützend für das Freizeitgeschehen erlebt,
– sind den Hauptamtlichen persönlich bekannt und können sich eine Zusammenarbeit vorstellen.

Motivationsschub Freizeit
Die Mitarbeit bei einer Freizeit stellt eine Motivation und ein „Bonbon" für die ehrenamtlichen Mitarbeiter dar. Die Erlebnisse und Ergebnisse einer Freizeit fördern eine kontinuierliche Arbeit vor Ort und motivieren die Ehrenamtlichen für weiteres Engagement in der jeweiligen Institution. Erhalten Personen für ihre Tätigkeit als Freizeitleitung ein Honorar, setzen die entsprechenden Institutionen ein Signal, nämlich dass „soziale Arbeit« unter professioneller Anleitung entsprechend entlohnt und anerkannt werden sollte. Es bleibt zu hoffen, dass die Honorarkräfte nicht des Geldes wegen die Freizeitleitung übernehmen, sondern weil es ihnen Spaß macht und sie dabei vielfältige Erfahrungen machen können.

Hauptamt und Ehrenamt
An dieser Stelle sei auf ein besonderes Problem hingewiesen: Indem soziale Einrichtungen ihre ehrenamtlichen Mitarbeiter „bezahlen", werden sie zu Konkurrenten der evangelischen Freizeitarbeit, die das Ehrenamt als eine Teilhabe am Amt der Verkündigung und seine theologische Begründung im Priestertum aller Gläubigen versteht. Oft erlebt man in der Arbeit mit Kindern und Jugendlichen, dass Ehrenamtliche nach einem Honorar fragen, weil ihre Bekannten und Freunde für das „Ehrenamt" bei anderen Institutionen ein zweites Taschengeld erhalten. In solchen Situationen besteht nur die Möglichkeit, ihnen inhaltlich den Gewinn dieser Arbeit für ihre persönliche Entwicklung zu verdeutlichen. In der heutigen Gesellschaft wachsen Kinder und Jugendliche mit dem Bewertungsmaßstab „Haben und Besitz" auf. Sie fordern daher oft auch für soziales Engagement eine Entlohnung. Diese Haltung ist nicht zu unterstützen. An dieser Stelle liegt ein Widerspruch zwischen dem theologischen Verständnis von Ehrenamt und einer bezahlten Dienstleistung vor. Wir sind davon überzeugt, dass Ehrenamtliche für ihre Tätigkeit Anerkennung erhalten müssen, die ihnen jedoch auch auf andere Weise zuteil werden kann, wie beispielsweise durch die Ausrichtung eines stilvollen gemütlichen Abendessens für das Team oder durch ein kleines persönliches Geschenk. Es stellt sich darüber hinaus die Frage, aus welchem Etat die Honorarkräfte bezahlt werden. Wenn das Honorar allein aus dem Freizeitbudget finanziert wird, bedeutet das zwangsläufig eine Erhöhung der Reisekosten für die Teilnehmer.
Kritisch sind die Freizeiten zu hinterfragen, bei der die Ehrenamtlichen für ihre Mitarbeit den vollen Teilnehmerbetrag selbst bezahlen müssen. Damit besteht die

Gefahr, dass die Rollen zwischen den ehrenamtlichen Mitarbeitern und den Teilnehmern nicht eindeutig geklärt sind und sich somit zwangsläufig spezifische Problemfelder in der Freizeit ergeben können.

Zusammenstellung der Freizeitleitung

Die Mitarbeiter entwickeln Konzepte für die Zusammenstellung der Freizeitleitung. Wichtig ist, dass die ideale Betreuung und die Aufsichtspflicht für die Gruppe sichergestellt wird. Das Team muss sich frühzeitig über die Anzahl der Gruppenleiter Gedanken machen. Mit der idealen Betreuung ist gemeint, dass zu viele Gruppenleiter gegenüber den Teilnehmern eine zu dominante Gruppe darstellen, die sich entweder zu intensiv um die Teilnehmer kümmern oder zu sehr mit sich selbst beschäftigen. Bei zu wenig Betreuern können die Leiter nicht ausreichend auf die Teilnehmer eingehen und stehen unter ständigem Stress, um allen Anforderungen gerecht zu werden. Die Gruppenleiter sind dann mit ihrer Aufgabe überfordert. Beides ist für ein Gemeinschaftserlebnis von großem Nachteil. Die Erfahrung zeigt, dass acht Teilnehmer auf jeden Gruppenleiter ideal sind.

Einige Situationen erfordern besondere Anforderungen an die Anzahl der Leitungspersonen. Bei Freizeiten kommt es oft vor, dass Kleingruppen gebildet werden. Dafür sind zwei Betreuer pro Kleingruppe sinnvoll. Sie können sich bei den Aktionen ergänzen, sich effektiv vorbereiten und so ihre Kräfte gut einteilen. Für einige Aktionen sind mindestens zwei Betreuer absolut notwendig. Beispiele hierfür sind Schwimmen gehen mit der Gruppe, Bergwandern in gefährlichen Gegenden oder Touren mit dem Fahrrad. Hierbei können schnell gefährliche Situationen entstehen, in denen die Aufsichtpflicht durch nur einen Betreuer nicht mehr sichergestellt werden kann und die den Einzelnen überfordert.

Das Gelingen einer Freizeit hängt auch davon ab, dass sich die Mitarbeiter untereinander gut verstehen und konstruktiv zusammen arbeiten können. Ideal ist es, wenn die Auswahl der Mitarbeiter bereits so rechtzeitig getroffen wird, dass alle bei den Zielformulierungen einer Freizeit und bei sonstigen Vorbereitungen mitarbeiten können.

Die Anzahl der Mitarbeiter steht auch im Zusammenhang mit der geplanten Freizeitstruktur. Findet die Freizeit in einem Haus bzw. auf einem Zeltplatz mit Selbstversorgung statt, bedeutet dies mehr Arbeit und zusätzliche Organisation gegenüber einer Freizeit in einem Haus mit Voll- oder Halbpension. Meist muss mindestens eine Person für die Küche eingeplant werden, die das Kochen und den Einkauf von Lebensmitteln übernimmt. Aus eigenen Erfahrungen hat sich gezeigt, dass das „Küchenpersonal" mit seinen spezifischen Aufgaben vollkommen ausgelastet ist und somit die Einbindung in das sonstige Programm der Freizeit eine Überbelastung darstellt.

Da oftmals innerhalb des Teams Konflikte über die Aufgaben- bzw. Rollenverteilungen entstehen, ist es sinnvoll, im Vorfeld der Freizeit eindeutig zu klären, welche Aufgaben die einzelnen im Team übernehmen. Über diese Fragestellungen sollte offen miteinander gesprochen und eine klare Regelung gefunden werden, damit es während der Freizeit nicht zu Spannungen kommt. Alle Energien der Gruppenleiter werden für die pädagogische Betreuung der Gruppe benötigt, so dass zusätzliche Konflikte zu einer großen Belastung im Team führen können.

Zudem spielt es eine Rolle, ob jugendliche oder erwachsene Ehrenamtliche in der Freizeitleitung mitarbeiten, so dass im folgenden auf einige wichtige Unterschiede hinzuweisen ist.

2.6.1. Chancen und Probleme der Zusammenarbeit mit Jugendlichen

Die jugendlichen Mitarbeiter sind nicht viel älter als die Mitglieder der Zielgruppe. Somit sind sie der Lebensproblematik, dem Lebensgefühl und der Sprache der Teilnehmer näher als die erwachsenen Begleiter. Die Teilnehmer verstehen die Jugendlichen nicht nur, sie solidarisieren sich mit ihnen ebenso, wie sie sich untereinander solidarisieren. Teilnehmer erzählen den Jugendlichen eher ihre Probleme und bitten sie um Hilfe als den Erwachsenen. Aufgrund des ihnen entgegengebrachten Vertrauens müssen sich die jugendlichen Mitarbeiter mit den Problemen der primären Zielgruppe auseinandersetzen und lernen so, nicht nur sich selbst im Blick zu haben.
Da sie noch nicht erwachsen sind, wagen die Teilnehmer, vor ihnen Fehler zu machen. Die jugendlichen Mitarbeiter stellen ein Verbindungsglied zwischen den Teilnehmern und den Erwachsenen im Team dar. Andererseits kommt die Aufgabe der Gruppenleitung dem Bedürfnis der Jugendlichen nach dem „Erwachsenwerden« entgegen. Sie können damit Verantwortung übernehmen.

Die Zusammenarbeit mit ehrenamtlichen Jugendlichen bietet eine weitere Chance. Sie sind oft weniger voreingenommen gegenüber der Institution in der sie mitarbeiten. Hauptamtliche Mitarbeiter müssen ihren Arbeitgeber nach außen vertreten, was auch auf Freizeiten der Fall ist. Daher sind die Ehrenamtlichen eher bereit, den eventuell engen Pfad des Vorgegebenen zu verlassen und Neues auszuprobieren (vgl. Klein 1976, S. 50-56).
Sie sind auch ein Vorbild für das Priestertum aller Gläubigen, wenn sie ein Ehrenamt im kirchlichen Bereich übernehmen (vgl. Kliemann 1983, S. 9).
Andererseits muss hinterfragt werden, ob die ehrenamtlichen Jugendlichen nicht mit der Gruppenleitung überfordert sind. Das ist besonders dann der Fall, wenn sie für die Aufgabe nicht ausgebildet oder nicht viel älter als die Gruppenteilnehmer sind. Dadurch, dass die Jugendlichen die Rolle von Gruppenleitern übernehmen, werden an sie Erwartungen herangetragen. So vertreten und vermitteln sie Werte, die eigentlich Eltern ihren Kindern vermitteln bzw. vermitteln wollen. Die Teilnehmer erwarten von den Mitarbeitern, dass sie Ernst genommen werden oder dass sie in ihnen einen Spielkameraden oder Gesprächspartner finden. Die Hauptamtlichen erwarten, dass sie eine verantwortungsvolle Zusammen- und Mitarbeit leisten und ihre Vorstellungen einbringen. Sie sollen auf die Teilnehmer zugehen und deren Bedürfnisse erkennen. Hier werden es die jugendlichen Ehrenamtlichen schwer haben, der Bedürfnisse anderer gewahr zu werden, weil sie oft selbst von einer ähnlichen Lebensproblematik wie die Teilnehmer betroffen sind.
Eine Überforderung der jugendlichen Mitarbeiter kann auch darauf beruhen, dass Jugendliche während dieser Entwicklungsphase auf der Suche nach ihrer Identität sind. Sie stehen aber gleichzeitig vor dem Problem, für die Teilnehmer ein Identitätsobjekt zu sein. Der einerseits sich selbst immer noch in Frage stellende Jugendliche soll andererseits Antwort auf existentielle Fragen Anderer geben.

Während der Freizeit nehmen die ehrenamtlichen Jugendlichen eine besondere Stellung ein. Dies ist für sie wichtig, weil sie Anerkennung und Zuwendung brauchen. Allerdings flüchten die jugendlichen Mitarbeiter selbst manchmal vor negativen Erfahrungen in der Schule und dem Elternhaus. Die ehrenamtliche Arbeit darf aber nicht zur Fluchtburg vor den Problemen werden (vgl. Klein 1976, S. 52-54).
Ferner muss man fragen, ob die Jugendlichen genügend Rollendistanz und Reflexionsfähigkeit aufbringen können, um für sich und die Gruppe kritisch-produktive Lernprozesse einzuleiten und auszutragen (vgl. Kliemann 1983, S. 9).
Vor dem Hintergrund dieser Darstellung sowie den eigenen Erfahrungen gewinnt die fachgerechte Ausbildung von Jugendlichen zu Gruppenleitern an Bedeutung.

2.6.2. Chancen und Probleme der Zusammenarbeit mit Erwachsenen

Es scheint ungewöhnlich zu sein, mit einem altersheterogenen Freizeitteam zusammenzuarbeiten. Ein Spezifikum der Jugendarbeit besteht darin, dass Jugendliche unter sich sein können und somit einen Schonraum, abgegrenzt von der Erwachsenenwelt, besitzen. Wie sich aus der vorherigen Darstellung der jugendlichen Ehrenamtlichen ableiten lässt, sprechen die Argumente hier sowohl für als auch gegen die Zusammenarbeit mit ehrenamtlichen Erwachsenen. Es müssen von daher auch immer die Beweggründe der einzelnen Hauptamtlichen und Institutionen für die Zusammenarbeit mit jugendlichen oder erwachsenen Ehrenamtlichen berücksichtigt werden.
Die Hauptamtlichen können die Zusammenarbeit mit Erwachsenen als Entlastung erleben, gerade in den Bereichen der Freizeitpädagogik, -didaktik und -methodik. Erwachsene können Kindern und Jugendlichen Sicherheit vermitteln und der Institution Stabilität und Kontinuität geben. Sie haben im Gegensatz zu den Jugendlichen oftmals bereits über einen längeren Zeitraum ehrenamtliche Arbeit in der Kirchengemeinde oder der Einrichtung sozialer Arbeit geleistet. Durch ihr vielfältiges Erfahrungsrepertoire bereichern sie die Programmausgestaltung der Freizeit und schützen damit die Jugendlichen vor möglichen Enttäuschungen. Durch ihr Alter haben Erwachsene Distanz zu den Problemen Jugendlicher.
Erwachsene können im Umgang mit der primären Zielgruppe oftmals leichter als Jugendliche notwendige Grenzen setzen. Wie oben beschrieben, solidarisieren sich jugendliche Ehrenamtliche mit den Teilnehmern, so dass Regeln nicht eingehalten werden. Indem jugendliche Mitarbeiter die im Team abgesprochenen Regeln nicht einhalten bzw. brechen, wird ihnen oftmals Anerkennung durch die Teilnehmer geschenkt, so dass sie sich in ihrer Rolle als Mitarbeiter umso mehr bestärkt fühlen könnten.
Ein wesentliches Argument für die Mitarbeit von Erwachsenen scheint zu sein, dass die Anwesenheit eines Erwachsenen dem Hauptamtlichen mehr Sicherheit und Gelassenheit im Freizeitablauf gibt als in der Zusammenarbeit mit minderjährigen Jugendlichen.
Problematisch an der Mitarbeit Erwachsener ist, dass sie im Schonraum der Jugendlichen möglicherweise eine Kontrolle ausüben und dass sich Jugendliche in der Gegenwart von Erwachsenen verunsichert fühlen könnten.
Die konstruktive Zusammenarbeit im Team kann darüber hinaus gefährdet wer-

den, wenn jugendliche Ehrenamtliche untereinander oder mit Gruppenteilnehmern eine intime Beziehung eingehen. Hierdurch entstehen vielfältige Konflikte während der Freizeit, die die gesamte Gruppenstruktur stark beeinträchtigt. Diese Problematik ergibt sich bei der Zusammenarbeit mit Erwachsenen selten.

Diese kurze Darstellung von Chancen und Problemen der Zusammenarbeit mit ehrenamtlichen Jugendlichen oder Erwachsenen zeigt, dass die Anleitung der Mitarbeiter eine große Herausforderung für die Hauptamtlichen darstellt. Trotzdem sind Ehrenamtliche für die Jugendarbeit unverzichtbar, da die Freizeit durch ihr Engagement und ihre verschiedenen Fähigkeiten und Fertigkeiten an Attraktivität gewinnt. Eine Professionalisierung eines Leitungsteams durch „nur Hauptamtliche" ist kritisch zu hinterfragen. Die Hauptamtlichen laufen Gefahr, aufgrund ihrer Fachkompetenz die Jugendlichen eher zu bevormunden als sie zur Mündigkeit zu führen.

2.6.3. Ziele der Zusammenarbeit mit Ehrenamtlichen

Ehrenamtliche sollen eine Leitungskompetenz erlangen. Das kann als Grobziel der Religions- und Sozialpädagogen formuliert werden.
Nach der 1971 von Hermann Giesecke vorgetragenen Konzeption „Emanzipatorische Jugendarbeit« hat die Emanzipation des Jugendlichen sowohl eine pädagogische als auch eine politische Richtung, die an den Bedürfnissen und Interessen des Heranwachsenden ansetzt. Ziel der emanzipatorischen Jugendarbeit ist es, die Jugendlichen zur Selbst- und Mitbestimmung zu führen. In pädagogischer Hinsicht gilt es, einen Freiraum für ehrenamtliche Jugendliche zu schaffen, damit diese Selbst- und Mitbestimmung lernen können. Voraussetzung ist dabei sowohl die Erfahrung als auch das Erkennen der eigenen und der Gruppenbedürfnisse.
Als bedeutungsvolle Ziele für die Ausbildung von Jugendlichen und Erwachsenen zu ehrenamtlichen Mitarbeitern sind hervorzuheben: Emanzipation, Mündigkeit, Persönlichkeitsentfaltung, Autonomie, Ich-Kompetenz, Identitätsfindung, Aufklärung und Kritikfähigkeit.
Die Anleiter ehrenamtlicher Jugendlicher und Erwachsener müssen unterschiedliche Aufgaben wahrnehmen, um emanzipatorische Arbeit zu gewährleisten. Kernstück dieses Konzeptes ist die Hinwendung zu den Einzelnen, die Stärkung ihrer Fähigkeiten, ihrer Ich-Stärke sowie ihres Selbstbewusstseins.
Die Ehrenamtlichen arbeiten freiwillig mit. Die Hauptamtlichen müssen auf ihre Bedürfnisse und Interessen eingehen und sie ernst nehmen. Selbst- und Mitbestimmung verlangen vom Pädagogen eine hohe Bereitschaft, sich immer wieder auf die gesellschaftliche wie auf die subjektive Realität der Ehrenamtlichen einzulassen. Besonders das Bedürfnis der Jugendlichen nach Sicherheit und Stabilität auf der einen und nach Änderung und Wandel auf der anderen Seite benötigt die Gruppe der Gleichaltrigen, damit die Jugendlichen ihre Identität herausbilden können.
Neue Rollen üben ohne Furcht vor Sanktionen; das ist ein didaktisches Prinzip in der Arbeit mit Kindern und Jugendlichen. Diese Furcht muss auch bei der freien Meinungsäußerung der Ehrenamtlichen ausgeschlossen werden. Für das Experimentieren der Kinder und Jugendlichen ist es wichtig, ihnen ein „Feedback« zu geben.

Ferner sollen die ehrenamtlichen Jugendlichen und Erwachsenen die Möglichkeit haben, über den Ablauf der jeweiligen Freizeitangebote mit entscheiden zu dürfen.

2.7. Arbeiten im Team

Jede Freizeitmaßnahme besitzt eine Leitung, die auf verschiedenen Ebenen der Freizeit eine große Rolle spielt. Sie nimmt Einfluss auf das Verhalten der einzelnen Gruppenmitglieder, achtet darauf, welche Ziele für die Freizeit formuliert und umgesetzt werden, stellt eine Verbindung zwischen den Teilnehmern einer Freizeit und der Institution des Hauptamtlichen her, zeigt, wie auf „normabweichendes Verhalten« einzelner reagiert wird und setzt Regeln für das Leben in der Gruppe. Dieser Katalog ist nur ein kleiner Ausschnitt davon, welche Verantwortung die Leitung während einer Freizeit trägt.
Eine Freizeitleitung ist unverzichtbar, wenn sich die Gruppe weiterentwickeln und einen gezielten Einsatz von Kräften und Fähigkeiten der Mitglieder erbringen soll.

Nun wird der Teambegriff bei Pädagogen sehr unterschiedlich verwendet, so dass es sinnvoll ist, diesen Begriff zunächst zu definieren:

„Ein Team ist eine auf die Lösung einer außerhalb ihrer selbst liegenden Aufgabe kontinuierlich hinarbeitende Gruppe. Innerhalb dieser Gruppe ergänzen sich die Spezialisierungen und Kompetenzen, sind aber zusammengehalten durch ein gemeinsames Ziel.« (Kirchgäßner 1980, S. 99).

Ein Team findet sich nicht aufgrund des Selbstzweckes zusammen. Die folgenden acht Punkte sollen die verschiedenen Kennzeichen von Teamarbeit vervollständigen (vgl. Schilling 1981, S. 71):

1. Ein Team ist eine kleine Gruppe von Personen, so dass jeder einzelne mit den anderen Kontakt aufnehmen kann, um sich am Informationsfluss zu beteiligen und Entscheidungen gemeinsam zu treffen.
2. Teamer sind sich über Ziele einer Freizeit und über die pädagogischen Handlungsweisen einig. Ein gemeinsames Bewusstsein über diese Grundsätze bildet eine Verbindung zwischen den einzelnen Teammitgliedern.
3. Teamer sollten sich auf gegenseitige Sympathie, Wertschätzung, Anerkennung sowie Vertrauen untereinander stützen können, so dass eine produktive Arbeitsatmosphäre für alle Beteiligten geschaffen werden kann.
4. Im Team arbeiten Personen mit unterschiedlichen, aber gleich hohen sachlichen und fachlichen Kompetenzen zusammen. Die in eine Freizeit eingebrachten unterschiedlichen Kompetenzen, Fähigkeiten und Fertigkeiten sind gleichwertig, so dass die Teamer gemäß ihren Neigungen arbeitsteilig zusammenarbeiten, um das Gelingen einer Freizeit zu gewährleisten.

Ferner ist bei der Zusammenarbeit mit jugendlichen Ehrenamtlichen zu beachten, dass die Hauptamtlichen letztendlich immer die gesamte Verantwortung für die Freizeit tragen, d.h. dass in der Rechtssprache nicht von einer Haftung des gesamten Teams gesprochen werden kann (vgl. Schilling 1990, S. 17). Folglich übernehmen Hauptamtliche stets organisatorische Planungsaufgaben, die nur selten auch von Ehrenamtlichen erledigt werden können, wie beispielsweise Buchen eines Hauses, Planung der Reiseroute, Übernahme der Freizeitkasse, Annahme von Anmeldungen.

Im Gegensatz zu den Teams übernehmen die Hauptamtlichen in der Zusammenarbeit mit Kindern und Jugendlichen die Anleitung und Begleitung der Ehrenamtlichen. Dies bedeutet in Freizeiten einen zusätzlichen Programmpunkt während des Tagesablaufes, der gerade dann zeitintensiv ist, wenn Konflikte innerhalb des Teams oder der Teilnehmergruppe auftauchen. Oftmals ist es während einer Freizeit auch schwierig, einen regelmäßigen Termin für Gespräche zu finden. Oft werden diese Treffen auf ungünstige Zeiten verschoben, zum Beispiel „mal eben zwischendurch."

Schließlich nehmen die Teamer verschiedene Rollen ein, so dass die Teilnehmer die Chance haben, ihren Bedürfnissen und Interessen entsprechend unterschiedliche Ansprechpartner und Begleiter zu finden.

5. Teamer müssen über ein gleich hohes Maß an Informationen über das jeweilige Vorhaben einer Freizeit verfügen, so dass regelmäßige Gespräche über Personen, Sachen oder Probleme stattfinden können.
6. Im Team müssen auftretende Konflikte geklärt werden. Sie stören sonst das gesamte Arbeitsvorhaben.
7. Teamarbeit zeichnet sich durch eine spontane Kooperationsbereitschaft aus, so dass sich Teamer je nach Bedarf untereinander helfen und sich gegenseitig Sicherheit geben.
8. Teamarbeit ist vernunft-, problem- und kritikorientiert. Alle an der Entscheidung Beteiligten tragen die Ausführungen und Ergebnisse verantwortlich mit, so dass jeder Teamer gleichberechtigt und gleich verantwortlich für die Freizeit ist.

Anhand der dargelegten Kennzeichen von Teamarbeit werden die hohen Anforderungen an alle, die in der Freizeitleitung zusammenarbeiten, deutlich. Es sei dahingestellt, ob alle Freizeitleitungen, die von Teamarbeit sprechen, die Voraussetzungen erfüllen, wenn sie Teamarbeit meinen. Teamarbeit unterscheidet sich von hierarchisch geordneten Gruppen und muss erlernt werden. Sie ist nicht möglich, wo Machtstreben, Konkurrenz, Misstrauen oder Unselbstständigkeit erfahren wird.

Die Durchführung einer Freizeit ist sehr umfangreich und besitzt vielfältige Aspekte, so dass sie nur von mehreren kompetenten Personen gemeinsam bewältigt werden kann. Pädagogisch gesehen erfüllt ein Team eine wichtige Funktion als Verhaltensmodell. Denn durch eine gleichberechtigte Zusammenarbeit erhalten Teilnehmer einer Freizeit sichtbare Beispiele und Verhaltensmaßstäbe für eine mögliche Gestaltung eigener zwischenmenschlicher Beziehungen. Schließlich hat Teamarbeit eine positive psychologische Wirkung auf die Mitarbeiter, da sie ständig Anregungen und Herausforderungen zu kreativen Arbeitsprozessen, die besonders bei der Ausgestaltung eines Freizeitprogramms notwendig sind, und zur Entwicklung der Persönlichkeit bietet.

Teamarbeit beinhaltet Vorteile bei der Gestaltung einer Freizeit sowie Hindernisse für die Freizeitleitung, die im Zusammenhang mit folgenden Faktoren stehen: Anzahl und Alter der Teamer, Bekanntheitsgrad der Betreuer und Teilnehmer untereinander sowie den Fähigkeiten, Fertigkeiten und Haltungen einzelner im Team (vgl. Klein 1978, S. 278).

Innerhalb des Teams muss darüber hinaus für eine Atmosphäre gesorgt werden, in der ...

- Stärken genutzt werden
- Schwächen getragen und sich zugestanden werden
- Raum für Gespräche ist
- Befindlichkeiten ernst genommen werden
- alle Ideen ermöglicht und ernst genommen werden
- gelacht und gefeiert werden darf
- Lob und Anerkennung zum Ausdruck kommt
- gegenseitiges Interesse gezeigt wird
- praktische Unterstützung gegenseitig angeboten wird
- nicht bevormundet wird
- konkrete Verabredungen getroffen werden.

2.8. Gruppendynamische Aspekte

Die Gruppe ist eine Lebensform der Freizeit, in der sowohl die Teilnehmer als auch die Gruppenleiter für einen bestimmten Zeitraum sehr nahe zusammenleben. Gruppen sind Grunderscheinungen menschlichen Lebens. Sicherheit, Zugehörigkeit und Liebe, Achtung, Selbstverwirklichung sowie Wissen und Verstehen als grundlegende Bedürfnisse des Menschen werden innerhalb der Gruppe befriedigt (vgl. Maslow 1981, S. 74-105). Gruppen können für die Entwicklung eines Menschen sehr hilfreich sein, aber auch zerstörerisch auf seine Entfaltung einwirken, wenn zum Beispiel Gruppendruck auf einzelne Gruppenmitglieder ausgeübt wird oder Gruppenwerte nicht mit den Werten einzelner konform gehen. Durch Gruppenpädagogik müssen negative Auswirkungen vermieden oder vermindert werden. Das ist in der Arbeit mit Kindern und Jugendlichen von großer Bedeutung.

Phasen der Gruppenentwicklung

Jede Gruppe macht eine Entwicklung durch, die durch unterschiedliche Faktoren beeinflusst wird, wie zum Beispiel zeitliche Dauer des Treffens, Gruppengröße, Ziel und Aufgabe der Gruppe, Homogenität bzw. Heterogenität der Gruppenmitglieder oder die Umgebung, in der sich die Gruppe trifft (vgl. Klein 1978, S. 49). Besonders während einer Freizeit wird der Gruppenprozess von den Teilnehmern und dem Leitungsteam sehr intensiv erlebt, da man sich für einen bestimmten Zeitraum in einer ungewohnten Umgebung in einer Gruppe aufhält, die sich in ihrer Konstellation zum ersten Mal zusammenfindet. Im Folgenden gehen wir auf grundsätzliche Strukturmerkmale ein, die einen Gruppenprozess in einer Freizeitmaßnahme kennzeichnen. Saul Bernstein und Louis Lowy haben hierzu fünf verschiedene Stufen der Gruppenentwicklung dargestellt, die Auskunft über Interventionsmöglichkeiten des Leitungsteams und über Hinweise zur Planung von Gruppenaktivitäten geben (vgl. Bernstein/Lowy 1969, S. 57-101).

Orientierungsphase

Bezeichnend für die erste Stufe des Gruppenprozesses ist, dass sich die Gruppenteilnehmer untereinander gar nicht bzw. nur zum Teil kennen. Die Anfangsphase wird vor allem dazu genutzt, sich zu orientieren, die anderen distanziert zu erforschen und dahingehend „abzutasten", ob bei ihnen Vertrautes entdeckt wird. In der Orientierungsphase sind die Einzelnen sehr unterschiedlichen Gefühlen ausgesetzt. Es besteht die Angst, von den anderen möglicherweise nicht akzeptiert zu werden oder keinen Platz in der Gruppe zu finden. Die Mitglieder befinden sich in einem Dilemma von Annäherung und Ausweichen. Unsicherheit besteht auch darin, welche Normen und Regeln in der Gruppe herrschen und mit wem man sich anfreunden oder von wem man sich fernhalten sollte. Einzelne, die die noch offene Situation zu strukturieren und für sich greifbar zu machen versuchen, erfahren in dieser Phase noch wenig Widerstand von den anderen Teilnehmern.

Dem Leitungsteam kommt in dieser Phase eine große Bedeutung zu. Von ihm erwarten die Teilnehmer am ehesten eine Richtung, die von Unsicherheiten entlastet und zum Maßstab des eigenen Verhaltens genommen werden kann. Die Mitarbeiter müssen zu Beginn einer Freizeit jeden Einzelnen behutsam zu Vertrauen ermuntern und auf sie zugehen, um sie in die Gruppe zu integrieren, ihnen aber auch gleichzeitig die untereinander bestehende Distanz zugestehen. Ferner muss die Programmgestaltung auf die derzeitige Gruppensituation abgestimmt werden. Sie soll die „Erkundung" der anderen Gruppenmitglieder und der neuen Umgebung erleichtern. Es ist eine Chance, gleich nach Ankunft der Gruppe am Freizeitort ein Programm anzubieten. Den Teilnehmern werden Signale gegeben, wie es in der Freizeit zugehen soll, zum Beispiel ob die Einzelnen so akzeptiert werden, wie sie sind oder ob Leistung und Stärke zählt, um von der Gruppe angenommen zu werden. Informationen über die Umgebung, in der sich die Gruppe während der Freizeit aufhält, sowie über die Regeln des Zusammenlebens vermitteln den Teilnehmern vorläufig Orientierung und Halt. Das gilt solange, bis es möglich ist, miteinander über eventuell notwendige Veränderungen der Gruppennormen zu diskutieren.

Abschließend ist zu dieser Phase noch anzumerken, dass das Leitungsteam sich gegenüber den Teilnehmern in einer günstigen Ausgangsposition befindet. Das Team kennt sich bereits, es weiß einiges über Ziele und Programminhalte der Freizeit und hat sich schon geeinigt, welche Vorstellungen es bezüglich des Umgehens miteinander hat.

Andererseits können die Mitarbeiter unsicher darüber sein, ob sie in ihrer Rolle als Leiter von den Teilnehmern akzeptiert werden. Diese Angst besteht besonders bei den ehrenamtlichen Mitarbeitern, die nicht wesentlich älter als die Teilnehmer sind.

Machtkampfphase
Die Gruppenteilnehmer haben sich aneinander herangetastet und festgestellt haben, welche Stärken und Schwächen die Einzelnen besitzen. Die zweite Stufe der Gruppenentwicklung ist dadurch geprägt, dass sich die Teilnehmer je nach persönlicher Eigenart und bisheriger Gruppenerfahrung eine bestimmte Position bzw. Rolle in der Gruppe „erkämpfen", um ihr Bedürfnis nach Anerkennung zu befriedigen und Einfluss auf Gruppenziele und -normen zu nehmen. Dieses geschieht meist unbewusst. Die Machtkampfphase stellt einen krisenhaften Zeitpunkt innerhalb der Gruppe dar, da die Gruppenstruktur bislang für alle Beteiligten geklärt zu sein schien und nun in Frage gestellt wird. Ebenso tauchen Macht-

kämpfe zwischen Mitgliedern und Gruppenleitern auf, da auch die Rolle bzw. Funktion der Leitung problematisierend hinterfragt wird. Dieser Kampf bringt eine große Anzahl von Verhaltensweisen mit sich, in denen sich Stärken und Schwächen der einzelnen Teilnehmer widerspiegeln. Er ist für die Akzeptanz in der Gruppe existenznotwendig, denn auf diese Weise erfahren die Teilnehmer, wie sie von den anderen gesehen werden.
In dieser Phase werden Cliquen gebildet, die sich dadurch auszeichnen, dass sie andere Gruppenteilnehmer ausgrenzen. Die Gruppe weist den Teilnehmern, die sich weniger gut als andere darstellen können, einen Platz in der Gruppe zu. Die Beziehungen untereinander werden von Sympathie, Antipathie und Ablehnung bestimmt.
Auf die Gruppenleiter kommen in dieser Phase unterschiedliche Verhaltensaufgaben zu: Zunächst ist es wichtig, dass sich die Leiter nicht von den Teilnehmern in den Machtkampf verwickeln lassen, sondern zu einer Klärung des Kampfes beitragen. Sie begründen Anordnungen, Grenzen und Meinungen und nehmen die Meinungen der Teilnehmer in die eigenen Überlegungen auf. Durch das eigene Verhalten setzen sie den anderen ein Zeichen, wie mit Konflikten umgegangen werden kann, nämlich dass Angriffe auf das Leitungsteam nicht mit Missachtung vergolten werden, sondern dass sie sich für die Denkweisen anderer interessieren. Das Team sollte daher die Machtkämpfe pädagogisch begleiten und Ruhe, Gelassenheit sowie Gesprächsbereitschaft zeigen. Ferner sollte es bei der Auseinandersetzung der Teilnehmer Hilfestellung leisten, damit einzelne ihre Schwierigkeiten artikulieren können.
Bei der Planung von Gruppenaktivitäten sollte das Team berücksichtigen, dass unterschiedliche Fähigkeiten von den Teilnehmern gefordert werden und dass niemand dabei blamiert wird. Einen vorläufigen Abschluss findet diese Phase, wenn alle Teilnehmer sich vorerst in der Gruppe zurechtgefunden haben. Ein gutes Ende besteht dann, wenn alle mit ihrem gefundenen bzw. zugewiesenen Platz zunächst einverstanden sind und wenn ihnen Raum zur Entfaltung und Veränderung gegeben wird. Die Teilnehmer sind nun bereit, Verantwortung für die Gruppe zu übernehmen. Da bei einer Freizeit die Teilnehmer die Gruppe nicht einfach verlassen können, ist es von großer Bedeutung, dass bestehende Ängste nicht vergrößert werden.

Vertrautheitsphase
Die dritte Stufe des Gruppenprozesses ist dadurch gekennzeichnet, dass sich die Gruppe stabilisiert und nach außen ihre Interessen vertritt. Es entwickelt sich ein „Wir-Bewusstsein«, das sich auf gegenseitiges Vertrauen stützt. Die Teilnehmer in der Gruppe fühlen sich wohl und die Beziehungen untereinander sind vorläufig geklärt. Diese Phase ist ein guter Zeitpunkt, um die Teilnehmer an der Planung und Gestaltung des Programms zu beteiligen und ihre Mitverantwortung zu fördern. Für alle beginnt nun eine erlebnisreiche Zeit, in der man sich ohne Worte versteht oder eine eigene Gruppensprache entwickelt. In dieser Phase tauchen aber auch Konflikte auf, so dass sich die starken Gruppenteilnehmer den schwachen gegenüber durchsetzen, wenn die Gruppe sich selbst überlassen wird.
Bei der Programmgestaltung dieser Phase sollten die Gruppenleiter darauf achten, dass sie Anregungen für die Gruppenaktivitäten bieten, aber nicht alleinverant-

wortlich ausführen. Statt dessen sollten sie Initiativen der Teilnehmer aufgreifen und die Verwirklichung von Ideen unterstützen. In dieser Phase können sich die Gruppenleiter „entbehrlich" machen, indem sie möglichst viel mit den Teilnehmern unternehmen und Aufgaben an sie abgeben, wie beispielsweise die Gesprächsleitung oder die Besprechung des Tagesprogramms – auch wenn sie in der Durchführung nicht den Maßstäben des Teams gleichkommen. Gefahren der Vertrautheitsphase bestehen in der Entwicklung eines Gruppenegoismus sowie eines Drucks zu Konformität in Einstellungen, Denkweisen und Programmgestaltung.

Differenzierungsphase
In der vorherigen Phase stand mehr die Gruppe im Mittelpunkt als der Einzelne. In der nächsten Phase entwickelt sich nun neben dem Gruppenbewusstsein die Fähigkeit und Bereitschaft, sich als Individuum mit seinen Stärken und Schwächen wahrzunehmen und zu akzeptieren. Diese Stufe stellt die Idealphase einer Gruppe dar, denn jeder kann seine Bedürfnisse äußern, ohne dabei Angst haben zu müssen, dass sich andere benachteiligt fühlen könnten. Individualität wird für die Weiterentwicklung der Gruppe als fördernd und wertvoll erkannt. Durch den starken Zusammenhalt der Gruppe hat sich eine stabile Gruppenstruktur ausgebildet, die Raum für intensive Gespräche bietet. Es können Beziehungen außerhalb der Gruppe aufgenommen werden, um gemeinsame Interessen und Ziele zu verfolgen. Während dieser Phase treten wenig Machtprobleme auf, selbst dann nicht, wenn einzelne Mitglieder ihre Rolle wechseln.
Bei einer Freizeitmaßnahme kommt dieser Phase eine große Bedeutung zu. Jeder kann individuell im sozialen Zusammenhang der Gruppe und selbstbestimmt unter Berücksichtigung der Bedürfnisse der anderen leben. Individualität und Soziabilität werden in dieser Stufe in Einklang gebracht.
Wichtig ist folgende Anmerkung: Die Programminhalte müssen sich in dieser Phase nicht ändern, sondern die Art und Weise, wie miteinander umgegangen wird. Das Leitungsteam kann sich weitestgehend zurückziehen. Es muss allerdings Hilfestellungen geben, um weitere Ziele für die Gruppe setzen zu können.

Ablösungsphase
In einer Freizeitmaßnahme ist das Bestehen einer Gruppe von vornherein zeitlich begrenzt, so dass sich die Gruppenmitglieder voneinander lösen müssen. Wenn das Erleben einer Gruppenzugehörigkeit von den Teilnehmern als positiv erlebt wurde, fällt die Lösung von Beziehungen, die während der Freizeit aufgebaut wurden, sehr schwer. Typische Reaktionen können sein: Gruppenteilnehmer fühlen sich vom Leitungsteam nicht Ernst genommen, gemeinsam erstellte Ergebnisse werden am Ende der Fahrt zerstört, Teilnehmer wollen nie wieder Gruppenerfahrungen machen oder nicht mehr schlafen gehen. Möglich ist auch ein Rückzug in die Orientierungsphase, geprägt von einer großen Leiterabhängigkeit und von Streitgesprächen. Auch kann die Ablösung die Angst wachrufen, nicht mehr geliebt zu werden.
Es ist es besonders wichtig, dass die Freizeitleitung die Trennung gut vorbereitet und gestaltet, da die Teilnehmer auf Grund der Freizeiterlebnisse bestimmte Erfahrungen gemacht haben. So können beispielsweise durch eine Feedback-Runde oder in einer gemeinsamen Auswertung die Erlebnisse und Erfahrungen der Frei-

zeit ins Bewusstsein gehoben werden. Die Teilnehmer werden angeregt, darüber nachzudenken, was sie als wichtig erkannt haben und in ihrem Alltag beibehalten wollen. Solche Methoden dienen dazu, den Trennungsschmerz von Beziehungen in ein aktives Zugehen auf neue Situationen zu verwandeln.

Manchmal haben die Gruppenteilnehmer die Chance, sich in den Räumlichkeiten der einzelnen Institutionen wiederzusehen. Unter diesen Bedingungen muss den Teilnehmern unseres Erachtens vermittelt werden, dass die Hauptamtlichen – institutionsabhängig auch Ehrenamtliche – einerseits auch weiterhin für die Teilnehmer da sind und Interesse an ihnen haben. Andererseits werden sich aber die Begegnungen in anderer Weise als bei der Freizeit gestalten, da sich Ort, Zeit und Raum als Grundlage für die Beziehung ändern.

Diese Darstellung zeigt, dass die gruppendynamischen Aspekte durch Nähe und Distanz in den Beziehungen und durch die Befriedigung der obengenannten Bedürfnisse geprägt sind. Eine Gruppe stellt kein statisches Gebilde dar, sondern ist ständig in Bewegung. Es ist darauf hinzuweisen, dass nicht immer alle fünf Stufen der Gruppenentwicklung bei einer Freizeit durchlaufen werden. Die Kenntnis der einzelnen Phasen gibt dem Leitungsteam Orientierung und Hinweise darauf, wie es auf bestimmte individuelle Verhaltensweisen, z.B. Sticheleien, große Einsatzbereitschaft für die Gesamtgruppe oder Abschiedstränen, angemessen reagieren kann. Zudem kann das Team verstehen, warum sich die Teilnehmer wie oben beschrieben verhalten. Das Wissen um einen Gruppenprozess erleichtert es dem Team, seine Programminhalte auf die jeweiligen Freizeitsituationen abzustimmen.

2.9. Rollenfunktionen in der Arbeit mit Gruppen

Während der Planungs- und Durchführungsphase einer Freizeit übernimmt die Leitung sehr unterschiedliche Rollen, die zum Gelingen einer Freizeitmaßnahme beitragen. Zu denken ist hier beispielsweise an die Rolle des Organisators/Initiators einer Freizeit, des Werbefachmanns, des Kalkulators eines Freizeitetats, des Spielpädagogen etc. Damit die Freizeiten zu erlebnisreichen Tagen für die primäre und sekundäre Zielgruppe werden, müssen die Leitungspersonen sehr unterschiedliche Fähigkeiten, Fertigkeiten und Haltungen einbringen. Eine Aufzählung von allen möglichen Kompetenzen ist hier nicht leistbar, zumal sie keinen Anspruch auf Vollständigkeit erheben könnte. Zudem bringen die Mitarbeiter des Freizeitteams individuelle Fähigkeiten und Fertigkeiten in ihre Arbeit ein. Sie steigern möglicherweise den Erlebniswert einer Freizeit, können aber nicht Grundlage für die religions- bzw. sozialpädagogische Arbeit sein, wie beispielsweise handwerkliche Fertigkeiten, die bei mannigfaltigen Programmangeboten in einer Freizeit von Vorteil sind. Des weiteren arbeiten die Hauptamtlichen mit anderen Kollegen bzw. mit Ehrenamtlichen oder Honorarkräften zusammen, wobei jeder unterschiedliche Kompetenzen in die Freizeitgruppe mitbringt. Gerade darin liegt die Chance der Zusammenarbeit mit anderen: Eine Hierarchisierung wird ausgeschlossen, indem die unterschiedlichen Aufgaben gemäß den individuellen Fähig- und Fertigkeiten aufgeteilt werden.

Rollen der Gruppenleiter

Da die Durchführung von Freizeiten primär im Bereich der Arbeit mit Gruppen anzusiedeln ist, möchten wir die unterschiedlichen Rollen, die Gruppenleiter einnehmen, in vier Punkten zusammenfassen:

1. Gruppenleiter sind Vermittler von Informationen, Kenntnissen und Fertigkeiten, die durch eine Fülle von allgemeinen Erfahrungen und Fähigkeiten bereichert wird, die der Gruppenleiter aus anderen Bereichen mitbringt.

2. Die Arbeit mit Kindern und Jugendlichen findet im Bereich einer eigenständigen Sozialisationsinstitution statt, so dass Pädagogen etwas von Lernprozessen und -situationen, von möglichen Zielen, von verschiedenen Methoden und von Gruppenstrukturen und Gruppenentwicklungen verstehen sollten. Zudem müssen Gruppenleiter in der Lage sein, den Verlauf von Freizeiten zu reflektieren, um bestimmte Programmangebote oder Zielsetzungen hinsichtlich ihres Erfolges überprüfen zu können. Sie müssen auch wahrnehmen, ob man als Gruppenleiter störende Rollen einnimmt, die eine konstruktive Beteiligung der Gruppenmitglieder ausschließen (vgl. Brocher 1967, S. 140-141).
Ferner müssen Gruppenleiter eine Fähigkeit zur Gesprächsführung und zur Delegation von Aufgaben besitzen.

3. In der Arbeit mit Gruppen sollten die Leitungspersonen eine Haltung einnehmen, die das Lernen und Handeln der Heranwachsenden begünstigt. Indem sie selbst „Mensch-Sein" vorleben, Fehler und Nichtkönnen eingestehen, motivieren sie Kinder und Jugendliche zum Lernen und Handeln.
Dabei sind Gruppenleiter selbst Mitglied der Gruppe, denn sie beeinflussen die Gruppenstruktur durch ihr Verhalten. Wenn sich haupt- und ehrenamtliche Teamer hinter der Rolle des Leiters verstecken, werden es auch die Kinder und Jugendlichen kaum wagen, aus sich herauszukommen. Indem Gruppenleiter ein Modell für Freundlichkeit, Wärme oder Antwortbereitschaft gegenüber anderen geben, werden sie die Gruppenmitglieder am ehesten ermutigen, das gleiche auch zu tun.

4. Schließlich sollten Gruppenleiter auch „Freund" der Gesamtgruppe und Einzelner sein, da diese die Freundschaft suchen und brauchen. Auch die Gruppenleiter benötigen eine gute Beziehung zu den Teilnehmern, um sie verstehen und herauszufordern zu können. Lerninhalte lassen sich nur durch die Beziehungsarbeit vermitteln.

Fachliche und personale Qualifikation des Gruppenleiters

Anhand von zwei verschiedenen Qualifikationsarten wird deutlich, dass die Arbeit mit Gruppen eine große Herausforderung an die Haupt- und Ehrenamtlichen darstellt.

Die fachlichen Qualifikationen eines Gruppenleiters sind:
Die Fähigkeit...

– mit unterschiedlichen Gruppen methodisch zu arbeiten;
– Gruppenprozesse zu beobachten, zu analysieren und zu diagnostizieren;
– Lernziele für und mit der Gruppe zu erarbeiten;

- Lernprozesse mit der Gruppe zu planen, einzuleiten und zu strukturieren, und zwar unter Berücksichtigung der Eigenart der Gruppe, der zur Verfügung stehenden Zeit und Mittel sowie der eigenen Fähigkeiten;
- Lernprozesse mit der Gruppe zu reflektieren und auszuwerten;
- die Gruppenarbeit zum Arbeitsauftrag und der Entwicklung des Selbstverständnisses der Institutionen in Beziehung setzen bzw. abstimmen zu können;
- in Lernprozessen Inhalte und Gefühle sowie Beziehungen gleichermaßen berücksichtigen zu können;
- die eigene Rolle als Gruppenleiter zu reflektieren und bewusst einzusetzen.

Die persönlichen Qualifikationen eines Gruppenleiters sind:
Die Fähigkeit...

- sich selbst und seine Partner zu respektieren und zu akzeptieren;
- Beziehungen mit unterschiedlichen Menschen einzugehen;
- Wissens-, Gefühls- und Verhaltensaspekte ständig neu zu integrieren;
- eigene Stärken und Schwächen zu erkennen und anzuerkennen;
- die eigene Einstellung zu Macht, Autorität und Abhängigkeit zu klären und im Hinblick auf den Umgang mit Gruppen und Institutionen zu überprüfen;
- Feedback und Kritik entgegennehmen und geben zu können;
- das Niveau der eigenen beruflichen Qualifikation und Kompetenz einschätzen und daraus Lernziele entwickeln zu können;
- den eigenen Standpunkt zu vertreten, und zwar auch Gruppen und Institutionen gegenüber;
- „authentisch" handeln zu können.

Die Zusammenarbeit mit Ehrenamtlichen stellt eine besondere Anforderung an die Fähig- und Fertigkeiten der Hauptamtlichen. Zunächst gilt es, Jugendliche bzw. Erwachsene für die Mitarbeit in einer Freizeit zu gewinnen. Bei Vorbereitungstreffen muss ein Austausch über mögliche Zielsetzungen, Programmangebote und Ideen für den konkreten Ablauf einer Freizeit zwischen allen Mitarbeitern stattfinden, um die Freizeit gemeinsam zu strukturieren und die Aufgaben untereinander zu verteilen. Die Ehrenamtlichen müssen gegebenenfalls über bestimmte Sachverhalte, wie z.B. Aufsichtspflicht, informiert werden. In ihrer Arbeit sollten die „Laien" begleitet und zur Durchführung verschiedener Programmpunkte Reflexionsgespräche angeboten werden.

3. Erlebnispädagogik als Methode von Freizeitarbeit

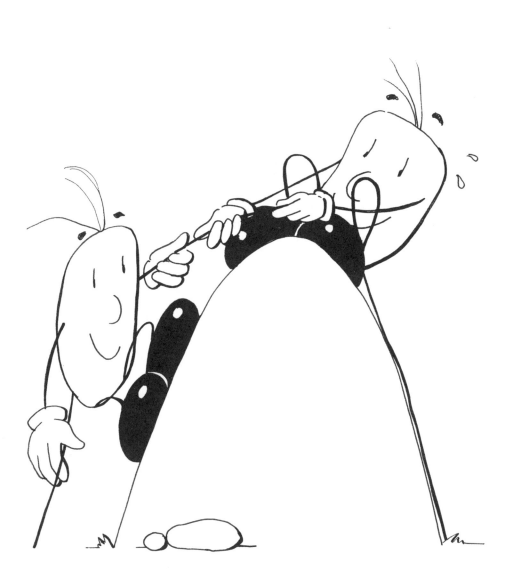

Daniela schaut auf das Satelliten-Navigationsinstrument: „Wir haben 19 Grad, man, ist das kalt!" Skipper: „Soll ich es wärmer machen?"

Zunächst erläutern wir den erlebnispädagogischen Ansatz hinsichtlich seiner Prinzipien, Kennzeichen und Ziele. Die Ziele dieses Ansatzes werden mit den Zielen von religions- und sozialpädagogisch angeleiteten Freizeiten in Beziehung gesetzt.

Der Begriff „Erlebnis"

Das Wort „Erlebnis" als Schlüsselbegriff des Wortes „Erlebnispädagogik" meint das Bewusstwerden von körperlichen und seelischen Zuständen besonderer Einmaligkeit, das nur den betroffenen Personen aufgrund primärer Erfahrungsräume, nicht aber Außenstehenden, zugänglich ist. Kurt Hahn als Initiator erlebnispädagogischer Kursschulen weist durch seine Definition auf die methodische Komponente des Erlebnisses im pädagogischen Prozess hin (vgl. Hoffmann 1989, S. 5). Durch Erlebnisse wird ein Erfahrungsraum ermöglicht, der sich nicht kognitiv vermitteln lässt. Er ist notwendig, um auf neue Situationen reagieren zu können. In der Erlebnispädagogik handelt es sich stets um eine Kette von Erlebnis – Erfahrung – Reaktion in neuen Situationen. Die trägt zu einer Identitätsfindung, zu einer Überprüfung und gegebenenfalls zu einer Korrektur des eigenen Verhaltens bei.

Identitätsentfaltung als Richtziel erlebnispädagogischer Jugendarbeit muss in Einzelzielen präzisiert werden. Erst durch eine gegenseitige Ergänzung von verschiedenen Feinzielen, praktischem Erleben und den daraus gewonnenen Erfahrungen kann das Richtziel erreicht werden. Markus Hoffmann ordnet die jeweiligen Feinziele erlebnispädagogischer Maßnahmen unterschiedlichen Bereichen zu: dem persönlichen, dem sozialen, dem motorisch-handwerklichen, dem kognitiven, dem politischen und ökologischen Bildungsbereich (vgl. Hoffmann 1989, S. 18-22). Diese Bereiche tragen zur Persönlichkeitsentfaltung und zur Festigung sozialer Verhaltensweisen bei und beinhalten somit didaktische Prinzipien der Sozialarbeit und Religionspädagogik.

Anhand der Aufzählung der Feinziele wird deutlich, dass Erlebnispädagogen bestimmte Prinzipien und Möglichkeiten verfolgen. Wir führen dazu sechs Stichpunkte an (vgl. Hoffmann 1989, S. 8-18):

Ganzheitlichkeit

Das wichtigste Prinzip der Arbeit mit Kindern und Jugendlichen als dritte Sozialisationsinstitution ist, die Wissensvermittlung nicht nur auf Rationalität und Intellekt auszurichten. Kinder und Jugendliche müssen über körperlich, geistig und seelisch angelegte Potentiale gleichermaßen angesprochen werden. In der Erlebnispädagogik stehen die emotionalen, sozialen, kognitiven und motorisch-handwerklichen Lernbereiche gleichrangig nebeneinander.

Handlungs- und Naturorientierung

Heutzutage leben Kinder und Jugendliche oftmals in einer Umwelt mit geringem Anregungspotential. Sie sehen sich mit einer Lebenswelt konfrontiert, die ihnen nur wenige Möglichkeiten eröffnet, Naturerfahrungen aus erster Hand zu sammeln. Medienkonsum steht anstelle der eigenen Aktivität. Der Ansatz der Erlebnispädagogik ermöglicht den Heranwachsenden, Eigenaktivität auf ganzheitlicher

Ebene zu entwickeln. Bevor beispielsweise ein Lagerfeuer angezündet werden kann, muss Holz gesammelt und eine Feuerstelle gebaut werden. Darüber hinaus begreifen Kinder und Jugendliche globale ökologische Zusammenhänge. Eine Handlungsorientierung kommt dem Bedürfnis der Teilnehmer nach Bewegung und erforschenden Tätigkeiten entgegen. Gerade Kinder und Jugendliche erhalten durch andere oftmals wenig Anerkennung. Ursachen können zum Beispiel intellektuelle Schwächen oder Kommunikationsschwierigkeiten sein. Sie haben bei erlebnispädagogischen Freizeiten die Chance, ihre Fähigkeiten und Fertigkeiten für das Gruppenleben einzusetzen.

Gruppenorientierung
Erlebnispädagogische Angebote sind in ihrem spezifischen Alltag so arrangiert, dass die Teilnehmer in einer Gruppe zusammenleben. Der Gruppenprozess wird durch die Rahmenbedingungen einer Freizeit gesteigert. Die einzelnen Gruppenmitglieder sind beim gemeinsamen Vorhaben aufeinander angewiesen und müssen sich gegenseitiges Vertrauen schenken, wenn sie gemeinsam auftretende Probleme durchstehen und lösen möchten. Die in einer Gruppe vereinbarten Normen und Regeln werden konkret durchschaubar, da Unterlassung und Verstöße sofortige Auswirkungen auf das gemeinsame Unternehmen haben.

Mitbestimmung und –gestaltung
Erlebnispädagogische Freizeiten bieten den Teilnehmern die Möglichkeit, Inhalte und organisatorische Anteile einer Freizeit je nach Fähigkeiten der Teilnehmer mitzubestimmen. Dafür müssen die Rahmenbedingungen, wie zum Beispiel Freizeitdauer, Finanzmittel oder Ausrüstung, berücksichtigt werden. Im Gegensatz zu vorgefertigten Touristenreisen können die Kinder und Jugendlichen die Erfahrung machen, dass das Gelingen einer Freizeit im Zusammenhang mit ihrem persönlichen Engagement steht. Ihre Entscheidungen haben konkrete Auswirkungen auf den Verlauf der Freizeit.

Neue Beziehungsformen
Indem die Freizeit im Rahmen von Arbeit mit Kindern und Jugendlichen angeboten wird, haben die Teilnehmer die Chance, neue Beziehungen zu Gleichaltrigen einzugehen. Darüber hinaus bietet die Erlebnispädagogik den Kindern und Jugendlichen durch ständig wechselnde Situationen die Möglichkeit, festgefahrene Verhaltens- und Rollenmuster aufzugeben. Wenn Aufgaben gemäß eines Rotationsverfahrens an alle Gruppenteilnehmer verteilt werden, können sich keine festen Rollen ausbilden, so dass sich Kinder und Jugendliche mit unterschiedlichen Positionen vertraut machen müssen. Die gemeinsamen Erlebnisse von Gruppe und Mitarbeitern tragen zu neuen Formen von Beziehungen bei.

Orientierung an Jugendbedürfnissen
Jugendliche befinden sich während der Adoleszenz in einer Phase physischer und psychischer Veränderungen. Bedürfnisse nach vielfältigen Aktivitäten, Abenteuerlust, Neugier, Experimenten im körperlichen und seelischen Bereich können durch erlebnisreiche Freizeiten befriedigt werden. Die Jugendlichen machen Grenzerfahrungen in den vielfältigen Aktivitäten und gelangen zu einer guten Selbsteinschätzung.

Ein erlebnispädagogischer Ansatz ist förderlich für die Entwicklung der eigenen Identität sowie das Erlernen sozialer Verhaltensweisen. Die in einer Freizeit gewonnenen Erlebnisse eröffnen vielfältige Lernprozesse, die den oben genannten Bereichen zuzuordnen sind. Daher kann die Erlebnispädagogik als sinnvolle Methode gelten, um sozial- und religionspädagogische Ziele zu verwirklichen.

Transfer erlebnispädagogischer Inhalte

Auf der Basis der theoretischen Auseinandersetzung mit Prinzipien und Zielen der Erlebnispädagogik ist davon auszugehen, dass Mitarbeiter neben ihrer spezifischen Rolle gleichzeitig die Rolle eines Erlebnispädagogen einnehmen. Um jedoch gegenüber den Teilnehmern einer Freizeit pädagogisch verantwortungsvoll handeln zu können, muss besonders auf die Transferproblematik erlebnispädagogischer Freizeiten hingewiesen werden (vgl. Hoffmann 1989, S. 23-35). Demnach haben Mitarbeiter bestimmte Aufgaben zu erfüllen, die wir hier kurz vorstellen:

– Freizeiten finden außerhalb der Alltagssituation in einem zeitlich begrenzten Rahmen statt. Damit die Zielgruppe einen Bezug zur Realität herstellen kann, ist bei der Planung einer Freizeit stets zu überlegen, inwieweit die in einer Freizeit erworbenen Einstellungen und Verhaltensweisen unter anderen Bedingungen in anderen Situationen angewendet werden können. Mitarbeiter haben daher die Aufgabe, dass auch Erlebnisse, die aufgrund extremer Freizeitbedingungen gemacht werden, im Alltag eine wirksame Anwendung finden können.
– Um die Übertragung von neu gelernten Verhaltensweisen und Rollenvorstellungen in den Alltag zu gewährleisten, ist spätestens am Schluss einer Fahrt eine gemeinsame Reflexion sinnvoll. In der Abschlussphase können somit die Mitarbeiter den Teilnehmern Hilfestellung, Beratung und Ermutigung geben, wie die angebahnten Lernprozesse, zum Beispiel Mut, Eigeninitiative, Problemlösungsfähigkeit, in alltägliche Situationen übertragen werden können (vgl. Dithmar1995, S. 5). Diese Transferleistung ist notwendig, weil die pädagogische Arbeit mit jungen Menschen auf Langfristigkeit, also auf plan- und organisierbare Prozesse, angelegt ist.
– Freizeiten stellen in der Regel kurzzeitige Angebote dar, die keine stabilen Veränderungen hervorrufen können. Die Mitarbeiter müssen bemüht sein, dass die Teilnehmer ihre gewonnenen Erfahrungen mit in ihren Alltag übernehmen.
– Die Freizeitleitung verfolgt in Freizeiten bestimmte Inhalte und Ziele. Die Teilnehmer melden sich oftmals mit der Erwartung an, Urlaub und Freizeit zu erleben. Es ist sinnvoll, gemeinsam mit der Gruppe Inhalte und Ziele abzusprechen, um Bereitschaft der Teilnehmer zu erhöhen, an positiven Freizeiterfahrungen im Alltag anzuknüpfen. Dabei ist zu beachten, dass die Teilnehmer während der Maßnahme einen Raum der Erholung finden können.
– Während der Planungsphase muss sich das Leitungsteam darüber Gedanken machen, welche Medien, wie zum Beispiel Segelschiff, Zeltplatz, Kanu etc., für die Umsetzung der formulierten Ziele bezüglich der Zielgruppe als sinnvoll erscheinen. Bei solchen Freizeiten muss berücksichtigt werden, ob Menschen mit Behinderungen daran teilnehmen können oder sollen.
– Mitarbeiter, die den Teilnehmern durch abenteuerlich-riskante Situationen besondere Erlebnisse ermöglichen, müssen bei einer gemischtgeschlechtlichen

Gruppe darauf achten, dass Mädchen nicht in den Hintergrund gedrängt werden. Es kann dann zu typisch männlichen Verhaltensweisen der Jungen kommen, und die Mädchen werden in ihrer Entdeckung von Fähigkeiten und des eigenen Verhaltens eingeschränkt. Dabei ist die Methode der Reflexion zu überdenken, damit auch Teilnehmer mit Kommunikationsschwierigkeiten eine Möglichkeit finden, sich gegenüber anderen ausdrücken zu können. Dies gewinnt besonders dann an Bedeutung, wenn Jugendliche verschiedener Nationalitäten zusammen eine Gruppe bilden. Annette Janssen und Birgit Schulze vertreten die Auffassung, dass die Koedukation in der Erlebnispädagogik eher schädlich als förderlich für die Persönlichkeitsentwicklung von Mädchen ist (vgl. Janssen/Schulze 1985, S. 151-161).

Die erlebnispädagogische Arbeit muss sich mit der Geschlechterthematik befassen. Es ist bei der Durchführung einer gemischtgeschlechtlichen Freizeit notwendig, dass das Leitungsteam Empathie und Einfühlungsvermögen zeigt, wenn es zu Problemen auf diesem Gebiet kommt. Die Freizeiten sollten den Teilnehmern einen Raum bieten, die geprägten Geschlechterrollen aufzubrechen und zu verändern.

– Abschließend sei darauf hingewiesen, dass die Kosten einer Freizeit in einem Zusammenhang mit der Auswahl erlebnispädagogischer Medien stehen. Damit auch finanziell schwache Familien ihren Kindern die Teilnahme an einer Freizeit ermöglichen können, ist zu überlegen, welche Zuschüsse ihnen gewährt bzw. für sie beantragt werden können.

Erleben von sinnstiftenden Inhalten

Anhand dieser Darstellung wird deutlich, dass Mitarbeiter den Kindern und Jugendlichen „sinnstiftende« Angebote vermitteln, die ihnen helfen, ihre Identität zu entfalten sowie eine persönliche Orientierung zu erreichen.
In der Religionspädagogik enthalten diese Angebote eine noch tiefere Bedeutung als in der Sozialpädagogik (vgl. Dorner/Klenk 1990, S. 22-23):
- Sinnstiftende Erfahrungen bieten eine Grundlage für die Entstehung von religiösen Werten, die ihrerseits das Denken und Handeln beeinflussen.
- Religiöse Erfahrungen sind an die alltägliche Lebenswirklichkeit gebunden, sie vollziehen sich in, mit und unter ihr.
- Darüber hinaus beansprucht die kirchliche Arbeit mit Kindern und Jugendlichen für sich erzieherische Aufgaben, die den Teilnehmern zu einem verantwortungsvollen Handeln gegenüber sich selbst, den Mitmenschen sowie Gott verhelfen. Kirche als Auftraggeber für die Arbeit mit jungen Menschen macht deutlich, dass sie an den Bedürfnissen der Zielgruppe und deren Lebenswelt orientiert sein muss.

4. Vorbereitung einer Freizeit

Einkauf für eine Freizeit: Die Kassiererin an der Kasse eines Supermarktes: „Haben Sie etwas Größeres vor?"

Eine Freizeit beginnt für die Teilnehmer am Tag der Abreise, aber für die Leitung schon bis zu zwei Jahre vorher. Das hängt damit zusammen, dass gute Häuser oder Freizeitorte frühzeitig gebucht werden müssen. So sind zum Beispiel Schiffe auf dem Ijsselmeer sehr begehrt, und für große Gruppen gibt es wenig Auswahlmöglichkeiten. Auch Häuser im südlichen Skandinavien sind schnell ausgebucht. Dieses Kapitel greift die wichtigsten Punkte auf, die im Vorfeld einer Freizeit beachtet werden müssen.

4.1. Der Freizeitort

Zu den ersten Überlegungen einer Freizeit gehört die Buchung des Freizeitortes. Wenn für die Verantwortlichen feststeht, dass eine Freizeit für eine bestimmte Altersgruppe angeboten werden soll, geht die Suche – entsprechend den Zielvorstellungen – nach einem geeigneten Freizeitort los. Freizeitorte sind sowohl Häuser mit Vollverpflegung oder Selbstversorgung als auch Zeltplätze oder Schiffe. Darunter fallen zum Beispiel auch Kanu-, Fahrrad- oder Wandertouren, denn auch sie finden an einem begrenzten Ort statt.
Bei Freizeiten mit Kindern ist zu überlegen, wie weit der Freizeitort vom Heimatort entfernt liegen soll, so dass „Heimweh-Kinder" (vgl. Kapitel 6.5.) von Eltern im Notfall schnell abgeholt werden können. Für Jugendliche ist zum Beispiel die Paddeltour im Ausland reizvoller als auf dem Flüsschen vor der Haustür.
Beim Setting einer Freizeitmaßnahme muss nicht nur das Alter einer Teilnehmergruppe berücksichtigt werden, sondern auch die Gruppengröße.
Auch der Zeitpunkt einer Freizeitmaßnahme beeinflusst die Erlebnisse und Erfahrungen einer Gruppe. Beispielsweise besteht ein gravierender Unterschied zwischen einer ostfriesischen Inselfreizeit in den Oster- oder Sommerferien. Eine unter dem Motto „Auf der Suche nach lebendigem Wasser" laufende Freizeit, erlaubt es Teilnehmern in den Osterferien kaum, Salzwasser auf dem ganzen Körper zu spüren. Hingegen kann in den Sommerferien ganzheitlich erfahren werden, wie erfrischend und belebend ein Bad in der Nordsee ist. Ein Zugang zum Symbol des Lebens ist im übertragenden Sinn in dieser Jahreszeit sehr schnell eröffnet.

Es ist empfehlenswert, sich das Freizeithaus oder den Zeltplatz vor der Freizeit anzuschauen. Ist eine Besichtigung nicht möglich, so sollten telephonisch einige Fragen geklärt werden. Nur so können eigene Zielvorstellungen umgesetzt und Erwartungen nicht enttäuscht werden.

Mögliche Fragestellungen sind:
– Sind noch andere Gruppen zur gleichen Zeit am gebuchten Ferienort und müssen Einrichtungen und Räume mit ihnen geteilt werden?
– Wenn gleichzeitig eine andere Gruppe bestimmte Räume mit nutzt, so ist wichtig zu wissen, wie alt die Teilnehmer der anderen Gruppe sind.
– Wie ist die Bettenaufteilung in den einzelnen Räumlichkeiten? In der Regel besitzt jedes Gästehaus einen Bettenplan, den man sich geben lassen sollte.

- Wie ist die Bettenaufteilung für die Betreuer? Kann in der geplanten Teamkonstellation gefahren werden?
- Muss Bettwäsche mitgebracht werden oder wird sie vom Haus gestellt?
- Sind die Tagungsräume für die geplante Gruppengröße und -arbeit geeignet? Kann Kleingruppenarbeit stattfinden?
- Zur technischen Ausstattung: Gibt es Projektor, Leinwand, Tafel, Pinnwände, Musikanlage, Video, Telefon?
- Gibt es weiteres Material, das vor Ort ausgeliehen werden kann?
- Ist das Haus entsprechend der Altersstufe eingerichtet, also ist das Mobiliar und der Fußboden strapazierfähig?
- Ist der Speisesaal separat oder wird er auch als Gruppenraum genutzt?
- Bei Vollversorgerhäusern: Muss die Gruppe abwaschen oder abtrocknen? Welche Essenszeiten stehen fest oder sind sie variabel? Gibt es bei Ausflügen Lunchpakete?
- Immer wieder ist zu beobachten, dass es zu wenig zu trinken gibt. Daher ist zu fragen, was und wie viel es zu den Mahlzeiten zu trinken gibt.
- Gibt es im oder am Haus einen Kiosk, bei dem die Gruppenmitglieder Süßigkeiten und Getränke kaufen können und wie teuer sind diese?
- Bei Selbstversorgerhäusern: Wie ist die Küche ausgestattet, wie viele können gleichzeitig arbeiten, muss Küchengerät mitgebracht werden? Wie und wo kann eingekauft werden?
- Wie sind die sanitären Einrichtungen? Muss die Gruppe zum Beispiel zum Gang auf die Toilette das Haus verlassen? Liegen die Duschen auf dem Zeltplatz weit enrfernt?
- Gibt es fließend Wasser auf den Zimmern oder sogar eine Dusche in den Zimmern?
- Kann bei kühler Witterung geheizt werden?
- Wie sind die Sicherheitseinrichtungen? Rauchmelder, Feuerlöscher, Fluchtwege, Notrufmöglichkeit?
- Kann der Ferienort per Bahn erreicht werden?
- Welche Besonderheiten weißt die Hausordnung auf, zum Beispiel bei Ruhezeiten? Sind die Zimmer jederzeit zugänglich, müssen Hausschuhe getragen werden?
- Bei Reisen in Kurorte oder Kurgebiete: Gibt es besondere Ruhezeiten im Ort oder auf Plätzen?
- Wie ist das Gelände um den Ferienort? Sind eventuell Spielplatz, Sportplatz, Grillplatz usw. vorhanden?
- Können Räder geliehen werden und ist bei Häusern am Wasser ein Bootsservice vorhanden?
- Liegt der Ferienort abgelegen oder muss auf Nachbarn Rücksicht genommen werden?
- Wo gibt es den nächsten Arzt oder das nächste Krankenhaus?
- Gibt es in der Umgebung ein Schwimmbad?
- Welche Ausflugsziele bietet die Umgebung und wie sind sie zu erreichen? Benötigt die Gruppe für Auslüge den eigenen Bus, öffentliche Verkehrsmittel, oder ist das Ziel zu Fuß zu erreichen?
- Wie viel kostet eine Fahrkarte zum nächsten Ort?

- Wo ist der nächste Briefkasten?
- Welche Gefahren sind in der Umgebung im Sinne der Aufsichtspflicht zu berücksichtigen?
- Prospekte und Karten von der Umgebung und den Ausflugszielen mitnehmen.
- Fotos machen, damit auf dem Informationsabend (vgl. Kapitel 4.4.) schon ein kleiner Eindruck vom Freizeitort gegeben werden kann.

4.2. Werbung und Öffentlichkeitsarbeit

Werbung und Öffentlichkeitsarbeit sind zentrale Punkte nicht nur im Hinblick auf eine Freizeit mit Kindern und Jugendlichen. Die Werbung spricht die Zielgruppe an und versucht, die Freizeit anzupreisen und „zu verkaufen". Die Öffentlichkeitsarbeit zielt nicht unmittelbar auf den Verkauf, sondern stellt den Freizeitanbieter und seine Arbeit dar. Eine gute Öffentlichkeitsarbeit kann eine Werbung ersetzen. Wenn Kinder, Jugendliche und deren Eltern eine Einrichtung/Institution gut finden und ihr positiv gegenüberstehen, ist das oft schon ausreichend für eine ausgebuchte Freizeit. Es reichen dann manchmal schon kleine Handzettel oder Ankündigungen innerhalb der Institution bei anderen Veranstaltungen oder im Gottesdienst. Mittel der Öffentlichkeitsarbeit sind zum Beispiel Pressemitteilungen und Anzeigen in Zeitungen und Zeitschriften, Prospekte, die die Arbeit der Institution darstellen und auch Pressetermine mit Vertretern der Presse. Auch die immer genannte „Mundpropaganda" ist ein Ergebnis guter Arbeit und Öffentlichkeitsarbeit.
Werbung ist dann nötig, wenn die Kinder und Jugendliche der entsprechenden Institution fern gegenüberstehen. Damit die Durchführung von Freizeiten in der Öffentlichkeit bekannt wird, sind wichtige Werbemittel zum Beispiel gezielte Pressemitteilungen, Anzeigen im Lokalteil einer Zeitung, Plakate im Stadtteil an markanten Plätzen und Handzettel, die an die Zielgruppe verteilt werden. Weiter dazu gehören die oben erwähnten Ankündigungen bei Veranstaltungen oder Gottesdiensten.

Viele Leitungsteams machen jedoch die Erfahrung, dass sich Kinder und Jugendliche nur bedingt durch Plakate und Handzettel ansprechen lassen. Die primäre Zielgruppe kann kaum eine Vorstellung davon entwickeln, wie sich das Zusammenleben in einer Freizeit mit der entsprechenden Leitung gestalten könnte. Anders mag es zugehen, wenn die Teilnehmer bereits jemanden aus der Reisegruppe kennen.
Grundsätzlich muss die Freizeit attraktiv klingen. Geplante inhaltliche Themen spielen für die Anmeldung kaum eine Rolle. Die Werbung für eine Freizeit muss also die aktuellen Bedürfnisse und die neuesten Trends in der Kommunikation der potentiellen Teilnehmer aufnehmen. Wenn die Werbung nicht in einer zugeschnittenen Sprache formuliert wird, weckt das kaum Interesse bei Kindern und Jugendlichen. Andererseits müssen aber auch Eltern angesprochen werden. Das verbietet dann wieder die Verwendung von Jugendjargon und Szenesprache. Es ist also ein Spagat gefordert. Einfache Sprache und klare Gliederung einer Ausschreibung erleichtern die Kommunikation ungemein.

Teilnehmer werden in der Regel durch drei Bereiche auf eine Freizeit aufmerksam:
– Beziehungsarbeit durch die Freizeitleitung
– Bekanntgabe durch Freunde und Bekannte
– Öffentlichkeitsarbeit und Werbung in Zeitungen und/oder durch Handzettel.

Fragt man Teilnehmer nach ihrer Motivation für die Anmeldung, so lassen sich die Antworten im wesentlichen in drei Kategorien aufteilen. Der Spaßfaktor liegt an erster Stelle, gefolgt von der Antwort, gemeinsam mit Freunden unterwegs sein zu wollen. Die dritte Kategorie beinhaltet Antworten, die sich inhaltlich auf den Urlaubscharakter von Freizeiten beziehen, wie beispielsweise um nach langem Schulstress an die See fahren zu können oder um segeln zu lernen.

4.2.1. Praktische Tipps für eine Pressemitteilung

Pressemitteilungen und Anzeigen in einer Zeitung sind sehr gute Mittel für die Werbung und die Öffentlichkeitsarbeit.

Das Äußere einer Pressemitteilung

Die Pressemitteilung wird an die zuständige Redaktion der gewünschten Zeitung geschickt und sollte die Redakteure möglichst schnell und umfassend über die geplante Veranstaltung informieren. Es ist immer gut, wenn schon im Vorfeld bekannt ist, an wen in den Redaktionen der Text geschickt werden kann. Das bekommt man durch einen Anruf bei der Zeitung heraus. Ob auch Rundfunk- oder Fernsehsender informiert werden sollen, liegt in der Entscheidung der Freizeitleitung. In Ballungsräumen gibt es oft Lokalsender, die sich auch der lokalen Ereignisse annehmen. Der öffentlich-rechtliche Rundfunk hat oft sogenannte Regionalfenster, in denen besondere Ereignisse der Region behandelt werden. Bei großen Veranstaltungen lohnt es sich, auch an die elektronischen Medien zu denken.

Die Redaktion benötigt Zeit, um die Pressemitteilung zu lesen, zu recherchieren und Nachfragen bei den Verantwortlichen zu stellen. Daher sollte sie bis eine Woche vor dem Termin einer Veranstaltung angekommen sein. Bei Pressemitteilungen für Freizeiten ist der Termin der Eingabe abhängig von der beabsichtigten Wirkung. Soll noch für die Freizeit geworben werden? Dann muss sie rechtzeitig vor dem Anmeldeschluss abgeschickt und ein Artikel in der Zeitung erschienen sein. Also nie bis zum letzten Tag warten! Redaktionen entscheiden nach der Tageslage. Wenn etwas Wichtiges passiert, werden Artikel schon mal einige Tage liegen gelassen oder sogar wieder aus der Zeitung genommen. Das ist kein böser Wille der Redakteure. Sie haben schließlich in ihrer Zeitung nur einen begrenzten Platz.
Wenn Freizeiten toll waren und die Pressemitteilung darüber berichtet, sollte zwischen dem Ende der Freizeit und der Mitteilung nicht erst ein Monat vergehen. Für Zeitung und Rundfunk ist nichts schlimmer, als eine Nachricht von vorgestern. Wenn die Pressemitteilung eine Woche vor dem Veranstaltungstermin abgeschickt worden ist, kann nach zwei Tagen nachgefragt werden, ob die Mitteilung angekommen ist. Aber bitte nicht mehr! Die Redaktionen lassen sich gewiss nicht drängen oder beeinflussen. Nachfragen sollten telefonisch gemacht werden. Das

ist schnell und der Redakteur wird direkt angesprochen. Vielleicht hat er gleich die Meldung im Kopf und stellt noch Fragen, also darauf vorbereitet sein.

Wie die Leitung die Pressemitteilung verschickt, ist oft von der jeweiligen Redaktion abhängig. Manche möchten alles per Post haben, manche gern ein Fax. Mit der modernen Kommunikation hat die E-Mail einen wichtigen Platz eingenommen. Hier muss man aber darauf achten, dass Texte sowohl als Mailtext oder als Anhang versandt werden können. Die Pressemitteilung als Mailtext hat den Vorteil, dass sie gleich gelesen werden kann. Der Anhang muss zunächst geöffnet werden. Hier entscheidet dann das Dateiformat, ob der Empfänger den Text lesen und drucken kann. Nicht jeder kann zum Beispiel einen Text mit der Endung .lwp (für Lotus Word Pro) lesen. Die Dateien mit .doc-Endung des Word-Programms lassen sich auf vielen Computern lesen. Auch Unterschiede zwischen PC- und MAC-Computer sollten beachtet werden. Also bei wichtigen Anhängen immer vorher klären, welches Dateiformat der Empfänger lesen kann!

Redakteure warten nicht auf jede Nachricht. Das muss immer bedacht werden, wenn die Freizeit über die Presse bekannt gemacht werden soll. Es reicht also nicht, irgendeinen schnell entworfenen Text an die Lokalzeitung zu schicken in der Hoffnung, das sie schon bearbeitet wird. Redaktionen arbeiten oft unter Druck. Informationen bekommen sie durch Presseagenturen, Korrespondenten, Eigenrecherche und eben auch durch Pressemitteilungen. Die meisten Texte sind daher bereits in journalistischer Form bearbeitet. Um in der Masse dieser Meldungen nicht unterzugehen, muss die Pressemitteilung einigen Anforderungen genügen.

Das Wichtigste ist immer die Kontaktadresse mit Namen des Autors/des Ansprechpartners, Telefonnummer, Datum und – falls vorhanden – die E-Mail-Adresse. Ohne diese Angaben auf jeder Seite der Mitteilung hat der Redakteur keine Chance, bei der Leitung nachzufragen. Dabei hat es sich bewährt, die Kontaktadresse in eine Kopfzeile zu setzen, die auf allen Seiten automatisch wieder erscheint. Am Besten ist ein Briefkopf der Institution, für die die Freizeit veranstaltet wird.

Der Umfang der Pressemitteilung sollte zwei DIN-A4-Seiten nicht überschreiten. Mehr wird in einer Redaktion kaum gelesen. Bei mehr als einer Seite gehört auch eine Seitenzählung dazu. In welcher Form die Redaktion die Pressemitteilung umsetzt, ist ihr zu überlassen. Es macht daher Sinn, auf der rechten Seite einen breiten Rand von ca. 6 cm zu lassen, um Ergänzungen und Korrekturen zu ermöglichen. Eine Überschrift oder Titel muss sein, denn sie sagt schon etwas über den Inhalt aus. Es ist jedoch nicht zu erwarten, dass die Überschrift auch im Artikel erscheint. Oft werden von den Redaktionen aus unterschiedlichen Gründen andere Titel verwendet (Platzgründe, eigene Redaktion für Titel, andere Gewichtung des Inhalts…).
Ganz allgemein muss jede Pressemitteilung einen aktuellen Bezug haben. Für eine Freizeit muss zunächst überlegt werden, welchen Zweck die Pressemitteilung verfolgen soll. Sie kann die Zielgruppe für die Freizeit ansprechen, um Werbung für die Freizeit zu machen. Dann muss sie zu dem Zeitpunkt an die Redaktionen

versandt werden, wenn die Phase der Werbung anläuft. Die Mitteilung kann kurz vor oder während der Freizeit als Beitrag zur Öffentlichkeitsarbeit eingesetzt werden. Sie zeigt, was die Institution für die Zielgruppe macht. Sie kann auch nach der Freizeit sinnvoll sein, um der Öffentlichkeit zu zeigen: „Das haben wir gemacht, so ist es gelaufen, das planen wir für das nächste Jahr wieder." Dann hat die Pressemitteilung schon einen werbenden Charakter für die nächste Freizeit.

Das Innere der Pressemitteilung

Es sollte herausgestellt werden, was neu, besonders und für die Allgemeinheit von Interesse ist. Das kann bei einer Freizeit ein Interessenkonflikt sein. Nur die Zielgruppe anzusprechen reicht oft nicht aus, da für Redaktionen die gesamte Leserschaft im Fordergrund steht. Es ist daher gut, die Freizeit möglichst sachlich darzustellen. Dazu dienen die sechs „W-Fragen" des Journalismus: Wer? Was? Wann? Wo? Wie? Warum? Diese sechs Ws sollten möglichst im ersten Absatz, am Besten in den ersten ein bis zwei Sätzen, beantwortet werden. Und es sollte keine W-Frage fehlen.

Zur Frage „Wer?": Namen sollten immer komplett geschrieben werden. Also nicht nur einfach Herr Meier, Frau Schmitt oder gar nur „die Diakonin" oder „der Pastor" schreiben, sondern Jiri Meier, Martina Schmitt. So zu schreiben wirkt lebendig und gibt den Menschen ihren Namen. Ebenfalls sehr lebendig wirken Zitate. Besonders wenn eine Freizeit nachbearbeitet wird, können schöne Zitate der Teilnehmer oder Teamer den Text auflockern. Funktionen und Berufsbezeichnungen der Personen werden dann genannt, wenn sie für die Mitteilung notwendig sind.

Zur Frage „Was?": Hier wird das Thema kurz angesprochen. Fachwörter sind zu vermeiden. Wenn sie doch geschrieben werden, müssen sie kurz erklärt werden.

Zur Frage „Wann?": Datum und Zeiten sollten möglichst genau angegeben werden. Wenn Wochentage genannt werden, muss sicher gestellt sein, dass Datum und Wochentag übereinstimmen. Datumsangaben werden nach den neuesten Konventionen mit ausgeschriebenen Monaten angegeben. Also: 5. August 2003. Die alte Angabe 05.08.2003 kann leicht verwechselt werden, besonders beim schnellen Lesen. Wochentage werden vor das Datum gesetzt: Dienstag, 5. August 2003. Bei Einladungen zu Veranstaltungen gehört die genaue Uhrzeit dazu. Wann beginnt und endet die Veranstaltung?

Zur Frage „Wo?": Bei der Ortsangabe sollte möglichst die Adresse angegeben werden. Zu einer Einladung ins Gemeindehaus müssen die Redakteure und die späteren Leser wissen, wohin sie müssen. Nicht alle kennen sich im Ort genau aus. Bei Freizeitorten reicht oft der Ort und eventuell das Land. Genaue Informationen erhalten die Interessierten dann in der Institution oder beim Leitungsteam.

Ein Beispiel für die Beantwortung der ersten vier W-Fragen: Die Kirchengemeinde in A-Stadt veranstaltet eine Segelfreizeit für Jugendliche vom 26. Juli bis zum 5. August 2003 auf dem Ijsselmeer in den Niederlanden.

Die Fragen nach dem „Wie?" und „Warum?" sind da schon schwieriger zu gestalten. Hier kann zum Beispiel kurz geschildert werden, dass die Jugendlichen selbst

Hand anlegen beim Segeln. Wenn die Freizeit ein Motto oder Thema hat, lässt sich ein guter Bezug herstellen. Damit ist das Wichtigste genannt. Bei Texten, die für die Freizeit werben sollen, ist natürlich der Preis wichtig. Ebenso kann bei Veranstaltungen das Besondere, das Neue, das noch nie da gewesene herausgestellt werden. Warum gibt es nach drei Jahren Pause wieder eine Kinderfreizeit der Jugendpflege? Warum fährt der Kirchenkreis jetzt mit Jugendlichen nach Frankreich und nicht, wie die letzten zehn Jahre, nach Dänemark?

„Das Wichtigste nach vorn", dieser Satz hat zwei besondere Begründungen. Zunächst wird der Leser/der Redakteur schon früh über das wichtigste informiert. Er wird hoffentlich zum Weiterlesen animiert. Zweitens erhält der Redakteur die Möglichkeit, den Text von unten her zu kürzen, ohne das wichtige Informationen verloren gehen. Kürzen ist bei den Redaktionen ein einfaches Mittel, um Texte auf die gewünschte Länge zu bringen. Wenn die wichtigen Informationen über den ganzen Text verstreut werden, muss der Redakteur im schlimmsten Fall den Text vollkommen umschreiben. Durch den zeitlichen Druck in den Redaktionen wird diese Arbeit natürlich ungern gemacht. Pressemitteilungen mit solch einem Text laufen Gefahr, gleich im Papierkorb zu landen.

Im weiteren Text nach dem „Wichtigsten" können dann Einzelheiten detailliert genannt werden. So kann das Thema oder Motto erklärt, der Freizeitort beschrieben, die Preise vorgestellt und die Anmeldungsmöglichkeit herausgestellt werden. Bei Pressemitteilungen nach einer Freizeit kann das Besondere dargestellt werden. Vielleicht ist es für die Jugendlichen ein unvergleichliches Erlebnis gewesen, mit dem Segelboot trockengefallen zu sein (Das Boot bleibt bei Ebbe im Watt liegen).

Insgesamt soll der Text verständlich geschrieben werden: kurze Sätze, viele Verben (die Menschen handeln, das ist lebendig), wenig komplizierte Substantive, keine unverständlichen Abkürzungen („KV" für Kirchenvorstand oder „Dn." für Diakonin verstehen nur „Eingeweihte").
Noch einmal zur Überschrift: Sie sollte kurz und prägnant den Text einleiten. Wenn die Freizeit ein Motto oder Thema hat, ist das vielleicht schon der Titel. Beispiel: „Dem Abenteuer entgegen" für die Segelfreizeit. Zunächst muss die Überschrift die Redaktion überzeugen, den Text weiter zu lesen. Wenn die Überschrift gut und der Text im Sinne der Pressemitteilung verfasst ist, besteht die Chance, dass der Text ohne große Änderung oder Kürzungen gedruckt wird. Vielleicht gelingt es, den Redakteur zu Rückfragen anzuregen. Vielleicht kann der Journalist sogar veranlasst werden, den Freizeitort (falls er in der Nähe liegt) oder das Team zu besuchen und ein Interview zu machen. Das ist dann eine gelungene Öffentlichkeitsarbeit.

Im Fall eines Nachberichts ist es gut, wenn der Redaktion ein Foto angeboten werden kann. Wenn eine Freizeit schon einmal stattgefunden hat, und die Mitteilung als Werbung für die nächste gelten soll, ist auch hier ein Fotoangebot sinnvoll. Es gilt hierbei, dass auf dem Foto auch etwas zu erkennen sein muss. Dunkle Gestalten bei Nacht sind vielleicht in der Erinnerung der Mitfahrer ein guter Gag, aber kaum etwas für einen Zeitungsbericht.

Die Redaktion hat angebissen, vielleicht noch Rückfragen gestellt und ein Artikel ist zur Freizeit erschienen. Aber die Tatsachen sind verdreht oder falsch wiedergegeben worden. Das muss nicht unbedingt an einer schlechten Pressemitteilung durch die Leitung gelegen haben. Die Redakteure sind oft sehr gestresst. Vielleicht hatte er auch einen schlechten Tag oder hat sich einfach geirrt. In diesen Fällen kann eine freundliche Rückmeldung sinnvoll sein, bei dem die Tatsachen dem Redakteur noch einmal richtig übermittelt werden. Aber bitte nicht dabei unhöflich sein. Auch ein gelungener Artikel sollte einmal gelobt werden. Eine gute Partnerschaft nutzt allen. Die Redaktionen sind auf Informationen der Institutionen angewiesen, die Institutionen auf gute Artikel der Redaktionen.

4.2.2. Praktische Tipps für ein Plakat

Hier gilt: Weniger ist mehr. Plakate müssen:

1. Aufmerksamkeit erregen,
2. den Leser ansprechen und zum Lesen anreizen,
3. Informationen enthalten.

Aufmerksamkeit erregt das Plakat durch Größe, Farbe, Schriftarten und Schriftgrößen. Ein Plakat, auf dem eine blaue Schrift gegen das dunkle Braun des Hintergrundes ankämpft, ist sicherlich keine gute Lösung. Weiße Schrift auf schwarzem Grund sollte Tabu sein. Schwarz ist schwer zu sehen und die Schrift wirkt auf diesem Untergrund nicht, sondern beeinträchtigt die Lesbarkeit. Auch rote Schrift auf blauem Grund ist für den Betrachter kaum zu entziffern, es sei denn, er steht genau vor dem Plakat. Aber Plakate müssen aus einiger Entfernung wirken! Sie müssen dem zufällig vorbeigehenden Menschen einen Anreiz zum Hinschauen bieten. Wenn schon ein roter, blauer oder grüner Hintergrund gewählt wird, muss die Farbe eher blass sein. Nur dann kann eine dunkle Schriftfarbe noch einen Kontrast erzeugen. Am besten sind helle Hintergrundfarben, von denen sich die Schrift und/oder das Bild bzw. die Graphik abheben kann. Eine schwarze Schrift auf gelben Hintergrund liefern die besten Kontraste, noch besser als das berühmte Schwarz auf Weiß. Sollen Bilder auf das Plakat gedruckt werden, ist hier die Hintergrundfarbe auf das Bild abzustimmen und nicht umgekehrt. Denn ein gutes Bild lockt die Leute. Wenn nur schlechte Bilder zur Verfügung stehen, sollte evtl. auf das Bild verzichtet werden. Es ist nicht besonders werbewirksam, wenn die Menschen von einem gelben Plakat angelockt werden und dann ratlos vor dem Bild stehen, weil sie es nicht sofort erkennen.

Auch unterschiedliche Schriftarten sollten sparsam verwendet werden. Es gibt nichts Schlimmeres, als wenn der Leser den Eindruck hat, der Drucker hätte auf dem Plakat sämtliche Schrifttypen ausprobiert. Schriftarten gliedern Texte und sorgen dafür, dass der Inhalt/die Aussage des Plakates an den Leser gebracht wird. Somit gilt auch hier: Weniger ist mehr. Alte Frakturschriften sind heute kaum verbreitet und daher von der Zielgruppe nicht lesbar. Geschwungene Handschriften verbieten sich ebenfalls, wer kann die lesen? Klare und leicht zu lesende Schriftarten sind zum Beispiel Arial, Verdana oder Times. Courier-Schriften erinnern an Schreibmaschinen.

Die Schriftgröße ist auch zu bedenken. Sie hängt natürlich von der Größe des Plakates und vom Inhalt ab, gliedert den Text und macht ihn lesbar. Große Schlagzeilen helfen, die Leute anzulocken und sich den weiteren Text durchzulesen. Überschriften helfen auch innerhalb von Textabschnitten den Lesern zur Orientierung. Ein Plakat mit 20 Zeilen Text benötigt keine zehn verschieden große Schriften. Fett, kursiv und Unterstreichungen sollten ebenso sparsam verwendet werden, da sie bestimmte Wörter, Zahlen, Daten oder Namen hervorheben können.

Ein Beispiel: Für eine Freizeit macht eine Kirchengemeinde Werbung mit einem Plakat.
„Dem Abenteuer entgegen...
soll es gehen mit dem **Zwei-Mast-Klipper Dageraad**, der von uns als Matrosen durch Wind und Wellen des **Ijsselmeeres** gesteuert wird. Uns helfen dabei ein erfahrener Skipper und ein Bootsmann."

Die wichtigsten Informationen des Textes sind fett gedruckt. Sie können so schnell vom vorbeikommenden Leser aufgenommen werden.

„Dem Abenteuer entgegen...
soll es gehen mit dem **Zwei-Mast-Klipper** Dageraad, der von uns als Matrosen durch Wind und Wellen des Ijsselmeeres gesteuert wird. Uns helfen dabei ein **erfahrener Skipper** und ein **Bootsmann**."

Bei diesem Beispiel sind die wichtigsten Informationen nicht einfach fett gedruckt. Die Schriftgrößen und Schriftarten wurden verändert. Der Leser muss sich bei diesem „Patchwork"-Text auf zu viele Unterschiede einstellen, und das hindert den Lesefluss enorm. Lange Texte in dieser Form wirken abschreckend. Wer will sich durch einen solchen Wirrwarr hindurch quälen?
Der Text selbst muss ebenfalls einfach gehalten sein. Bandwurmsätze funktionieren schon bei normalen Texten kaum, erst recht nicht bei Plakaten. Langwierige Erklärungen und komplizierte Inhalte vergraulen den Leser. Schließlich soll das Plakat neugierig machen und nicht umfangreich informieren. Die Details sollen sich die Leute dann beim Veranstalter abholen. Das wichtigste nach den Basisinformationen zur Freizeit ist die Kontaktadresse mit Name, Anschrift, Telefonnummer und, falls vorhanden, auch die Internet-Adresse. So können Interessierte sich weiter informieren.

4.2.3. Praktische Tipps für einen Internetartikel

Für einen Artikel für das Internet gilt auch „kurz und verständlich". Ähnlich wie bei der Pressemitteilung müssen hier die Informationen gleich zum Anfang kommen und den Leser fesseln. Das Internet bietet einerseits einen sehr großen Speicherplatz. Artikel können theoretisch sehr lang sein. Andererseits liest der Surfer kaum über den Bildschirmausschnitt hinaus. Lange Artikel müssen also in kleine Häppchen geteilt werden, in sogenannte Module. Jedes Modul kann dann auch eine eigene Seite innerhalb einer Gesamt-Site einnehmen.
Hier kurz zu den „Fachwörtern": Eine „Site" ist der gesamte Auftritt der Institution im Internet. Die „Homepage" ist die Anfangs- oder Startseite. Die eine „Sei-

te" ist tatsächlich eine Unterseite der „Site". Der Beitrag für oder über eine Freizeit wird also kaum einen ganzen Internetauftritt umfassen, sondern auf einer oder eventuell mehreren Seiten stehen. Wichtig für das Internet sind Bilder, die den Text auflockern und als Blickfang gelten. Auch hier gilt: Die Bilder müssen ansehbar sein, es muss erkennbar sein, wer oder was zu sehen ist. Für Leute, die sich mit Bildern im Internet auskennen, hier ein Tipp: Bilder sollten im Dateiformat .jpg / .jpeg oder .gif gespeichert werden. Für die Auflösung reichen 72 dpi. Dadurch benötigt das Bild wenig Speicherplatz und wird schnell geladen.

Bei der Veröffentlichung sollten vorher die Personen gefragt werden, die auf den Fotos zu sehen sind. Manche Freizeitteilnehmer oder deren Eltern möchten ihr Bild nicht in einer breiten Öffentlichkeit sehen. Das Internet ist aber eine der öffentlichsten Medien überhaupt. Abgeleitet aus dem Recht an ihrem eigenen Bild können sie also der Veröffentlichung widersprechen, auch wenn die Fotos auf der Freizeit durch die Freizeitleitung entstanden sind.

Zurück zum Text. Viele Verben, wenig Fachwörter und kurze Sätze erleichtern das Lesen am Bildschirm und wirken lebendig. Wenn der Beitrag über zwei oder mehr Seiten verteilt wird, sollten Links eingebaut werden. Dann ist auch jedes Mal eine Überschrift sinnvoll. Wenn auf einer Homepage schon auf den Beitrag hingewiesen wird, sollte ein kurzer Text, ein so genannter „Teaser" erscheinen. Er reißt kurz das Thema an und soll neugierig machen auf den Beitrag.

Etwas Besonderes hat eine Segelfreizeit auf dem Ijsselmeer (Niederlande) des Kirchenkreises Laatzen-Springe im Jahr 2002 initiiert. Sie hatte eine digitale Kamera dabei. Die Freizeit wurde so mit vielen hundert Fotos dokumentiert. Ein Bild pro Tag wurde per mobilem Telefon an die Internetseite einer der Heimatgemeinden gesandt. Ein ehrenamtlicher Betreuer der Site stellte dann die aktuellen Bilder ins Netz. So konnten die Daheimgebliebenen etwas von der Freizeit sehen. Dieses Beispiel zeigt die Möglichkeiten auf, die Internet, digitale Bildbearbeitung und ehrenamtliches Engagement schaffen können. Natürlich kann das nicht jede Institution, aber viele haben bereits einen Internetauftritt. Dieser Auftritt fällt wieder unter das Thema Öffentlichkeitsarbeit (vgl. Kapitel 4.2.1.) und kann sehr gut die eigene Arbeit vorstellen. Wenn ein Internetauftritt vorhanden ist, sollten gelungene Freizeiten dort zu Wort kommen.

4.3. Ausschreibung und Anmeldebestätigung

In diesem Abschnitt werden wichtige Dokumente benannt, die im Zusammenhang mit der Ausschreibung notwendig sind.

Zeitpunkt der Ausschreibung

Der Zeitpunkt der Ausschreibung ist genau zu überlegen. Er hängt einerseits von dem Zeitpunkt der Urlaubsplanungen der Eltern ab. Andererseits schließen die Verantwortlichen bei der Buchung des Freizeitortes einen Vertrag ab. Dieser gibt in der Regel genau Auskunft darüber, wie hoch die Kosten sind, wenn zum Beispiel ein halbes Jahr, ein viertel Jahr oder einen Monat vor Freizeitbeginn das Haus oder einzelne Betten abgemeldet werden müssen. Die Freizeitleitung ist auf der sicheren Seite, wenn sie sobald als möglich weiß, dass die Fahrt ausgebucht ist.

Besonders Leitungen, die zum ersten Mal eine Freizeit veranstalten und somit Werbung und Öffentlichkeitsarbeit intensiv betreiben müssen, um die Zielgruppe zu erreichen, sollten möglichst früh ihre Ausschreibung herausgeben.

Informationszettel und Informationsabende
Es gibt Freizeitteams, die bereits der Ausschreibung einen Informationsfragebogen über den Teilnehmer beifügen. Es liegt jedoch in der Hand der Leitung, wann dieser von den Eltern ausgefüllt und unterschrieben wird. Er beinhaltet für die Fahrt wichtige Informationen, auf die die Verantwortlichen keinesfalls verzichten sollten. Wir nutzen den Informationsabend als Gelegenheit, diesen entsprechenden Zettel vorzustellen und auf mögliche Rückfragen einzugehen. Es ist zu überlegen, dass ein, in der Ausschreibung beigelegter, entsprechender Fragebogen bürokratisch und abweisend wirkt, wie zum Beispiel die Frage, ob das Kind Medikamente einnimmt oder Bettnässer ist. Zudem ist ein Fragebogen, der zehn Monate vor Freizeitbeginn ausgefüllt wird, beim Start der Fahrt nur bedingt aktuell.

4.3.1. Praktische Tipps für eine Ausschreibung

Die Freizeitausschreibung kann sehr unterschiedlich gestaltet werden, sollte jedoch sowohl Informationen zur Fahrt als auch Teilnahmebedingungen beinhalten. Seit 1994 unterliegen alle Freizeitausschreibungen der Informationsverordnung, die gemäß § 651a Abs. 5 BGB vom Bundesministerium der Justiz im Einvernehmen mit dem Bundesministerium für Wirtschaft erlassen ist.
Danach muss die Ausschreibung laut § 1 der Informationsverordnung folgende Punkte beinhalten:
– Reisepreis, die Höhe einer zu leistenden Anzahlung und die Fälligkeit des Restbetrages
– Reiseziel
– Transportmittel
– Unterbringung, also die Hauptmerkmale von Art, Lage und Komfort
– Mahlzeiten
– Reiseroute
– Pass- und Visumerfordernisse
– Eine für die Freizeit erforderliche Mindestteilnahmezahl sowie die Angabe, bis zu welchem Zeitpunkt vor dem vertraglich vereinbarten Reisebeginn dem Reisenden die Erklärung spätestens zugegangen sein muss, dass die Mindestteilnahmezahl nicht erreicht und die Reise nicht durchgeführt wird.

Wir ergänzen diese Angaben um weitere wichtige Punke:
– Veranstalter mit genauer Anschrift und Telephonnummer
– In der Regel organisiert eine Person oder ein Team die Fahrt in Absprache mit der entsprechenden Institution, so dass auch mit dem Namen der Leitung geworben werden kann.
– Reisetermin
– Alter der Zielgruppe
– Anmeldeschluss
– Anmeldeformular
– Teilnahmebedingung

Zur **Teilnahmebedingung** gehört beispielsweise, dass
– die Anmeldung schriftlich mit beiliegendem Formular erfolgen muss;
– die Anmeldung verbindlich ist;
– ein Anspruch auf die Reise erst dann besteht, wenn die Anmeldung schriftlich bestätigt wird;
– nach der schriftlichen Anmeldebestätigung eine Anzahlung fällig wird;
– ein Rücktritt unter bestimmten Bedingungen möglich ist. Hierzu gibt das Reisevertragsrecht Auskunft über den Rücktritt vor Reisebeginn (§ 651 i BGB);
– evtl. Zuschüsse von Eltern beantragt werden können, deren Einkommen unter einem bestimmten Niveau liegt.

Zum Thema **Reiserecht** ist noch ein wichtiger Punkt anzuführen. Der § 651 k BGB regelt die Insolvenzsicherung. Jeder Reiseveranstalter wird damit verpflichtet, dem Reisenden die Reisekosten und evtl. die Rückreisekosten zu erstatten, wenn der Reiseveranstalter Insolvenz anmelden muss. Von dieser Sicherungspflicht gibt es auch Ausnahmen:
– wenn der Reiseveranstalter nur gelegentlich Reisen anbietet (nicht mehr als zwei Reisen im Jahr),
– wenn die Reise nicht länger als 24 Stunden dauert und keine Übernachtung umfasst,
– wenn der Reiseveranstalter eine juristische Person des öffentlichen Rechts ist.

Der dritte Punkt ist hier sehr entscheidend. Körperschaften öffentlichen Rechts sind zum Beispiel die evangelische und katholisch Kirche, jüdische Gemeinden, Freikirchen sowie Städte und Kommunen. Diese Bereiche sind von der Insolvenzsicherung ausgenommen.

Es versteht sich von selbst, dass die in der Ausschreibung veröffentlichten Angaben für den Reiseveranstalter bindend sind. Eine Änderung dieser Angaben ist vor Vertragsschluss möglich, wenn sie in der Ausschreibung vorbehalten ist.

4.3.2. Praktische Tipps für eine Anmeldebestätigung

Laut § 3 der Informationsverordnung hat der Reiseveranstalter dem Reisenden bei oder nach Vertragsschluss eine Urkunde über den Reisevertrag bzw. eine Reisebestätigung auszuhändigen. Sie beinhaltet neben den Punkten aus § 1 der Informationsverordnung noch folgende Angaben:
– endgültiger Bestimmungsort oder, wenn die Fahrt mehrere Aufenthalte umfasst, die einzelnen Bestimmungsorte sowie die einzelnen Zeiträume und deren Termine,
– voraussichtliche Zeit und Ort der Abreise und Rückkehr,
– Ausflüge und sonstige im Reisepreis enthaltene Leistungen,
– Hinweise auf etwa vorbehaltene Preisänderungen sowie deren Bestimmungsfaktoren und auf nicht im Reisepreis enthaltene Angaben,
– vereinbarte Sonderwünsche des Reisenden,
– Name und Anschrift der Freizeitleitung,
– Informationen über den möglichen Abschluss einer Reiserücktrittsversicherung oder einer Versicherung zur Deckung der Rückführungskosten bei Unfall oder Krankheit unter Angabe von Namen und Anschrift eines Versicherers.

Neben diesen Punkten beinhaltet die Informationsverordnung noch zwei weitere Punkte, die in der Regel nur auf kommerzielle Reisen zutreffen sollten, zum Beispiel die Anzeige eines Reisemangels beim Reiseveranstalter.

Auch wenn die oben genannten Punkte den allgemeinen Reisebedingungen entsprechen mögen, so unterscheiden wir zwischen einer Anmeldebestätigung und einem Informationsabend, zu dem sowohl die Teilnehmer der Fahrt als auch die Erziehungsberechtigten eingeladen sind.

Die Anmeldebestätigung bestätigt dem Teilnehmer, dass seine Anmeldung beim Reiseveranstalter eingegangen ist. Ferner benennt sie nochmals die Zahlungsmodalitäten.

Bei uns hat sich in der Praxis gezeigt, dass oftmals die Fahrten schon bis zu sechs Monate im Voraus ausgebucht sind, so dass bei einem solchen Zeitraum lediglich die Bestätigung über den Eingang der Anmeldung ausreicht.

Erst der Informationsabend gibt ausführlich Auskunft über die oben genannten Punkte.

Gerade bei nicht kommerziellen Freizeiten steht die Beziehungsarbeit im Vordergrund, so dass solche Treffen neben der Informationspflicht eine Gelegenheit bieten, einander kennen zu lernen.

4.4. Informationsabend

Der Informationsabend findet ca. sechs Wochen vor Reisebeginn statt, so dass Eltern und Teilnehmern ausreichend Zeit bleibt, den Informationen entsprechend Reisevorbereitungen zu treffen. Der Beginn des Abends muss so terminiert sein, dass sowohl Berufstätige als auch Kinder oder Jugendliche die Chance haben, dieses Treffen wahrzunehmen. Dabei haben sich Uhrzeiten wie 18.00 Uhr oder 18.30 Uhr bewährt. Der Informationsabend dauert ca. neunzig Minuten, so dass den Familien die Gelegenheit bleibt, anschließend zusammen Abendessen zu können.

4.4.1. Ablauf des Abends

1. Begrüßung durch die Freizeitleitung, eine Anwesenheitsliste wird herumgereicht.
2. Vorstellung der Teamer

Die Freizeitteilnehmer und Eltern erfahren, wer als Betreuer die Fahrt mitgestaltet, und wie die Verantwortung verteilt ist. Darüber hinaus sollte das Team Auskunft darüber geben, welche Rollen die einzelnen übernehmen werden: Gibt es Personen, die speziell Ansprechpartner zum Beispiel für die Küche, den Kiosk, für die „Kranken" etc. sind?

Wenn sich die Freizeitleitung als Team versteht, sollte dies den Anwesenden transparent gemacht werden.

3. Vorstellung der Eltern und Freizeitteilnehmer

Durch eine kurze Vorstellungsrunde bekommen die Anwesenden ein Bild davon, wer bei der Freizeit mitfährt. Bei dieser Runde können auch Erwartungen und Wünsche seitens der Freizeitteilnehmer und deren Eltern formuliert werden.

4. Allgemeine Informationen

Haus

Wurden im Vorfeld Dias oder digitale Fotos vom Haus und seiner Umgebung gemacht, so können diese beim Informationsabend einen Eindruck vom Freizeitort vermitteln. In diesem Zusammenhang kann auch über die Freizeitstruktur gesprochen werden. Gerade wenn in den Vorjahren eine ähnliche Freizeit durchgeführt wurde, geben solche Bilder eine motivierende Stimmung wieder, nicht nur den „Newcomern" unter den Teilnehmern. Ist entsprechendes Material nicht vorhanden, so kann alternativ zum Beispiel eine Landkarte aufgestellt, Ansichtskarten auf Overheadfolie kopiert und angezeigt oder Prospekte besorgt werden.

Fahrt

Wichtig sind Informationen zur Abfahrt und Rückkehr. Bei einer Fahrt mit der Bahn ist der genaue Treffpunkt auszumachen, damit man rechtzeitig geschlossen als Gruppe in den Zug einsteigen kann. Denn im Gegensatz zu einer Fahrt mit dem Bus wartet der Zug nicht. Gerade bei Fahrten mit Kindern ist darauf hinzuweisen, dass die Reisetasche bzw. der Koffer von jedem Einzelnen selbst getragen werden muss. Die Freizeitleitung ist beim Umsteigen auf Bahnhöfen nicht in der Lage, etliches Gepäck der Teilnehmer zu transportieren.

Bei einer Fahrt mit dem Bus ist gegebenenfalls darauf hinzuweisen, dass die Materialkisten, die in der Regel schwerer und größer sind als die Reisetaschen der Teilnehmer, als erstes in den Laderaum des Busses gestellt werden. Auch kann hier schon der Hinweis für die Eltern und Teilnehmern erfolgen, dass hilfsbereite Hände benötigt werden, um dass gesamte Gepäck für die Gruppe in den Bus zu tragen. Bei dem Informationsabend sollten die Teilnehmer die Chance haben, Wünsche hinsichtlich der Sitzplätze äußern zu können. Personen, denen bei Autoreisen leicht schlecht wird, müssen im vorderen Bereich des Busses sitzen.

Wenn die Teamer verteilt zwischen den Teilnehmern sitzen, haben sie die Chance, schon auf der Fahrt einige kennen zu lernen.

Bei langen Fahrzeiten sollten die Teilnehmer Reiseproviant im Handgepäck haben. Eltern ist mitzuteilen, wann die erste Mahlzeit am Bestimmungsort eingenommen wird.

Vor der Abfahrt müssen die Teilnehmer kontrollieren, ob Personalausweis bzw. Reisepass tatsächlich im Handgepäck ist.

Programm

Einen typischer Tagesablauf vom Aufstehen bis zum Schlafengehen zu skizzieren, hilft den Teilnehmern, sich ein Bild von der bevorstehenden Fahrt zu machen. Dabei sollte auch über mögliche Küchendienste von Seiten der Teilnehmer gesprochen werden.

Checkliste für die Kleidung und Utensilien

Auch wenn Teilnehmer eine eigene Vorstellung davon entwickeln, welche Kleidung während der Fahrt für sie geeignet ist, sollte die Freizeitleitung eine Checkliste an Kleidung vorstellen:

Zum Beispiel ist zu denken an Regenkleidung, Hausschuhe, Badesachen, Schal, Mütze etc.

Hierbei ist stets auf die entsprechende Freizeitstruktur zu achten: Beim Segeln braucht man festes Schuhwerk und evtl. Schirmmütze und Sonnenbrille, auf der Insel hingegen Gummistiefel für die Wattwanderung usw. Ganz wichtig ist in den letzten Jahren der Sonnenschutz geworden, so dass Sonnencreme zu fast jeder Freizeit mitgenommen werden sollte!

Die Freizeitleitung sollte eine Empfehlung für die Grundausstattung geben, also reicht zum Beispiel eine Wolldecke oder ist stattdessen ein Schlafsack notwendig? Ferner gibt die Freizeitleitung darüber Auskunft, ob die Teilnehmer Handy, Gameboy oder ähnliches mitnehmen dürfen (vgl. Kapitel 6.7.).

Auch über das Reisegepäck sollte gesprochen werden, denn nicht immer ist ein Koffer auf Rollen das geeignete Gepäckstück. Beim Kanu fahren haben sich wasserdichte Packsäcke bewährt. Auf (Segel-)Schiffen ist es meistens sehr eng. Aus Platzgründen empfiehlt sich hier eine Reisetasche.

Insgesamt gilt die Grundregel: Nur das wichtigste sollten die Teilnehmer im Gepäck haben, auf Überflüssiges sollte verzichtet werden. Als Handgepäck bewährt sich der Rucksack.

Zimmerwünsche der Teilnehmer

Entsprechend der Freizeitstruktur können bereits beim Informationsabend Zimmerwünsche der Teilnehmer aufgenommen werden. Dies lässt sich jedoch nur dann im Vorfeld klären, wenn die Freizeitleitung davon ausgehen kann, dass sich die Angemeldeten untereinander kennen. Ansonsten muss dieser Punkt vor Ort geklärt werden.

Bei einigen Teilnehmern zeigt sich während der Freizeit, dass sie mit ihrer Zimmeraufteilung unzufrieden sind. Sensibel ist mit möglichen Zimmertauschverfahren umzugehen, gerade dann, wenn das angemietete Haus oder Schiff keine weiteren freien Betten bietet.

Essgewohnheiten

In allen Freizeithäusern ist es mittlerweile möglich, sich vegetarisch bzw. entsprechend einer Diät, wie z.B. glutenfrei, zu ernähren. Dies kann entsprechend beim Hauspersonal angemeldet werden. Bei einer Selbstversorgerfreizeit sollte bei den Einkäufen entsprechend auf die Essgewohnheiten der Teilnehmer Rücksicht genommen werden.

Grundsätzlich ist jedoch darauf hinzuweisen, das nicht jedem sein Lieblingsgericht serviert wird: Alles, was auf den Tisch kommt, kann gegessen werden. Keiner muss hungrig vom Tisch aufstehen, denn wenigstens eine Beilage ist dabei, die Geschmack beim Teilnehmer finden sollte. Einer absoluten Essensverweigerung einer oder mehrerer Mahlzeiten ist durch die Freizeitleitung entgegenzuwirken.

Taschengeld

Da bei solchen Freizeiten oftmals die Vorstellung der Eltern darüber variiert, was sich ihre Kinder auf dieser Fahrt kaufen können, zum Beispiel ein neues Sweatshirt aus dem entsprechenden Land, das Geburtstagsgeschenk für die Oma oder neue Turnschuhe, falls die alten Schuhe die Fahrt nicht überstehen. Das Freizeitteam einigt sich vor dem Informationsabend auf die zu empfehlende Taschengeldhöhe. Diese Empfehlung kann besonders den finanzschwachen Familien helfen, da sich ihre Kinder nicht gegenüber den anderen benachteiligt fühlen müssen. Eltern darf

und muss bewusst sein, dass unterschiedliche Taschengeldbeträge Gruppenkonflikte in sich bergen, die vermeidbar sind. Das Freizeitteam braucht eine Klärung, wenn die auf dem Informationsabend getroffene Absprache nicht eingehalten wird.
Bei Freizeiten mit Kindern ist zu überlegen, ob eine „Freizeitbank" eingerichtet wird. Dabei wird das Geld der Teilnehmer von der Freizeitleitung verwaltet. Hierfür sind die Modalitäten zu klären (vgl. Kapitel 5.12.)

Wertgegenstände
Die Freizeitleitung kann keine Haftung für die Wertgegenstände der Freizeitteilnehmer übernehmen. Die Kinder oder Jugendlichen sollten auf diese während der Fahrt verzichten.

Krankenversicherung
Im Krankheitsfall eines Freizeitteilnehmers benötigt die Freizeitleitung seine Krankenversicherungskarte. Bei Auslandsfahrten wird ein Auslandskrankenschein benötigt.
Da die gesetzliche Krankenversicherung aber nicht alle Leistungen erstattet, empfiehlt sich für Auslandsreisen der Abschluss einer Auslandsreisekrankenversicherung. So sind zum Beispiel auch Krankenrücktransporte abgedeckt. Oft haben Familien solche Versicherungen bereits über Automobilclubs abgeschlossen, so dass dieser Posten nicht über die Freizeitkalkulation abgerechnet werden muss. Es ist möglich, dass zum Beispiel Kirchengemeinden oder andere Institutionen günstige Konditionen für die gesamte Gruppe bei einer Versicherung bekommen. Dazu empfiehlt sich das Einholen von Angeboten rechtzeitig vor dem Informationsabend.

Rauchen und Alkohol
Immer wieder kommt es auf Freizeit vor, dass Jugendliche unter 16 Jahren das Rauchen und den Alkoholgenuss ausprobieren. Deswegen ist es für den Mitarbeiterkreis notwenig, sich darüber auszutauschen, wie sie mit solchen Situationen umgehen werden. Den Eltern wird der Entschluss der Leitung zu dieser Problemanzeige mitgeteilt (vgl. Kapitel 6.6.).

Weitere Informationen für die Eltern und Teilnehmer zu Post, Telephon und Besuchen der Eltern finden sich im Kapitel 6 *Besondere Situationen für Teilnehmer und Leitung*.

5. Am Ende des Informationsabends füllen die Eltern einen Informationsfragebogen über den Teilnehmer aus, der vor Fahrtbeginn unbedingt unterschrieben beim Freizeitteam abgegeben sein muss (vgl. oben Kapitel 4.3. und unten Kapitel 4.4.2.).
6. Offene Fragen von Seiten der Eltern und der Teilnehmer
7. Abschluss durch die Freizeitleitung

4.4.2. Informationsfragebogen über den Teilnehmer

Die Erklärung der Erziehungsberechtigten ist für die Freizeitleitung von Bedeutung, weil sie Informationen über den Teilnehmer liefert und eine entscheidende Rolle für die Aufsichtspflicht darstellt. Sie beinhaltet:

1. Die Anschrift der Erziehungsberechtigten bzw. einer Kontaktperson während der Freizeitdauer,
2. Hinweise auf besondere Auffälligkeiten oder gesundheitliche Beeinträchtigungen beim Teilnehmer, wie z.B. Heimweh, Einnässen, Allergien, Asthma etc.,
3. Hinweise zu einer besonderen Ernährung/Diät,
4. Hinweise auf Medikamente, die regelmäßig oder bei Bedarf eingenommen werden,
5. Hinweise auf die letzte Tetanus-Impfung,
6. Schwimm- bzw. Badeerlaubnis, da sie besondere Gefahren darstellen (vgl. Kapitel 7),
7. Erlaubnis darüber, ob das Kind in Begleitung mindestens zwei weiterer Freizeitteilnehmer für eine begrenzte Zeit z.B. in die Stadt gehen darf,
8. Hinweis auf die entsprechende Krankenversicherung. Falls vergessen wird, die Krankenversicherungskarte ins Reisegepäck einzustecken, hilft diese Information weiter.

Gerade weil auf diesem Informationsabend für die Fahrt wichtige Fakten bekannt gegeben und diskutiert werden, müssen Eltern und deren Kinder bei Fehlen schriftlich über die entsprechenden Informationen benachrichtigt werden. Für die Freizeitleitung empfiehlt es sich daher, bei der Begrüßungsrunde eine Anwesendheitsliste herum zu geben, die dann am Ende des Abends mit den Anmeldungen abgeglichen werden kann.

4.5. Finanzierung von Freizeitmaßnahmen

Ob sich Freizeitteilnehmer bzw. ihre Eltern die Anmeldung zu einer Freizeit finanziell leisten können, hängt in der Regel davon ab, wie kostengünstig die jeweiligen Institutionen die Freizeiten für ihre Zielgruppe anbieten. Deswegen muss die Freizeitleitung darum bemüht sein, möglichst vielen Kindern oder Jugendlichen die Teilnahme an Freizeiten zu ermöglichen.
Freizeitkosten entstehen nicht nur durch die von der Freizeitleitung ausgewählte Freizeitstruktur und die Verpflegung, sondern auch durch die Hin- und Rückfahrt, Materialkosten, die Programmgestaltung vor Ort sowie die Werbung für die Freizeit. Ferner stehen die Freizeitkosten im Zusammenhang mit der Größe eines Freizeitteams. Je mehr Personen eine Freizeit leiten, die in der Regel kostenlos mitfahren oder gegebenenfalls für ihre Tätigkeit ein Honorar erhalten, um so höher sind die Kosten für die einzelnen Teilnehmer.
Zudem müssen bei einer Ausschreibung stets die finanziellen Ressourcen der Zielgruppe im Blick sein. Da Einrichtungen sozialer Arbeit im Gegensatz zu Kirchengemeinden nicht über eine Diakoniekasse verfügen, aus der in besonderen Fällen Anteile oder der gesamte Freizeitbetrag für bestimmte Kinder bzw. Jugendliche über-

nommen werden kann, müssen städtische Einrichtungen umso mehr bei der Planung einer Freizeit die finanziellen Ressourcen der Zielgruppe mit bedenken. Kirchengemeinden oder Einrichtungen, die sich in kirchlicher Trägerschaft befinden, haben in der Regel mehr Möglichkeiten, Zuschüsse für die Freizeit zu beantragen als städtische Einrichtungen: Zuschüsse sind möglich zum Beispiel durch die Kirchengemeinde, den Kirchenkreis oder sogar durch eine Kollekte. Dieses entfällt bei nicht-kirchlichen Einrichtungen.

Manche Institutionen, die Zuschüsse zu Freizeiten gewähren, koppeln die Zusage mit den Inhalten einer Freizeit. Beispiele sind:

– die Auseinandersetzung mit der Botschaft des Evangeliums,
– der Einladung, sein Leben als Christ zu gestalten und es in der Gemeinde Christi zu verankern.

Ob und wie die Programmgestaltung einer Freizeit von der Kirchengemeinde, dem Kirchenkreis oder dem Diakonischem Werk, tatsächlich überwacht wird, hängt von verschiedenen Faktoren ab, zum Beispiel ob ein Kirchenvorstand das Angebot einer Freizeit für sinnvoll erachtet und somit in der Vorstandssitzung die Vorlage von Freizeitzielen und -inhalten verlangt.

4.5.1. Finanzfragen

Nachdem die Entscheidung für einen Freizeitort getroffen worden ist, können Fragen rund um das Geld geklärt und organisiert werden:

Konto

Zuerst brauchen die Verantwortlichen einer Freizeit entweder ein Girokonto oder eine Objekt- bzw. Projektziffer als eigenen Etatbereich bei der entsprechenden Institution, damit die Teilnehmer bargeldlos die Reisekosten überweisen können. Nur so ist es den Verantwortlichen möglich, problemlos die Einnahmen und Ausgaben für die Freizeit transparent nachzuweisen. Niemals sollte dazu das private Girokonto verwendet werden.

Das Konto ist spätestens bei der Anmeldebestätigung bekannt zu geben, wenn die erste Anzahlung verbindlich einzuzahlen ist. Bei einer Freizeit eines Kirchenkreises, Dekanates oder einer vergleichbar großen Institution ist die Einrichtung eines Stichwortes hilfreich.

In der Anmeldebestätigung könnte die Kontoangabe wie folgt aussehen:
Empfänger: ...
Kontonummer: ...
BLZ:... bei ...
Stichwort: KJD LaSpr 1120.06.03 / Kanufreizeit Tschechien (Beispiel für eine Projekt-/Objektziffer)

Zuschüsse

Welche Zuschüsse eine Institution bzw. eine Freizeitleitung in Anspruch nehmen kann, wird sehr unterschiedlich gestaltet sein. Die Evangelische Jugend hat beispielsweise andere Finanzierungsmöglichkeiten als die Landjugend. Grundsätzlich sollten die Verantwortlichen einer Fahrt bemüht sein, entsprechende Zuschüsse zu erfragen, um die Teilnahmekosten so gering wie möglich zu halten. Neben den individuellen Zuschüssen, die spezifische Grob- oder Feinziele verfolgen, sollte auch bei den Jugendämtern der Stadt oder Kommune nach Finanzierungsmöglichkeiten gefragt werden. Auch da werden Anträge oftmals nur berücksichtigt, wenn entsprechende Formulare termingerecht vor Fahrtbeginn ausgefüllt worden sind. Je eher die Freizeitleitung Kontakt zu den möglichen Geldgebern aufnimmt, um so besser kann sie entsprechende Richtlinien und -ziele sowie Bedingungen berücksichtigen. Auch dieser Gesichtspunkt spricht dafür, rechtzeitig mit der Freizeitplanung zu beginnen.

Zudem gibt es Stiftungen, die bestimmte Freizeiten bezuschussen. Manchmal muss hier ein Antrag ein Jahr im Voraus gestellt werden. In Bibliotheken liegt oft ein Stiftungsverzeichnis aus. Dieses gibt Auskunft darüber, welche Stiftung welche Inhalte unterstützt.

Schwierig sind die Zuschüsse für die Finanzierung zu kalkulieren, die kurz vor der Freizeit oder erst nach Abrechnung der Fahrt dem Freizeitkonto zugeführt werden.

Fahrtkosten

Unabhängig von der Versicherungsfrage lässt sich in den seltensten Fällen die Hin- und Rückfahrt zum Freizeitort mit den privaten Fahrzeugen der Eltern organisieren. Deswegen wird entweder ein Busunternehmen beauftragt oder die Bahn mit ihren Leistungen in Anspruch genommen.

Grundsätzlich gilt, dass bei einer Busfahrt Kostenvoranschläge verschiedener Unternehmen eingeholt werden sollten. Wir haben festgestellt, dass bei langen Fahrten manchmal einen Preisunterschied von bis zu 1.500,00 Euro vorliegt! In Ballungsgebieten empfiehlt es sich, Kostenvoranschläge von Busunternehmen einzuholen, die durchaus bis zu 300 km entfernt liegen. Auch besteht bei einer frühzeitigen Planung die Möglichkeit, sogenannte Busketten mit anderen Organisationen zu bilden. Wird ein Busunternehmen mit der Hin- und Rückfahrt der Freizeitgruppe beauftragt, sollte sich die Leitung vorher den Bus mit seinen Komforts genau anschauen. Es ist ein großer Unterschied, ob der Bus einen Zwei-, Drei- oder Viersterne-Komfort bietet. Kurze Transfers lassen sich mit Zweisternebussen machen, bei langen Strecken bieten mehr Sterne mehr Bewegungsfreiheit. Ein Gespräch mit dem Busfahrer kann Auskunft darüber geben, ob er sich auf die Zielgruppe gut einlassen kann.

Gerade bei Freizeiten mit Kindern unter 12 Jahren sollte auch ein Preisvergleich mit der Deutschen Bahn eingeholt werden, denn hier gelten bei frühzeitiger Buchung enorme Preisvergünstigungen. Kritisch muss dabei hinterfragt werden, wie das Gemeinschaftsgepäck transportiert wird. Gerade bei einem Selbstversorgerhaus müsste eine Vorhut die gesamten Lebensmittel zum Freizeitort transportieren.

Materialkosten

Bei den Materialkosten muss unterschieden werden zwischen Anschaffungen, die allein für die Programmgestaltung notwendig sind, und solchen, die auch später für andere Zwecke eingesetzt werden können. So werden Brettspiele nicht nur für eine Freizeit genutzt. Dafür können möglicherweise Pauschalmittel bei entsprechenden Institutionen beantragt werden. Wenn sicher ist, dass die Materialien für andere Zwecke eingesetzt werden sollen, sind eventuell andere Etats innerhalb der eigenen Institution zur Finanzierung sinnvoll.

Lebensmittel

Dieser Punkt ist wichtig für Freizeiten mit Selbstversorgung. Die Möglichkeit, Lebensmittel auf die Freizeit mitzunehmen, hängt zunächst von den Transportmitteln ab. Bei einer Bahnfahrt oder einer Wandertour ist das ohne Vorhut kaum möglich. Wenn ein Bus zur Verfügung steht, sollte vorher mit dem Busunternehmen geklärt werden, wie viel Gepäck, Material und Lebensmittel mitgenommen werden können.

Für den Einkauf von Lebensmitteln lohnt sich ein Preisvergleich. Nicht immer ist es sinnvoll, Großpackungen im Großmarkt zu kaufen. So haben Fünf-Kilo-Eimer mit Marmelade den Nachteil, dass sie keine Sortenvielfalt bieten, und der Inhalt immer in kleine Schalen abgefüllt werden muss. Kleine Marmeladengläser können auch nach Bedarf aufgedeckt werden. Unsere Erfahrung zeigt, dass Großpackungen und Großmärkte nicht unbedingt billiger sind als Angebote aus Supermärkten. Mitgenommen werden kann alles, was nicht auf der Fahrt verdirbt, zum Beispiel Reis, Nudeln, Marmeladen, H-Milch, Konserven. Frische Lebensmittel wie Gemüse, Brot und Kühlwaren sollten nie mitgenommen werden. Zu beachten sind dabei immer die jeweiligen Einführungsbestimmungen des Reiselandes. Sie schmecken frisch an Ort und Stelle gekauft auch viel besser. Es ist immer ein Erlebnis, mit der Reisegruppe die landestypischen Lebensmittel einzukaufen, eventuell in einem fremden Land und in einer fremden Sprache. Zu beachten ist, dass bei Freizeiten in abgelegenen Gebieten das Einkaufen geplant werden muss. So sind in Schweden die Läden und Supermärkte oft auch an Wochenenden geöffnet, aber die Entfernungen in diesem Land sind ganz anders als in Deutschland oder den Niederlanden.

Die Mengen der Lebensmittel richten sich nach der Größe und dem Alter der Gruppe. Jungen essen meistens mehr als Mädchen, und bei einer Kanutour wird nach der Arbeit ordentlich gegessen. Insgesamt ist auf eine ausgewogene Ernährung zu achten. Frisches Gemüse und Obst sollten regelmäßig auf dem Speiseplan stehen. Im Anhang des Buches haben wir eine Lebensmittelliste zusammengestellt (Kapitel 9.2., sowie die *Speisung der 36* in Kapitel 5.7.). Sie ist Anhaltspunkt für die Berechnung der Mengen und stellt Erfahrungswerte dar.

Unsere Erfahrung zeigt, dass es gut ist, die Gruppe an der Zubereitung der Speisen zu beteiligen. Die Kinder und Jugendlichen lernen den Umgang mit Lebensmitteln, sie wissen wie schwierig es sein kann, ein Essen für die Gruppe zu kochen. Ein weiterer Nebeneffekt: Durch die Beteiligung aller Gruppenmitglieder wird ein Gemeckere über das Essen gar nicht erst aufkommen. Auf jeden Fall muss auf gutes Essen Wert gelegt werden. Ist das Essen gut, bleibt die Freizeit auch in guter Erinnerung.

Vergütung der Teamer

Wie schon im ersten Teil in Kapitel 2.6. *Auswahl von Mitarbeitern* erwähnt, gibt es neben Lob und Anerkennung zwei Möglichkeiten, das Engagement der Ehrenamtlichen zu honorieren. Die eine ist die Aufwandsentschädigung und die zwei-

te sind Sachgeschenke. Beide Vergütungsarten müssen bei der Kalkulation der Freizeit berechnet werden.
Da die Ehrenamtlichen ihren privaten Urlaub nutzen, um Kindern oder Jugendlichen eine schöne Ferienzeit zu gestalten, sollte eine Institution von einer finanziellen Eigenleistung durch die sekundäre Zielgruppe absehen.

4.5.2. Beispiel für eine Freizeitkalkulation

Eine Freizeitkalkulation aufzustellen, ist sowohl im Interesse der Teilnehmer als auch der Freizeitleitung notwendig. Um den Teilnahmebetrag möglichst genau berechnen zu können, braucht die Freizeitleitung einen Überblick über die Gesamtkosten und die zu erwartenden Einnahmen der geplanten Fahrt. Dabei muss die Leitung die finanziellen Ressourcen der Zielgruppe im Blick haben, denn eine Freizeit mit hohen Teilnehmerbeträgen zu organisieren, ist einfach. Gelder einzusparen bedarf hingegen einer gründlichen Organisation. Auch muss die Leitung eine Entscheidung darüber treffen, ob Geschwisterkindern ein Rabatt eingeräumt werden soll oder kann.
Im Interesse der Freizeitleitung ist in der Vorbereitungsphase zu klären, wer die finanzielle Verantwortlichkeit trägt, wenn zum Beispiel nicht ausreichend Anmeldungen für die Fahrt vorliegen oder unvorhergesehene Kosten anfallen. Wer gleicht ein mögliches Defizit nach Durchführung der Fahrt aus? Grundsätzlich muss hier eine Absprache zwischen Verantwortlichen und dem Träger der Fahrt erfolgen. Sollte der Träger einer Fahrt ein mögliches Defizit nicht decken wollen, ist kritisch zu prüfen, ob die Leitung persönlich für die Freizeitkosten haften möchte. Bei dem folgenden Muster für eine Freizeitkalkulation ist ein Polster von maximal zwei bis drei Prozent einberechnet, um unvorhergesehene Kosten ausgleichen zu können.

Kalkulation für eine Ferienmaßnahme
Vom ...   bis ...   in ...
Bei der Freizeitkalkulation ist dabei möglicherweise zu berücksichtigen:
Altersgruppe der Teilnehmer
Anzahl der Teamer
Anzahl der zahlenden Teilnehmer

Einnahmen

Inhalt	Kalkulation
Kirchliche Zuschüsse, z.B. Kirchengemeinde, Kirchenkreis, Landeskirche	
Kommunale Zuschüsse, z.B. Kommune oder Stadt	

Inhalt	Kalkulation
Sonstige Zuschüsse	
Spenden	
Einnahmen durch mögliche Aktionen, z.B. Flohmarkt durch die Teilnehmer	
Evtl. Gruppenkasse	
Gesamt	

Ausgaben

Inhalt	Kalkulation
Fahrtkosten für Gruppe Evtl. Vorhut Evtl. Zwischenübernachtung für den Busfahrer	
Unterkunft	
Verpflegung	
Material	
Besondere Programmgestaltung, z.B. Ausflüge Eintrittsgelder Wattwanderung	
Evtl. Kurtaxe	
Honorare für Referenten	
Geschenke oder Aufwandsentschädigung für die Ehrenamtlichen	
Kosten, die evtl. bei der Vorbereitung der Fahrt entstehen, z.B. Fahrtkosten Werbung und Ausschreibung	

Inhalt	Kalkulation
Polster	
Gesamt	

Nach dieser Kalkulation lässt sich der Teilnahmebetrag wie folgt berechnen: Summe der Ausgaben minus der Summe der Einnahmen gleich Summe der Teilnahmebeträge, die durch die Anzahl der zahlenden Teilnehmer dividiert wird.

Tipp für die Durchführung einer Freizeit
Der mit den Finanzen einer Freizeit beauftragte Mitarbeiter sollte sich stets – auch im eigenen Interesse – um eine klare Kassenführung bemühen. Diese wird erleichtert, indem Kassenbons sorgfältig gesammelt und die Ausgaben in ein Kassenbuch eingetragen werden.

4.6. Programm und Thema

Freizeittage lassen sich in mehrere Abschnitte einteilen. Sie verhelfen der Leitung zu einer klaren Übersicht der Programmgestaltung zwischen den Mahlzeiten. Aber auch die Mahlzeiten müssen im Tagesgeschehen fest eingeplant sein, denn keiner möchte vor lauter Programm erst gegen 23.00 Uhr zu Abend essen.
Bei kurzen Freizeiten an Wochenenden ist das Tagesprogramm oft sehr durchstrukturiert und kompakt. Es handelt sich zum Beispiel um Jugendgruppenleiterausbildungen, Konfirmandenfreizeiten, Freizeiten für Kinder- und Jugendmusiker, Sportfreizeiten eines Vereins usw. Hier wird die Freizeit als Tagungszeit genutzt, um ein bestimmtes Thema zusammenhängend darzustellen und zu bearbeiten. Es gibt natürlich auch Freizeiten, bei denen Organisationen „einfach so" mit Jugendlichen ins Wochenende fahren. Aber gerade bei solchen Freizeiten macht sich eine mangelnde Tagesplanung bemerkbar. Unlust, Langeweile, „Abhängen" sind dann angesagt, und für den einen oder anderen doch vorbereiteten Programmpunkt sind die Teilnehmer dann schon nicht mehr offen. Bei langen Freizeiten nehmen Kinder und Jugendliche von Programm freie Zeitabschnitte gern an. Diese gehören fest in den Tagesablauf.
Teilnehmer merken sehr schnell, wenn eine Freizeit nicht strukturiert und unvorbereitet ist. Eine rhetorische Frage wie zum Beispiel „Tja, was machen wir denn heute?", wird nur von den Teilnehmern akzeptiert, wenn sie die Frage als überflüssig entlarven. Wenn die Frage aber Ernst gemeint ist, dann hat die Freizeitleitung auf Dauer „schlechte Karten". Die Teilnehmer fragen sich mit Recht, warum sie dann überhaupt mitgefahren sind. „Rumhängen" können sie auch zu Hause. Das bedeutet natürlich nicht den Umkehrschluss, dass ihnen immer etwas Fertiges und leicht Konsumierbares angeboten werden muss. Lernen in der Gruppe, basteln, spielen, gestalten fordern die Teilnehmer. Dazu muss die Freizeitleitung

anleiten. Eine fehlende Vorbereitung der Freizeitleitung kann nicht nur durch Spontanideen ausgeglichen werden.

Zu einer erfolgreichen Freizeit gehört unter anderem ein abwechslungsreiches Programm.
Hierzu gibt es zahlreiche Literatur mit entsprechenden Programmideen, wie zum Beispiel thematische Bibelarbeiten, Andachten, Gottesdienste für die religiöse Erziehung. Ansonsten sind es Aktions-, Gelände-, Quiz- oder Nachtspiele, Spielabende, Rallyes, thematische Basteleinheiten und Workshops usw.
Zudem können Tagesausflüge mit Besichtigungen, Wanderungen, Schwimmen im Bad, Meer oder See und andere Höhepunkte organisiert werden.
Ein Team sollte immer mehr Programm im Reisegepäck bzw. im Kopf haben, als es die Freizeitdauer zulässt. Nur so gewährleistet der Mitarbeiterkreis, flexibel mit unvorhergesehenen Situationen umzugehen. Auch das Wetter nimmt Einfluss auf die Programmgestaltung. Ein plötzlicher Regenguss oder drei Tage Regen lassen so manche geplante Aktion nicht draußen stattfinden. Damit ein Team in solchen Fällen nicht „im Regen steht", helfen Programmalternativen aus der Klemme.

Eine Freizeit muss nicht unbedingt ein Thema haben, da dieses stark bindend und behindernd wirken kann. Es gibt allerdings auch eine Struktur vor, die bei einer Vielzahl von Programmmöglichkeiten eine Auswahl erleichtert.

Im Anhang (Kapitel 9.5.) befindet sich eine Darstellung, die hilft, die Freizeittage mit den einzelnen Programmideen zu strukturieren.

5. Tagesablauf und Organisation während einer Freizeit

Die Freizeit beginnt. Eine Mutter bei der Abfahrt zur Diakonin: „Dann wünsche ich Ihnen einen schönen Urlaub."

5.1. Tagesleitung

Die Tagesleitung ist ein bewährtes Konzept für Freizeiten, die mehrere Tage oder Wochen dauern. Aus dem Leitungsteam übernimmt eine Person für einen Tag die Tagesleitung. Die Aufgabe dieser Person ist es, einen Überblick über alle Aktivitäten und geplanten Veranstaltungen des Tages zu behalten. Sie koordiniert und strukturiert den Tag. Die anderen Mitglieder des Teams behalten natürlich ihre Leitungsaufgaben. Sie können sich aber ganz den Kleingruppen, einer Spiel- oder Andachtsvorbereitung widmen. Die Tagesleitung kann auch bei alltäglichen Katastrophen und Unwägbarkeiten eingreifen, ohne dass die anderen Leitungspersonen ihre Aufgaben abgeben müssten. Wer an welchem Tag die Tagesleitung hat, wird bei den täglichen Mitarbeiterbesprechungen festgelegt und den Teilnehmern für den betreffenden Tag bekannt gegeben. So hat die Tagesleitung auch für die Teilnehmer einen Vorteil: Sie haben einen festen Ansprechpartner für den Tag.
Zur Rolle der Tagesleitung kann gehören:
– Wecken der Teilnehmer
– Küchendienst für diesen Tag begleiten, d.h. mit dem jeweiligen Tagesdienst die Essensvorbereitung zu übernehmen
– Moderation des Tages
– Zeitwächter, d.h. sie achtet darauf, dass alle Zeiten entsprechend der Planung eingehalten werden.

5.2. Fahrt zum Freizeitort

Etwas sehr Wichtiges vorweg: Vor der Abfahrt kontrollieren die Teilnehmer noch einmal, ob Personalausweis bzw. Reisepass tatsächlich im Handgepäck ist! Dann kann es losgehen: Die Fahrt wird je nach dem gewählten Verkehrsmittel vorbereitet.

Gemieteter Bus

Fahrten mit dem für die Freizeit oder den Transfer gemieteten Bus haben einen Vorteil: Am Startort steigt die Gruppe ein, am Ziel wieder aus. Das Gepäck wird in die Kofferräume verstaut und die Fahrt kann losgehen. Der Busfahrer ist für die Beladung des Busses verantwortlich. Wenn er also den Teilnehmern die Tasche aus der Hand nimmt und selbst tätig wird, ist das kein böser Wille (Motto: Du bist noch zu klein), sondern er weiß allein, wie der Bus beladen werden muss. Der Fahrer trägt auch während der Fahrt die Verantwortung. Das muss die Freizeitleitung wissen. Daher spricht das Team am Besten kurz mit dem Busfahrer und fragt ihn nach seinen Wünschen und Gepflogenheiten im Bus. Ist es zum Beispiel möglich, dass die Teilnehmer ihre eigene Musik per Lautsprecher hören? Wie ist die Bus-Toilette zu benutzen? Wann sollte Ruhe herrschen, damit der Fahrer sich konzentrieren kann? Bei Pausen auf Rastplätzen oder Zwischenbesichtigungen ist dann natürlich wieder die Freizeitleitung allein für die Gruppe verantwortlich. Vor der Fahrt sollten Pausenzeiten besprochen werden – wie lange und wie oft. Das hängt auch mit den gesetzlich erlaubten Fahrzeiten der Fahrer zusammen. Die Freizeitleitung sollte hier also nicht versuchen, den Fahrer zur Weiterfahrt zu überreden, wenn die Pause für den Fahrer notwendig ist.

Im Bus kann es durch die Freizeitleitung Programmangebote geben. Das wird besonders bei langen Fahrten wichtig, damit es den Kindern und Jugendlichen nicht langweilig wird. Rätselspiele, gemeinsamer Gesang, Vorlesen von Geschichten über das Bordmikrofon sind Möglichkeiten der Unterhaltung. Den Teilnehmern können im Bus auch weitere Infos zur Freizeit geboten werden. Viele Busse verfügen heute über Video-Anlagen. So ist es möglich, ein geeignetes Video einzuspielen – auch hier ist die lange Fahrt dafür geeignet. Wichtig ist es, sich vor der Freizeit klar zu machen, wie lange die geplante Busfahrt dauern kann. Von Hamburg bis München sind das einige Stunden, die mit sinnvollen Programmpunkten gefüllt werden können. Bei Fahrten am Abend oder in der Nacht sollte es ab einer bestimmten Zeit ruhig werden im Bus. Vorher kann eine vorgelesene „Gute-Nacht-Geschichte" oder eine kurze Meditation die Aufmerksamkeit der Teilnehmer noch einmal bündeln bevor die Nachtruhe einsetzt.

Am Ziel der Fahrt wird von der Gruppe gemeinsam das Gepäck ausgeladen.

Reisen mit der Bahn

Mit der Bahn ist das Reisen sehr bequem – die Gruppe muss nur erst einmal am Zug sein. Die Gruppe trifft sich an einem vorher festgelegten Ort im oder vor dem Bahnhof zu einer bestimmten Zeit. Das Leitungsteam sollte ein gutes Zeitpolster zwischen Treffpunkt und Zugabfahrt einkalkulieren. Irgend jemand kommt immer zu spät. Dann der Weg zum Bahnsteig: Gibt es Rolltreppen oder Lifte, die den Gepäcktransport erleichtern oder nur Treppen. Gerade Kinder können ihr Gepäck oft nicht über lange Strecken alleine tragen. Wenn nicht nur das persönliche Gepäck dabei ist: Wer trägt die Materialkisten und –koffer? Bekommt die Gruppe das gesamte Gepäck mit einem Gang auf den Bahnsteig oder muss Gepäck zwischendurch bewacht werden? Bei der Buchung einer Gruppenfahrt mit der Bahn werden in der Regel die Plätze reserviert. Daher muss die Leitung sich rechtzeitig erkundigen, wo der entsprechende Wagen hält. Dazu gibt es Wagenstandsanzeiger oder nach unserer Erfahrung hilfreiche Bahnmitarbeiter auf den Bahnsteigen. Spiele und Programm im Zug ist schwieriger als im gemieteten Bus: Andere Reisende und durch Abteile zerrissene Sitzordnungen machen das fast unmöglich. Daher sind Spiele für Kleingruppen sinnvoll: Kartenspiele, Gesellschaftsspiele im Reiseformat. Im Zug ist es auch wichtig, den Überblick über die Gruppe zu behalten. Wenn sie über zwei Wagen verteilt ist, muss es in jedem Wagen auch Mitglieder der Freizeitleitung geben. In Bussen ist das Rauchen von vornherein verboten, aber Züge führen Raucherabteile mit. Die Leitung muss sich also im Vorfeld überlegen, wie sie auf Jugendliche reagiert, die „mal eben schnell" ins Raucherabteil verschwinden. Bei der Ankunft am Zielort sollte geprüft werden, ob die Gruppe vollständig ausgestiegen ist. Ein „vergessenes" Kind oder Gepäckstück hat schon so manche Freizeit ins Stocken gebracht.

Reisen mit öffentlichen Verkehrsmitteln

Ist die Freizeit in der Nähe des Heimatortes oder fährt die Gruppe zum Bahnhof oder vom Bahnhof zum Freizeitort, ist der Linienbus – oder in größeren Städten die Stadt-, U- oder S-Bahn – eine oft günstige Alternative. Auch hier können im Vorfeld Gruppentarife ausgehandelt werden! So hat für eine Freizeitfahrt mit Bahn und Bus nach Spiekeroog das zuständige Nahverkehrsunternehmen für die Gruppe einen eigenen Bus eingesetzt, ohne Mehrkosten auf den normalen Fahrpreis. Bei diesen Verkehrsmitteln ist die Freizeitleitung mit ihrer Aufsichtspflicht besonders gefordert. Steigen alle ein oder aus? Ist das Gepäck eingeladen oder steht noch etwas an der Haltestelle? Vor allem: Steigt keiner der Teilnehmer zu früh aus? Und die übrigen Reisenden dürfen nicht behindert werden. Ein Programm ist hier kaum möglich, es sei denn, die Gruppe hat den „eigenen" Linienbus, siehe oben.

Für öffentliche Verkehrsmittel spricht auch eine kleine Alternative: Das Gepäck und Material wird mit einem PKW oder Kleintransporter gefahren. Das spart viel Arbeit beim Tragen, erleichtert das Umsteigen und ist eventuell eine finanzielle Alternative zu fest gemieteten Bussen. In Verkehrsverbünden und großen Regionen besitzen die Teilnehmer manchmal schon Zeitkarten oder Monatskarten, die sie auch für die Freizeitfahrt nutzen können.

Reisen mit dem PKW der Eltern

Werden die Kinder oder Jugendlichen sogar mit den PKW der Eltern transportiert, ist von Programm gar keine Rede mehr. Die Aufsichtspflicht liegt dann für die Fahrt bei den fahrenden Eltern.

Reisen mit der Fähre

Ein besonderes öffentliches Verkehrsmittel ist die Fähre. Das langsame Heranfahren an eine Insel mit dem Schiff hat etwas Besonderes, eine eigenartige Stimmung kommt auf. Alle sind gespannt auf die Insel, sie liegt doch zum Greifen nahe. Aber so ein Schiff braucht seine Zeit. So ist die Fahrt nach Juist durch das Watt schon ein Abenteuer für sich. Kommt die Fähre durch die enge Fahrrinne? Reicht das Wasser unterm Kiel? Die Fahrt nach Borkum dauert mit der normalen Fähre zweieinhalb Stunden von Emden aus. Aber ob hier ein Programm nötig ist? Meist haben die Kinder und Jugendlichen viel zu entdecken. Wenn das Wetter allerdings sehr schlecht oder kalt ist, kann auf jeden Fall etwas vorbereitet werden: Gesellschaftsspiele und Spiele für Kleingruppen, die die anderen Passagiere nicht stören. Auch wenn das Schiff nach Baltrum noch so klein scheint, das Personal hat das Sagen und auf andere Fahrgäste muss Rücksicht genommen werden.

Besonders wichtig bei Fahrten auf die Insel ist die Frage: Wie kommt das Gepäck zur Unterkunft? Hier muss die Freizeitleitung im Vorfeld klären, ob das Gepäck vom Haus abgeholt werden kann oder ob ein Fuhrunternehmen beauftragt wird. Das hängt oft auch davon ab, welche Insel angesteuert wird: Auf Borkum fahren Autos, auf Juist kommt die Pferdekutsche oder der Handwagen. Und wie kommt die Gruppe zum Haus? Geht sie zu Fuß, wird sie per Kutsche abgeholt oder gibt es eine Inselbahn? Schon diese wenigen Beispiele zeigen, dass es sich lohnt, sich im Team Gedanken über die Fahrt zu machen.

Und bei allen Arten des Reisens: Die Verpflegung ist wichtig. Je nach Länge der

Reise müssen alle Gruppenmitglieder genug zu Essen und zu Trinken dabei haben.

Reisen mit Kleinbussen

Neben den oben aufgeführten Transportmöglichkeiten gibt es noch eine weitere: Die Gruppe fährt selbst mit Kleinbussen an den Freizeitort. Diese Variante bietet sich zum Beispiel für kleinere Gruppen und für Rundfahrten mit vielen Ortswechseln an. Diese Reiseart erfordert allerdings eine noch weitergehende Vorbereitung als die oben erwähnten. Zunächst sollte ein gründlicher Preisvergleich mit allen alternativen Verkehrsmitteln angestellt werden. So bieten inzwischen Busreiseunternehmen auch Busse für kleine Gruppen an. Ein hoher Kostenfaktor ist immer der „hauptamtliche" Busfahrer, der bei einer Rundreise jeden Tag im Dienst ist. Das kann eine Reise mit eigenen oder gemieteten Kleinbussen attraktiv werden lassen. Weitere wichtige Vorüberlegungen betreffen die Miete der Kleinbusse selbst. Hat die eigene Institution bereits ein Fahrzeug, muss eines oder mehrere dazu gemietet werden oder sogar alle? Hier müssen Autovermieter oder andere Institutionen gefragt werden, zu welchen Konditionen sie ihre Fahrzeuge vermieten.

Was für ein Fahrzeug soll es sein? Es gibt ganz unterschiedlich große Kleinbusse mit verschiedenen Bestuhlungen und Ausstattungen. Je nach Größe und Gewicht des Fahrzeugs ergeben sich unterschiedliche Kosten für eine Reise. Wenn zum Beispiel Fährüberfahrten mit zur Reise gehören, muss schon im Vorfeld geprüft werden, wie lang oder schwer der Kleinbus ist. Denn die Fährgesellschaften haben unterschiedliche Tarife. Wenn ein Kleinbus nur für Materialtransport genutzt wird, kann manchmal die Fähranmeldung als LKW sehr günstig sein. Der Zeitpunkt und die Länge der Freizeit beeinflussen ebenfalls den Mietpreis der Kleinbusse. Wenn vor einer Freizeit oder danach noch weitere Transporte anstehen – zum Beispiel für Einkäufe oder Materialrücktransporte – ist zu überlegen, ob es günstig ist, den Bus über die eigentliche Reisezeit hinaus zu mieten. Wenn für Material in den Kleinbussen nur noch wenig Platz ist, muss eventuell ein Anhänger gemietet werden (hier ändern sich evtl. wieder die Fährpreise). Bei Anhängern muss auch zunächst geklärt werden, ob der Kleinbus eine Anhängerkupplung besitzt. Es empfiehlt sich, frühzeitig bei den Autovermietern anzufragen, ob Kleinbusse mit Anhängerkupplung vermietet werden. Oft haben selbst große Autovermieter keine Kupplungen für ihre Kleinbusse!

Versicherung

Beim Mieten von Fahrzeug und Anhänger ist die nächste wichtige Frage zu klären: Welche Versicherung wird benötigt? Kommerzielle Vermieter verlangen in der Regel eine Voll-Kasko-Versicherung mit einer Selbstbeteiligung und der Preis dafür ist oft im Mietpreis enthalten. Wenn der Wagen von anderen Institutionen geliehen wird, muss die Versicherungsfrage geklärt werden. Wer bezahlt was bei welchem Schaden? Über die Konditionen sind die Fahrer der Kleinbusse zu informieren. Weitere Bedingungen können das notwendige Alter der Fahrer betreffen. Manche Vermieter verlangen ein Mindestalter der Fahrer. Das ist auch wichtig bei Fahrten ins Ausland. Wenn ein Bus im Ausland kaputt geht und ein Ersatzfahrzeug gemietet werden muss, kann es in einigen Fällen böse Überraschungen geben. So verlangt Irland für Fahrer von Kleinbussen mit Insassen ein Mindestalter von 25 Jahren.

Die Auswahl der Fahrer

Für die Auswahl der Fahrer ist nicht nur das Alter wichtig. Mit den neuen europaweiten Führerscheinen haben sich Änderungen ergeben. Der alte Führerschein „drei" hilft bei jungen Fahrern nicht weiter. Hier muss geschaut werden, ob der Fahrer den passenden Führerschein für das vorgesehene Fahrzeug hat (Gewicht des Fahrzeuges, Zahl der Insassen, Anhänger). Die Freizeitleitung muss sich überlegen, ob sie neben den Führerscheinen und eventuell dem Alter noch andere Kriterien bei der Fahrerauswahl entwickeln will. So kann die Zuverlässigkeit und Ruhe eine Fahrers sehr wichtig werden. Bei langen Fahrten müssen sie in der Lage sein, die Verantwortung für die Mitfahrer zu übernehmen. Für weite Fahrten und Rundtouren ist es auch sinnvoll, zwei Fahrer pro Fahrzeug vorzusehen. Das muss bei der Kalkulation berücksichtigt werden. Der Arbeitgeber sollte – oder muss – vor der Fahrt informiert werden, wer als Fahrer vorgesehen ist. Allen Fahrern muss auch klar sein, das Alkohol am Steuer ein absolutes Tabu ist. Beim Verstoß gegen diese oder andere vorher vereinbarten Regeln müssen die Fahrer wissen, dass sie als Fahrer allein verantwortlich sind.

Das Fahren

Kurz vor der Fahrt sind dann folgende Punkte zu überlegen, zu klären und abzusprechen (wobei diese Liste sicherlich noch erweitert werden kann):
– Es kommt immer wieder vor, dass sich ein Fahrer für das größte Fahrergenie hält und die Reise mit einer Rallye verwechselt. Dann kann schnell die Polizei der Reise ein Ende machen. Gerade im Ausland ist die Polizei oft besonders streng bei Verkehrsverstößen. Wer bezahlt die Strafmandate und Knöllchen?
– Auch Fahrer können erkranken. Dann muss das Leitungsteam absprechen, wer das Fahren übernehmen kann.
– Wenn mehr als ein Fahrzeug eingesetzt wird: Wie wird gefahren? Das Fahren in Kolonne, also alle hintereinander, ist spätestens ab dem dritten Fahrzeug nicht durchzuhalten. Ampeln und der übrige Verkehr werden die Kolonne auseinanderreißen. Wie verständigt sich die Gruppe dann untereinander (Handy oder Funk)? Wo ist der nächste Treffpunkt für alle Fahrzeuge? Wo wird getankt?
– Wenn die Rastplätze vor der Fahrt feststehen, kann es manchmal hilfreich sein, die Gruppe an einer Raststätte anzumelden. Dann können manchmal Rabatte für die Fahrer oder ähnliches ausgehandelt werden.
– Der Benzin- oder Dieselpreis schlägt in der Kalkulation auch zu Buche. Bei Auslandsfahrten ist für die Tankstopps zu überlegen, ob sich eventuell eine Kreditkarte lohnt. Trotz des Euros gibt es auch in benachbarten Ländern noch verschiedenen Währungen. So sind zum Beispiel Polen, Tschechien, Groß-Britannien, Dänemark oder Schweden noch keine Euro-Länder. Die Kreditkarte erspart das Mitnehmen von großen Bargeldmengen.
– Für Auslandsfahrten kann man zum Beispiel bei Automobilklubs Informationen über die Bedingungen und Verkehrsregeln in dem betreffenden Land anfordern. Diese Informationen sollten rechtzeitig vor der Freizeit an alle Fahrer weitergegeben werden.

– Vor der Fahrt werden alle Fahrer über die vorher festgelegten Regel genau informiert, damit nicht ein Fahrzeug zum Beispiel eine falsche Raststätte oder Tankstelle anfährt.

Das Begleitfahrzeug

Bei Kanu-, Rad- oder Wanderfreizeiten sollte sich die Freizeitleitung überlegen, ob sie nicht ein Begleitfahrzeug auf die Reise mitnimmt. Das Fahrzeug kann zum Beispiel ein Kleinbus (siehe vorstehender Abschnitt) sein, der das Gepäck, die Zelte, das Material und die Lebensmittel transportiert. Bei Radtouren kann es als Sicherungsfahrzeug hinter der Gruppe fahren und Werkzeug dabei haben. Das Fahrzeug kann von Zeltplatz zu Zeltplatz das Gepäck, die Zelte und sonstiges Material transportieren und steht für Einkäufe zur Verfügung.

Der Wagen hilft auch bei Freizeiten, die in einem festen Haus untergebracht sind: Die Gruppe fährt dann zum Beispiel mit einem Omnibus an den Freizeitort. Bei langen Freizeiten wird ein Bus, der immer vor Ort ist, sehr teuer. Er kommt erst wieder, wenn die Gruppe zurückfährt. Der kleine Begleitwagen steht dann für Einkäufe, kurze Transfers und Krankenfahrten zur Verfügung.

Ein Begleitfahrzeug bindet allerdings immer mindestens eine Person, die bei den Tagestouren der Gruppe nicht eingesetzt werden kann. Das ist bei der Freizeitkalkulation und bei der Frage nach der Aufsichtspflicht zu berücksichtigen. Ebenfalls beachtet werden müssen die Kosten, die durch das Begleitfahrzeug anfallen. Über den Einsatz von Kleinbussen haben wir bereits einiges im vorherigen Abschnitt geschrieben.

Wie wichtig die Klärung von Versicherungen, Fahrern usw. ist, zeigt ein Beispiel im Kapitel 6 *Besondere Situationen für Teilnehmer und Leitung* in diesem Buch.

5.3. Ankommen

Die Gruppe kommt am Zielort an. Bei einem Freizeithaus werden meistens zuerst die Zimmer belegt. Das Leitungsteam achtet dabei darauf, dass die vorher festgelegte Zimmeraufteilung eingehalten wird. Dann sollte eine Leitungsperson das wichtigste am und im Haus erkunden. Dazu gehören sanitäre Anlagen, Speiseräume, vorgesehene Gruppenräume, mögliche Gefahren hinsichtlich der Aufsichtspflicht und Sicherheitseinrichtungen. Der letzte Punkt wird oft nicht beachtet, obwohl er im Interesse der Gruppe, der Freizeitleitung und der „Hauseltern" liegen muss. So sind vor allem die Fluchtwege zu erkunden. Die „Hauseltern" werden die Erkundung gegebenenfalls selbst mit durchführen, denn nur sie kennen sich gut aus. Eine Ausnahme ist eventuell, wenn Leute aus dem Leitungsteam das Haus schon aus früheren Besuchen kennen. Wichtig ist auch festzustellen, ob Schlafräume der Kinder und Jugendlichen Türen direkt nach draußen haben. Das Team muss sich dann darauf einstellen, dass die Teilnehmer in der Nacht schnell die Zimmer wechseln können, ohne den Flur zu benutzen.

Auf Zeltplätzen folgt auch ein Rundgang über das Gelände, um festzustellen, was sich wo befindet.

Bei Freizeiten auf Segelschiffen liegt das Ankommen wieder etwas anders. Auch wenn das Schiff bereits im Hafen liegt, wird es erst zu der vereinbarten Mietzeit betreten. Der Skipper/ Kapitän und der Maat des Schiffes müssen eventuell noch saubermachen. Beide haben in allem, was Fahren, Segelsetzen, Sicherheitsmaßnahmen usw. angeht, das letzte Wort. Wenn der Skipper bestimmt, dass die Schwimmwesten angelegt werden müssen, haben sich sowohl die Teilnehmer als auch die Leitung daran zu halten.

5.4. Regeln in der Gruppe

Nachdem alle aus der Gruppe ihr Bett bezogen oder die Luftmatratze aufgeblasen und den Schlafsack ausgerollt haben, Gepäckstücke in ihren „Schränken" eingeräumt haben, kommen sie zur ersten Runde zusammen. Dieser Treffpunkt ist der Einstieg in die Freizeit, der einen ersten Überblick darüber gibt, ob sich Teilnehmer schnell einleben. Trotzdem müssen gerade zu Beginn der Fahrt einige organisatorische Punkte benannt und Absprachen zwischen der Leitung und den Teilnehmern getroffen werden, damit sich auf Dauer alle in der Gruppe wohlfühlen können. Diese Regeln sind abhängig vom Alter der Teilnehmer und vom Freizeitort.
Folgende Absprachen müssen vor Ort zum Beispiel besprochen werden:
Verhaltensweisen im Haus, auf dem Zeltplatz oder auf dem Schiff; zum Beispiel Rauchen auf den Zimmern, Klettern aus dem Fenster, Trinken auf den Zimmern, Verlassen des Geländes usw.
Verhaltensweisen für das Gruppenleben, zum Beispiel Besuch in anderen Zimmern, Einhalten der Bettruhe usw.

Damit die Regeln von den Teilnehmern angenommen werden, lassen wir diese von ihnen selbst aufstellen. Nur das, was sie selbst für die Gruppe als wünschenswert erachten, wird als Regel anerkannt und durchgesetzt. Es ist oft erstaunlich, wie viele Regeln von den Teilnehmern selbst genannt werden.
Das Mitarbeiterteam muss nicht jede Regel annehmen, die die Gruppe wünscht. Es muss sich damit auseinander setzen, zum Beispiel darauf achten, dass die Mehrheit der Gruppe nicht durch Regeln eine Minderheit unterdrückt.
Erst wenn von den Kindern und Jugendlichen keine weiteren Regeln benannt werden, muss gegebenenfalls das Team diese Liste ergänzen – auch im Sinne ihrer Aufsichtspflicht.
Diese zu Beginn vereinbarten Regeln sind keine unverrückbaren Gesetze. Sie können von der Gruppe geändert werden, wenn darüber Einverständnis erzielt wird.

Grundsätzlich muss im Mitarbeiterkreis darüber ein Austausch stattfinden, was bei Regelwidrigkeiten passiert. Einen Teilnehmer nach Hause zu schicken, weil er zum dritten Mal zu spät zum Frühstück erscheint, ist sicherlich nicht angebracht (vgl. Kapitel 6.12.)

Eventuell ist dann ein guter Zeitpunkt, um per Losverfahren einen Tischdienstplan festzulegen, sofern dieser Dienst während der Freizeit benötigt wird.

5.5. Das erste Kennenlernen

Nach der ersten Erkundung des Hauses, des Zeltplatzes oder des Schiffes wird es Zeit, dass sich die einzelnen Teilnehmer der Gruppe untereinander kennen lernen. Auch das Leitungsteam stellt sich den Kindern und Jugendlichen vor. Ein Spiel oder eine Spielekette sind die besten Mittel zum Kennenlernen. Welche Spiele ausgewählt werden, hängt vom Alter der Zielgruppe, der Größe der Gruppen und den äußeren Bedingungen ab. Wir haben in dem Buch „Echt was erleben" viele Spiele zusammengestellt (Hartebrodt-Schwier/Schwier 2002; das Buch ist ebenfalls im Aussaat-Verlag erschienen). Einige Spiele davon eignen sich hervorragend für Kennenlernspiele. Es folgen drei Beispiele für Kennenlernspiele:

5.5.1. Eierkram

KURZBESCHREIBUNG: Viele Aufgaben rund um das Ei helfen, sich gegenseitig kennen zu lernen.
ERLEBNISMOMENTE IM SPIEL: Leib und Seele erfahren, gegenseitiges Kennenlernen in der Kleingruppe, Umgebung kennen lernen, Bewegung fördern, Kooperation, Förderung des sozial-integrativen Gruppenverhaltens, individuelle Ziele, die von den einzelnen Aufgaben abhängen
ZUORDNUNG: sehr lebendig
ALTER: ab 8 Jahren
GRUPPENGRÖßE: ab 20 Spielern
DAUER: ab 60 Minuten
SPIELRAUM: großes verwinkeltes Spielfeld
MATERIAL: Eier in diversen Farben, Aufgaben für die einzelnen Eier, den Aufgaben entsprechendes Material

SPIELBESCHREIBUNG
Als Vorbereitung zum Spiel werden im Spielfeld verschieden farbige Eier versteckt. In oder bei jedem Ei steckt eine Gruppenaufgabe. Die Anzahl der versteckten Eier hängt mit der gewünschten Spieldauer zusammen.
Die Gruppe wird in mindestens fünf Kleingruppen mit jeweils vier Spielern eingeteilt, die jeweils einen für sie speziellen Laufplan erhält, wie zum Beispiel Gruppe I: violett, grün, weiß, rot, gelb, schwarz und braun; Gruppe II: braun, schwarz, gelb, rot, weiß, grün, violett. Jede Farbe ist einem gleichfarbigen Ei zugeordnet, das jeweils an einem bestimmten Standort von einem Spielleiter betreut wird.
Nachdem den einzelnen Spielgruppen die Spielregeln erklärt worden sind, geht das Spiel los: Jede Kleingruppe sucht im Spielfeld die versteckten Eier. Wenn sie eins gefunden hat, läuft sie damit zu dem entsprechenden Spielleiter, der mit ihnen zusammen das Ei oder den beiliegenden Umschlag öffnet. Die Kleingruppe erhält somit ihre Aufgabe, die sofort erfüllt werden muss. Erst dann darf sie sich auf die Suche nach dem zweiten farbigen Ei (siehe Verlaufsplan) machen.
Das Spiel ist beendet, wenn eine Gruppe alle Eier-Aufgaben ihres Verlaufsplans bearbeitet hat. Anschließend kommen alle Kleingruppen im Plenum zusammen, um die einzelnen Aufgaben zu besprechen.

Mögliche Aufgabenstellungen:

Farbe des Eies / Bedeutung der Farbe / Aufgabe an die Gruppe

Violett	Farbe des Leidens	Sammelt zehn Begriffe, die in die Passionszeit passen
Grün	Farbe des Palmenzweiges	Macht ein Standbild zu der Szene: Jesus zieht nach Jerusalem ein
Weiß	liturgische Farbe für Auferstehung	Bindet an das Wort „Auferstehung" alle eure Vornamen
Rot	Mantelfarbe vom König	Als Jesus nach Jerusalem einzog, wurde er wie ein König verehrt. Später legte man ihm zum Spott einen Königsmantel um. Ihr habt nun eine königliche Reise vor euch, deswegen schreibt eine Geschichte mit den folgenden Wörtern: Ostern, Fußmarsch, Kaktus, Schere
Gelb	Farbe von Küken	Schneidet ein Küken aus und gestaltet es als euer gemeinsames Türschild
Schwarz	liturgische Farbe für Aschermittwoch	Mit Aschermittwoch beginnt die Fastenzeit. Viele Menschen nehmen sich vor, in den Wochen bis Ostern auf etwas zu verzichten. Deswegen teilt euch eine Tafel Schokolade gerecht auf.
Braun	Farbe von Eierschalen	Eier halten mit ihrer Schale etwas verborgen. So ist es auch mit dieser Insel, deren Schatz wir noch entdecken müssen. Schreibt einen Vierzeiler über diese Insel

Tipp:
Dieses Spiel wurde bei uns auf einer Osterfreizeit gespielt. Zu einer anderen Jahreszeit lassen sich neue Symbole statt der Eier finden, wie zum Beispiel verschiedene Blumenarten, Blättersorten oder spezifische Gegenstände, die mit dem Motto der Freizeit in Verbindung gebracht werden können.
Wer keine entsprechenden hohlen Eier zur Verfügung hat, nimmt Briefumschläge, die er mit einem farbigen Ei kennzeichnet.

5.5.2. Spielekette „Eine Seefahrt, die ist lustig"

KURZBESCHREIBUNG: Einzelne Spiele werden durch eine Rahmengeschichte zu einer Spielekette. Die vorliegende Spielekette „Eine Seefahrt, die ist lustig" (Lied im Internet zu finden unter: www.Acronet.net/~robokopp/Lieder/eineseef.html) nimmt die Stimmung am Meer auf und lädt zu eine fiktiven Seefahrt ein.
Erlebnismoment in der Spielekette: Gemeinschaft erleben
ZUORDNUNG: ruhig bis sehr lebendig
ALTER: ab 8 Jahren
GRUPPENGRÖßE: ab 14 Personen
DAUER: ab 60 Minuten
SPIELRAUM: freie Spielfläche und im Stuhlkreis
MATERIAL: evtl. ulkige Mütze, Liederzettel, Papier und Stifte, den einzelnen Spie-

len entsprechendes Material (ein Gegenstand, Stühle, evtl. akustisches Signal, Papierblätter für jeden Spieler, Größe des Blattes bis ca. 30 x 40cm (DIN A3), zwei runde Luftballons, evtl. Musik, stramm gewickelte Zeitungsrolle (evtl. mit Klebeband stabilisieren) oder Kissen)

SPIELBESCHREIBUNG

Je nach Zeit und Spiellust der Gruppe können einzelne Spiele weggelassen oder andere geeignete Spiele in die Spielekette eingefügt werden. Insgesamt sollte der Spielleiter darauf achten, dass sich ruhige und lebendige Spiele abwechseln und die Spielspannung erhalten bleibt. Vielleicht besitzt der Spielleiter eine ulkige Mütze, die er zur Moderation der Spielekette aufsetzen möchte.
Die Rahmengeschichte richtet sich nach dem bekannten Lied „Eine Seefahrt, die ist lustig".

RAHMENGESCHICHTE:
Ich möchte mit euch eine Seefahrt machen. Da können wir allerhand erleben und uns dabei kennen lernen.

LIED:
Eine Seefahrt, die ist lustig, eine Seefahrt die ist schön, denn da kann man fremde Länder und noch manches andere sehn. Refrain: I: Hol-la-hi, hol-la-ho, Hol-la-hi-a hi-a hi-a, hol-la-ho. :I

RAHMENGESCHICHTE:
Nehmt euch etwas Zeit und erinnert euch an eure Erfahrungen mit Wasser und Seefahrten, zum Beispiel ein Urlaub an einem See oder Meer. Das können schöne, spannende oder auch sehr gefährliche Erinnerungen sein. Wenn ihr mit dem Malen fertig seid, gebt dem Bild einen Titel, signiert es und kommt in den Kreis zurück.

AKTION:
Alle Teilnehmer malen ein Bild.
Anschließend werden alle Bilder vorgestellt, die später als Türschilder an den einzelnen Zimmertüren angebracht werden können.

LIED:
Eine Seefahrt, die ist lustig, eine Seefahrt, die ist schön, denn da kann man fremde Länder und noch manches andere sehn. Refrain: I: Hol-la-hi, hol-la-ho, Hol-la-hi-a hi-a hi-a, hol-la-ho. :I

RAHMENGESCHICHTE:
Eine Seefahrt ist nur dann lustig, wenn sich die Passagiere untereinander kennen lernen. Deswegen sorgt der Kapitän bei einem Begrüßungscocktail für eine entsprechende Stimmung.

SPIEL:
Marlis nimmt ihre Medikamente mit…

LIED:
Kaum in Hamburg abgefahren, geht die Sache auch schon krumm, weil der Steuermann besoffen, fährt das Schiff im Kreis herum. Refrain: I: Hol-la-hi, hol-la-ho, Hol-la-hi-a hi-a hi-a, hol-la-ho. :I

RAHMENGESCHICHTE:
Also, der Steuermann scheint noch nicht einmal Steuerbord und Backbord auseinander halten zu können. Mal sehen, ob ihr das schafft!

SPIEL:
Steuerbord – Backbord

RAHMENGESCHICHTE:
Das habt ihr ja ganz gut hinbekommen. Bestimmt ist der Steuermann nicht allein Schuld daran, dass sich das Schiff im Kreis dreht. Auch das Wetter spielt manchmal verrückt, besonders auf hoher See…

SPIEL:
Verrücktes Wetter

LIED:
In der rechten einen Whiskey, in der linken einen Gin und 'ne spiegelblanke Glatze, das ist unser Kapitän. Refrain: I: Hol-la-hi, hol-la-ho, Hol-la-hi-a hi-a hi-a, hol-la-ho. :I

RAHMENGESCHICHTE:
Der Kapitän erzählt unglaubliche Geschichten von Abenteuern und Piraten. Und er sucht noch einige Seeleute, die etwas ganz Besonderes erleben wollen… `Mal sehen, wer von euch allen eine Chance hat, bei diesen Abenteuern dabei zu sein?

SPIEL:
Das Papierstück

RAHMENGESCHICHTE:
Ach, jetzt haben so viele von euch eine Chance, dass der Kapitän gar nicht alle bei der nächsten Exkursion mitnehmen kann. Da hat er plötzlich eine Idee, wie er diese vielen Interessenten um die Hälfte auslosen kann.

SPIEL:
Känguruwettlauf

LIED:
Unser Kapitän, der Dicke, kaum drei Käse ist er groß, auf der Brücke eine Schnauze, wie 'ne Ankerklüse groß. Refrain: I: Hol-la-hi, hol-la-ho, Hol-la-hi-a hi-a hi-a, hol-la-ho. :I

RAHMENGESCHICHTE:
Jetzt zeigen wir dem Kapitän, dass wir auch eine große Schnauze haben…

SPIEL:
Geheimbotschaft

LIED:
In der Hand den Ölpott, in der andern Hand den Twist, und dazu die große Schnauze, fertig ist der Maschinist. Refrain: I: Hol-la-hi, hol-la-ho, Hol-la-hi-a hi-a hi-a, hol-la-ho. :I

RAHMENGESCHICHTE:
Und so ein Maschinist hat natürlich eine große Maschine auf dem Schiff zu betreuen. Wir wollen uns die einmal anschauen.

SPIEL:
Maschine

LIED
Und der Koch in der Kombüse, ist 'ne dicke, faule Sau, mit de Beene ins Gemüse, mit de Arme im Kakao. Refrain: I: Hol-la-hi, hol-la-ho, Hol-la-hi-a hi-a hi-a, hol-la-ho. :I

RAHMENGESCHICHTE:
Gemüse, Obst, Pizza, Pommes Frites, Eis, Lakritz... Dies alles steht auf unserem Speiseplan. Und damit unsere Küche weiß, was die Besatzung alles essen mag, müssen wir die folgenden Fragen wahrheitsgemäß beantworten.

SPIEL:
Meer vs. Wald

LIED:
In des Bunkers tiefsten Gründen, zwischen Kohlen ganz versteckt, pennt der allerfaulste Stoker, bis der Obermaat ihn weckt. Refrain: I: Hol-la-hi, hol-la-ho, Hol-la-hi-a hi-a hi-a, hol-la-ho. :I

RAHMENGESCHICHTE:
Pennen ist natürlich bei einer solchen Seefahrt kaum möglich ...

SPIEL:
Tanzende Zeitungsrolle

So, ich denke wir haben eine tolle Fahrt erlebt, einige Leute haben sich kennen gelernt, so dass wir die Heimfahrt antreten können.

LIED:
In der Heimat angekommen, fängt ein neues Leben an, eine Frau wird sich genommen, Kinder bringt der Weihnachtsmann. Refrain: I: Hol-la-hi, hol-la-ho, Hol-la-hi-a hi-a hi-a, hol-la-ho. :I

Die Spiele im einzelnen:

Marlis nimmt ihre Medikamente
KURZBESCHREIBUNG: Jeder stellt sich selbst dar.
ERLEBNISMOMENTE IM SPIEL: Einzigartigkeit erleben, den anderen in der Gruppe wahrnehmen, gegenseitiges Kennenlernen
ZUORDNUNG: ruhig
ALTER: ab 6 Jahren
GRUPPENGRÖßE: ab 8 Spielern
DAUER: ab 5 Minuten
SPIELRAUM: im Stuhlkreis
MATERIAL: ein beliebiger Gegenstand

SPIELBESCHREIBUNG:
Der Spielleiter hält einen Gegenstand in der Hand, dem er in Gedanken einen Namen mit dem Anfangsbuchstaben seines Vornamens gibt. Dann formuliert er laut den Satz nach folgender Spielregel: „Ich heiße Marlis und nehme meine Medikamente mit." Jetzt gibt Marlis diesen Gegenstand, in diesem Fall die Medikamente, an ihren linken Nachbarn weiter. Der wiederholt den vorherigen Satz und fügt seinen Satz hinzu, zum Beispiel: „Marlis nimmt ihre Medikamente mit, ich heiße Felix, und ich nehme eine Flasche mit." Felix gibt nun die fiktive Flasche an seinen linken Nachbarn weiter, der jedoch die Wiederholungen nicht bei Marlis ansetzt, sondern nur bei seinem direkten rechten Nachbarn, hier Felix usw.

Steuerbord – Backbord
KURZBESCHREIBUNG: Beim Hören und Kennenlernen von Namen müssen sich alle Spieler orientieren.
ERLEBNISMOMENTE IM SPIEL: Leib und Seele erfahren, den anderen in der Gruppe wahrnehmen, Bewegung fördern
ZUORDNUNG: lebendig
ALTER: ab 8 Jahren
GRUPPENGRÖßE: ab 13 Spielern
DAUER: ab 5 Minuten
SPIELRAUM: im Stuhlkreis
MATERIAL: Stühle

SPIELBESCHREIBUNG:
Die Spieler sitzen im Stuhlkreis. Der Spielleiter steht in der Mitte und versucht, einen Platz zu bekommen. Dazu fordert er alle auf, sich nach den Namen ihrer linken und rechten Nachbarn zu erkundigen. Nach kurzer Beratungszeit geht der Spielleiter auf einen Spieler zu und sagt zum Beispiel „Steuerbord". Der entsprechende Spieler muss dann schnell den Namen seines rechten Nachbarn nennen. Bei Backbord ist der Name des linken Nachbarn gefordert. Der Spielleiter muss – seitenverkehrt – überprüfen, ob der genannte Name stimmt. Ist vom Spieler der Name richtig genannt worden, so muss der Spielleiter sein Glück bei einer anderen Person versuchen. Wenn jedoch der genannte Name falsch war, dann tauschen die beiden ihre Rollen, so dass der Spielleiter nun im Stuhlkreis sitzt und der

„Falschspieler" in der Mitte steht. Bei der Begriffsnennung „Orkan" geraten alle Spieler durcheinander, sie stehen auf und suchen sich einen neuen Platz. Da aber ein Stuhl weniger als Spieler vorhanden ist, gibt der übrig bleibende Spieler die neuen Kommandos.

Verrücktes Wetter
KURZBESCHREIBUNG: An Leib und Seele erfahren die Spieler verschiedene Wetterlagen.
ERLEBNISMOMENTE IM SPIEL: Leib und Seele erfahren, Bewegung fördern, Koordination
ZUORDNUNG: lebendig
ALTER: ab 6 Jahren
GRUPPENGRÖßE: ab 6 Spielern
DAUER: ab 5 Minuten
SPIELRAUM: freie Spielfläche
MATERIAL: Stühle, evtl. akustisches Signal

SPIELBESCHREIBUNG:
Alle Spieler stehen verteilt auf der freien Spielfläche. Der Spielleiter nennt abwechselnd verschiedene Wetterlagen, die von den Spielern in typische Bewegungen umgesetzt werden.
Regen: wie durch Pfützen hüpfen
Eis: durch den Raum schliddern
Schnee: durch hohen Schnee stapfen
Sturm: stehen bleiben
Sonne: von den Sonnenstrahlen gewärmt auf den Boden legen
Hochwasser: auf Stühle steigen

Das Papierstück
KURZBESCHREIBUNG: In der Bewegung wird die Einzigartigkeit des Einzelnen wahrgenommen.
Erlebnismomente im Spiel: Einzigartigkeit erleben, den anderen in der Gruppe wahrnehmen, Kooperation, Bewegung fördern
ZUORDNUNG: ruhig bis lebendig
ALTER: ab 6 Jahren
GRUPPENGRÖßE: ab 8 Spielern
DAUER: ab 5 Minuten
SPIELRAUM: freie Spielfläche
MATERIAL: Papierblätter für jeden Spieler, Größe des Blattes bis ca. 30 x 40cm (DIN A3)

SPIELBESCHREIBUNG:
Es wird für jeden Spieler ein Blatt Papier benötigt, das die Größe eines DIN A3-Formates nicht überschreiten sollte. Alle Teilnehmer stellen sich in einer Reihe auf jeweils ein Blatt Papier. Nun werden unterschiedliche Kriterien genannt, nach denen die Reihe jeweils neu sortiert werden soll, wie zum Beispiel: Stellt euch in der

Reihenfolge der Geburtstage, Körpergröße, alphabetischen Reihenfolge der Straßennamen im Wohnort usw. auf. Um die neue Reihenfolge einzunehmen, dürfen sich die Spieler nur auf den Papierblättern bewegen.

VARIANTE:
Bei sehr großen Spielgruppen, ab 25 Spielern, kann dieses Spiel auch ohne Papierblätter gespielt werden.

Känguruwettlauf
KURZBESCHREIBUNG: Bewegung und Kooperation in der Mannschaft treiben den Ballon voran.
ERLEBNISMOMENTE IM SPIEL: Leib und Seele erfahren, Bewegung fördern, Koordination, Kooperation, Gewinnen und Verlieren erfahren
ZUORDNUNG: lebendig
ALTER: ab 6 Jahren
GRUPPENGRÖßE: ab 14 Spielern
DAUER: ab 5 Minuten
SPIELRAUM: im Stuhlkreis
MATERIAL: zwei runde Luftballons

SPIELBESCHREIBUNG:
Alle Spieler sitzen im Stuhlkreis. Es wird mit fortlaufender Nummer abgezählt. Die Spieler mit gerader und ungerader Ziffer bilden jeweils eine Mannschaft. Sie erhalten verschieden farbige Luftballons, die zum Startbeginn von zwei gegenüber sitzenden Spielern in den Händen gehalten werden müssen. Auf Kommando reichen die Spieler den Ballon im Uhrzeigersinn an den nächsten Spieler der gleichen Mannschaft weiter. Die jeweils dazwischen sitzenden Spieler der anderen Mannschaft behindern die Weitergabe des Luftballons nicht. Ziel des Spieles ist es, dass der eine Ballon den anderen überholt.

Geheimbotschaft
KURZBESCHREIBUNG: Hindernisse begrenzen die Übermittlung einer Botschaft.
Erlebnismomente im Spiel: Grenzen wahrnehmen, Durchsetzungsvermögen entwickeln, Konzentrationsvermögen aufbringen, Verständigung untereinander fördern
ZUORDNUNG: lebendig
ALTER: ab 6 Jahren
GRUPPENGRÖßE: ab 8 Spielern
DAUER: ab 5 Minuten
SPIELRAUM: im Kreis
MATERIAL: Papier und Stifte

SPIELBESCHREIBUNG:
Aus der Gruppe der Spieler stellen sich zwei in einem Abstand von ca. fünf Metern auf. Der eine möchte eine Botschaft weitergeben, die der andere aufschreiben muss. Alle anderen Spieler versuchen, durch Zwischenrufe die Übermittlung der Botschaft zu verhindern. Danach können die nächsten beiden Spieler eine Botschaft übermitteln.

Maschine

KURZBESCHREIBUNG: Alle Teilnehmer erstellen zusammen eine (menschliche) Maschine.
ERLEBNISMOMENTE IM SPIEL: Gemeinschaft erleben, Bewegung fördern, Kooperation, Kontaktaufnahme ermöglichen
ZUORDNUNG: ruhig bis lebendig
ALTER: ab 6 Jahren
GRUPPENGRÖSSE: ab 10 Spielern
DAUER: ab 10 Minuten
SPIELRAUM: freie Spielfläche
MATERIAL: evtl. Musik

SPIELBESCHREIBUNG:
Die Aufgabe der Gruppe besteht darin, gemeinsam eine „Maschine" aufzubauen. Dies geht so: Jemand aus der Gruppe stellt sich in die Mitte des Spielfeldes, macht eine Bewegung wie ein Maschinenteil und ein Geräusch dazu. Dann stellt sich der zweite Spieler dazu, der ebenfalls eine Bewegung sowie einen Laut für die Gruppenmaschine einbringt. Dies geht so lange, bis alle Spieler in der Maschine eingebunden sind. Die Mitspieler entscheiden selbst, wie sie sich in das Gesamtbild einordnen. Nun kann der Spielleiter die Maschine ein- und ausstellen.

Meer vs. Wald

KURZBESCHREIBUNG: Persönliche Vorlieben miteinander teilen.
ERLEBNISMOMENTE IM SPIEL: Teilhaben an den Lebensgefühlen der anderen, den anderen in der Gruppe wahrnehmen, Bewegung fördern
ZUORDNUNG: ruhig bis lebendig
ALTER: ab 6 Jahren
GRUPPENGRÖSSE: ab 10 Spielern
DAUER: ab 10 Minuten
SPIELRAUM: freie Spielfläche
MATERIAL: evtl. akustisches Signal

SPIELBESCHREIBUNG:
Bei diesem Spiel liegt der Schwerpunkt in der Wahrnehmung des Anderen in der Gruppe. Alle Spieler bewegen sich langsam auf der Spielfläche, die zuvor in zwei Felder unterteilt wurde. Dann nennt der Spielleiter gegensätzliche Begriffe pro Spielrunde, wie zum Beispiel Meer versus Wald, Nähe versus Distanz, Hand versus Kopf, Klassik versus Jazz. Bei Nennung eines gegensätzliches Paares müssen sich die Spieler entscheiden, ob sie sich beispielsweise mehr zum Meer oder mehr zum Wald hingezogen fühlen. Ist der Spieler lieber am Meer als im Wald, so geht er zur einen Seite der Spielfläche hin. Auf der gegenüberliegenden Seite steht dann der Waldfan. Anschließend kommen alle Spieler wieder auf die Spielfläche zurück, und es können neue Begriffe vom Spielleiter ausgerufen werden.

Tipp:
Im Rahmen dieser Spielekette sollte der Spielleiter nur Essensbegriffe verwenden, zum Beispiel: Orangensaft versus Limonade, Schokolade versus Lakritz, Gemüseeintopf versus Bratwurst, Hering versus Kräuterquark usw.

Tanzende Zeitungsrolle
KURZBESCHREIBUNG: Schnelligkeit und Tricksen lassen die Zeitung tanzen.
ERLEBNISMOMENTE IM SPIEL: Leib und Seele erfahren, Bewegung fördern, gegenseitiges Kennenlernen, Kontaktaufnahme ermöglichen, Gewinnen und Verlieren erfahren
ZUORDNUNG: sehr lebendig
ALTER: ab 10 Jahren
GRUPPENGRÖßE: ab 10 Spielern
DAUER: ab 10 Minuten
SPIELRAUM: im Stuhlkreis
MATERIAL: stramm gewickelte Zeitungsrolle (evtl. mit Klebeband stabilisieren) oder Kissen

SPIELBESCHREIBUNG:
Der Spielleiter klopft mit der Zeitungsrolle an das Knie eines Mitspielers. Derjenige sagt einen Namen eines anderen Mitspielers. Nun muss der Spielleiter zu dem aufgerufenen Namen rennen. Wenn dieser einen Namen genannt hat, bevor er abgeschlagen wurde, bleibt der Spielleiter im Spiel. Wenn nicht, muss derjenige, der „geschlafen« hat, die Zeitungsrolle nehmen.

5.5.3. Spielekette „In sechs Tagen um die Welt"

KURZBESCHREIBUNG: Einzelne Spiele führen die Spieler einmal rund um den Globus.
ERLEBNISMOMENT IN DER SPIELEKETTE: Gemeinschaft erleben
ZUORDNUNG: ruhig bis lebendig
ALTER: ab 8 Jahren
GRUPPENGRÖßE: ab 12 Personen
DAUER: ab 60 Minuten
SPIELRAUM: freie Spielfläche und im Kreis
MATERIAL: Zeitungspapier, evtl. Wachsmaler, Schminke, zehn Filmdosen angefüllt mit verschiedenen Gewürzen, Bananen, Schuhputzzeug, zwei runde Luftballons

SPIELBESCHREIBUNG:
Die Rahmengeschichte bildet eine Reise rund um die Welt. Alle Spieler sind eingeladen, die Wunder dieser Welt zu entdecken.

RAHMENGESCHICHTE:
Liebe Gäste, ich darf mich Ihnen vorstellen, mein Name ist Viator, und ich heiße Sie im Namen Ihrer Reisegesellschaft „Ideologia" herzlich willkommen. Wie schön, dass Sie sich entschieden haben, mit uns eine Weltreise zu unternehmen. Ich verspreche Ihnen, es wird für Sie ein einmaliges Erlebnis werden. Noch Jahre später werden Sie von dieser Reise erzählen.
Nun, als Ihr Reisebegleiter möchte ich Sie natürlich kennen lernen. Bitte stellen Sie sich doch einmal vor.

SPIEL:
Partnerinterview

RAHMENGESCHICHTE:
Jetzt haben wir einmal alle Namen gehört. Ich finde, dass unsere Fahrt starten kann. Dazu bitte ich Sie, sich einmal anzuschnallen, und los geht`s …

AKTION:
Die Spieler steigen in ein fiktives Fahrgestell. Sie ahmen die Bewegungen des Spielleiters nach.
Füße langsam stampfen: Das Fahrgestell setzt sich langsam in Bewegung.
Füße schnell stampfen: Das Fahrgestell setzt sich schnell in Bewegung.
Hände auf die Oberschenkel schnell hintereinander klopfen…und los: Die Gruppe ist am Zielort angekommen.

RAHMENGESCHICHTE:
Das erste Land, das wir nach unserem Start erreichen, liegt in Asien. Dort wird die Sonne ganz schön heiß auf unsere Köpfen scheinen. Wie ich vermute, haben Sie in der Eile sicherlich ihre Kopfbedeckungen liegen gelassen. Deswegen nutzen wir die Reisezeit, um uns Mützen zu nähen.

AKTION:
Aus Zeitungspapier wird eine originelle Mütze gebastelt. Anschließend setzt jeder seinen Hut auf.

RAHMENGESCHICHTE:
So, verehrte Fahrgäste, wir haben wirklich Asien erreicht. Ich glaube, wir müssen jetzt erst einmal lernen, wie sich die Menschen hier begrüßen.

SPIEL:
Begrüßungsrunde

RAHMENGESCHICHTE:
Ein langer Fußmarsch bringt uns in das nächste Land. Hier haben die Menschen eine ganz andere Sprache als wir, und so sind die Einheimischen ganz gespannt darauf, unsere europäischen Namen einmal zu hören.

AKTION:
Die Spieler stellen sich in alphabetischer Reihenfolge ihrer Vornamen auf. Dann werden noch einmal alle Namen gehört.

RAHMENGESCHICHTE:
Diese Namensvorstellung hat die Einheimischen sehr beeindruckt. Wir möchten uns ihnen erkenntlich zeigen, und malen uns wie sie einen farbigen Punkt auf die Stirn.

AKTION:
Jeder Teilnehmer malt sich mit Schminke einen farbigen Punkt auf die Stirn.

RAHMENGESCHICHTE:
Wie Sie vielleicht wissen, ist Asien für die Vielfalt an Gewürzen bekannt. Ich habe

mir erlaubt, einige Gewürze mitzubringen. Ich gehe davon aus, dass es für Sie ein leichtes Spiel sein wird, diese durch Schmecken oder Riechen zu identifizieren.

AKTION:
In die Mitte werden zehn in Filmdosen gefüllte Gewürze gestellt. Jeder Spieler bekommt einen kleinen Zettel und einen Stift zur Hand. Nacheinander gehen sie an den Gewürzen vorbei, die ersten fünf davon müssen erschmeckt, die anderen fünf an ihrem Duft erkannt werden. Nach jedem Test notiert sich der Spieler den vermuteten Gewürznamen. Am Ende der Spielekette können diese Vermutungen entlarvt werden.

RAHMENGESCHICHTE:
Auch wenn der Kontinent noch so interessant ist, müssen wir nun in unser Fahrgestell steigen, ansonsten werden wir niemals die Welt in sechs Tagen umrunden. Bitte steigen Sie zügig zu.

AKTION:
Füße langsam stampfen: Das Fahrgestell setzt sich langsam in Bewegung.
Füße schnell stampfen: Das Fahrgestell setzt sich schnell in Bewegung.
Hände auf die Oberschenkel schnell hintereinander klopfen…und los: Die Gruppe ist am Zielort angekommen.

RAHMENGESCHICHTE:
Wir haben Kanada erreicht. Ein wunderschönes Land mit vielen Wäldern, unglaublichen Seen und Wintern. Um dieses alles zu sehen, müssen wir zu Fuß weiter, und uns dabei von einer Eisscholle zur nächsten wagen.

SPIEL:
Tauwetter

RAHMENGESCHICHTE:
Kanada ist schon ganz schön kalt im Winter. Aber Sie haben ja schließlich eine Sommerreise gebucht, und deswegen machen wir uns auch schon gleich wieder auf nach Südamerika. Leider können in vielen Ländern Südamerikas die Kinder oft vor Hunger nicht einschlafen.
Darum müssen Sie unseren Reiseproviant, brasilianische Bananen, gerecht aufteilen.

AKTION:
Die Spieler finden sich in Dreiergruppen zusammen und teilen sich eine Banane zu dritt.

RAHMENGESCHICHTE:
Viele Kinder sind sogenannte Straßenkinder, haben kein Dach über den Kopf, leben von dem, was sie auf der Straße finden. Einige von ihnen versuchen, als Schuhputzer über die Runden zu kommen.

AKTION:
Sucht euch einen Partner. Der kleinere von beiden putzt seinem Partner den rechten Schuh. Anschließend putzt der größere dem kleineren seinen linken Schuh.

RAHMENGESCHICHTE:
Die Fahrt führt uns weiter nach Afrika. Darf ich Sie bitten, zu unserem Fahrgestell zu kommen, damit wir weiterfahren können?

AKTION:
Füße langsam stampfen: Das Fahrgestell setzt sich langsam in Bewegung.
Füße schnell stampfen: Das Fahrgestell setzt sich schnell in Bewegung.
Hände auf die Oberschenkel schnell hintereinander klopfen…und los: Die Gruppe ist am Zielort angekommen.

RAHMENGESCHICHTE:
In Afrika leben viele interessante Tiere. Auf unserer Safari werden wir viele von ihnen zu sehen bekommen. Passen Sie auf, dass Ihnen nichts passiert, wenn wir plötzlich einem Tiger oder einem Elefanten gegenüber stehen.

SPIEL:
Elefant, Tiger

RAHMENGESCHICHTE:
Bevor unsere Reise langsam dem Ende zugeht, werden wir noch einen Abstecher nach Australien machen.

AKTION:
Füße langsam stampfen: Das Fahrgestell setzt sich langsam in Bewegung.
Füße schnell stampfen: Das Fahrgestell setzt sich schnell in Bewegung.
Hände auf die Oberschenkel schnell hintereinander klopfen…und los: Die Gruppe ist am Zielort angekommen.

RAHMENGESCHICHTE:
Kaum in diesem Kontinent angekommen, kommen uns schon Kängurus entgegen. Das sind schon tolle Tiere…

SPIEL:
Känguruwettlauf (siehe oben)

RAHMENGESCHICHTE:
Puh, haben wir eine Menge in diesen sechs Tagen erlebt. Unser Fahrgestell wird uns nun sicher nach Europa zurückbringen. Sicherlich sind schon die lieben Verwandten ganz gespannt auf unsere Erzählungen. Also, bitte steigen Sie schnell ein.

AKTION:
Füße langsam stampfen: Das Fahrgestell setzt sich langsam in Bewegung.

Füße schnell stampfen: Das Fahrgestell setzt sich schnell in Bewegung.
Hände auf die Oberschenkel schnell hintereinander klopfen...und los: Die Gruppe ist am Zielort angekommen.

RAHMENGESCHICHTE:
Das war unsere Reise. Ich denke, wir sollten zusammen in ein passendes Lied einstimmen.

LIED:
Er hält die ganze Welt in seiner Hand.

DIE SPIELE IM EINZELNEN:

Partnerinterview
KURZBESCHREIBUNG: Durch gegenseitiges Befragen lernen sich Interviewpartner kennen.
ERLEBNISMOMENTE IM SPIEL: Einzigartigkeit erleben, den anderen in der Gruppe wahrnehmen, gegenseitiges Kennenlernen
ZUORDNUNG: ruhig
ALTER: ab 8 Jahren
GRUPPENGRÖßE: ab 10 Spielern
DAUER: ab 5 Minuten
SPIELRAUM: im Kreis

SPIELBESCHREIBUNG:
Es werden Spielpaare gebildet. Sie haben Zeit, um sich gegenseitig hinsichtlich ihrer Hobbys, Freizeiterlebnisse etc. zu interviewen. Nach geraumer Zeit kommen alle wieder im Kreis zusammen. Ein Paar fängt an, sich gegenseitig vorzustellen, zum Beispiel „Ich stelle euch Thomas vor, er sieht gern Fußball im Fernsehen, hört viel Musik und mag nicht gern Schlittschuh fahren." Dann folgt der Partner, anschließend das nächste Paar.

Begrüßungsrunde
KURZBESCHREIBUNG: Durch ein kreisrundes Verfahren kontakten sich alle Mitspieler
ERLEBNISMOMENTE IM SPIEL: Einzigartigkeit erleben, den anderen in der Gruppe wahrnehmen, gegenseitiges Kennenlernen, Bewegung fördern
ZUORDNUNG: lebendig
ALTER: ab 8 Jahren
GRUPPENGRÖßE: ab 10 Spielern
DAUER: ab 5 Minuten
SPIELRAUM: freie Spielfläche

SPIELBESCHREIBUNG:
Die eine Hälfte der Spieler bilden einen Außenkreis, während die anderen Spieler sich in einem Innenkreis einem anderen Spieler gegenüber stellen. Dann begrüßen sie sich auf verschiedene Arten, bevor der Außenkreis um eine Person versetzt

nach links weitergeht. Dieses gegenseitige Begrüßen geschieht so lange, bis die außenstehenden Spieler alle im Innenkreis stehenden kontaktet haben.
Als Begrüßungsarten können zum Beispiel gewählt werden: Mit breit auseinander gestellten Beinen stellen sich die beiden Spieler mit dem Rücken zueinander auf und begrüßen sich dann mit ihrer rechten Hand durch ihre Beine hindurch; sich mit überkreuzten Armen die Hände reichen; dem anderen auf seine linke Schulter klopfen; Rücken an Rücken gestellt, dem anderen seinen Namen zuflüstern usw.

Tauwetter
KURZBESCHREIBUNG: Tauwetter zwingt die Spieler zum Teilen der verbleibenden Standfläche.
ERLEBNISMOMENTE IM SPIEL: Teilen erfahren, Gemeinschaft erleben, Kontaktaufnahme ermöglichen, Kooperation
ZUORDNUNG: ruhig bis lebendig
ALTER: ab 6 Jahren
GRUPPENGRÖSSE: ab 10 Spielern
DAUER: ab 10 Minuten
SPIELRAUM: freie Spielfläche
MATERIAL: Zeitungspapier

SPIELBESCHREIBUNG:
Jeder Spieler der Gruppe erhält eine Zeitungsseite als Eisscholle. Diese werden von allen Spielern auf der freien Spielfläche verteilt. Alle Spieler springen von Eisscholle zu Eisscholle. Bei Einsetzen des Tauwetters schrumpfen die Eisschollen zusammen. Der Spielleiter entfernt mit der Zeit einzelne Zeitungsseiten. So müssen immer mehr Spieler auf den einzelnen Eisschollen stehen. Keiner der Spieler wird ausgeschlossen.

Tipp:
Bitte auf eine rutschsichere Unterlage unter den Zeitungen achten.

Elefant, Tiger…
Kurzbeschreibung: In Kleingruppen werden verschiedene Tiere als Standbilder dargestellt.
ERLEBNISMOMENTE IM SPIEL: Empathie entwickeln, Wahrnehmung sensibilisieren, Bewegung fördern, Förderung des sozial-integrativen Gruppenverhaltens
ZUORDNUNG: Dreiergruppen, ruhig
ALTER: ab 8 Jahren
GRUPPENGRÖSSE: ab 12 Spielern
DAUER: ab 10 Minuten
SPIELRAUM: im Kreis

SPIELBESCHREIBUNG:
Zunächst werden der Gesamtgruppe verschiedene Tiere vorgestellt, die jeweils aus drei nebeneinander stehenden Personen entwickelt werden. Wenn alle Figuren einmal demonstriert worden sind, muss jeder Teilnehmer alle Positionen eines je-

den Standbildes selber nachstellen können. Auf Nachfrage werden zur Orientierung einzelne Standbilder noch einmal gezeigt. Anschließend zeigt der Spielleiter auf eine Person und nennt ein Stichwort zu einem Standbild. Daraufhin stellt diese Person mit dem rechten und linken Nachbarn gemeinsam das entsprechende Standbild dar.

Der Spielleiter lässt sich solange Standbilder anzeigen, bis ein Spieler einen Fehler in der Darstellung macht. Dieser muss dann in die Mitte und weitere Standbilder abfragen.

Elefant:
MITTE: Der Spieler bildet aus seinen Armen einen Rüssel
LINKS: Der Spieler bildet mit seinen Armen ein großes linkes Elefantenohr nach
RECHTS: Der Spieler bildet mit seinen Armen ein großes rechtes Elefantenohr nach

Tiger:
MITTE: Der Spieler imitiert ein Katzengebrüll
LINKS: Der Spieler bildet mit seiner Hand das linke Katzenohr nach
RECHTS: Der Spieler bildet mit seiner Hand das rechte Katzenohr nach

Affe:
MITTE: Der Spieler hält sich die Augen zu – kann nichts sehen
LINKS: Der Spieler hält sich die Ohren zu – kann nichts hören
RECHTS: Der Spieler hält sich den Mund zu – kann nichts sprechen

Krokodil:
MITTE: Der Spieler bildet mit seinen Armen ein großes Maul
LINKS: Der Spieler macht kringelnde Bewegungen mit seinem Körper
RECHTS: Der Spieler macht kringelnde Bewegungen mit seinem Körper

5.6. Rund um die Weckzeit

Der Tag beginnt im Haus und auf Zeltplätzen mit dem Wecken. Vom vorsichtigen Klopfen an der Zimmertür bis zum militärischen Gebrüll reichen hier die Vorstellungen. Dem möglichen Wunsch von Teilnehmern, sie mit lauter Musik zu wecken, kann nicht ohne weiteres nachgegeben werden. Denn äußere Bedingungen bilden einen Rahmen für das Wecken. Probleme gibt es, wenn im gleichen Haus und auf dem selben Flur nicht zur Gruppe gehörende Personen untergebracht sind. Auch auf Zeltplätzen mit anderen Gruppen trägt ein solches Verhalten nicht gerade zur friedvollen Verständigung untereinander bei.

Für das Leitungsteam gilt: Sie dürfen nicht die Letzten sein, die zum Frühstück erscheinen. Sie geben durch ihr Verhalten ein Vorbild und zeigen den Teilnehmern, dass sie selbst die Essenszeiten einhalten.

Für viele beginnt der Tag schon vor dem Wecken. Gerade an den ersten Tagen schlafen einige der Kinder und Jugendlichen erst sehr spät ein. Andere wiederum sind sehr früh wach. Das Leitungsteam sollte zum Beispiel darauf achten, dass Frühaufsteher die anderen Teilnehmer nicht stören, und es bis zur eigentlichen

Weckzeit ruhig bleibt. Die Aufsicht vor dem Wecken kann durch die Tagesleitung übernommen werden. Das Teilnehmergequatsche, das Türknallen und laute Musik in den Zimmern können so eingedämmt oder auf ein erträgliches Maß reduziert werden.

Wenn es Tischdienste zu erledigen gibt, muss daran gedacht werden, diese Personen rechtzeitig, gegebenenfalls früher als die anderen, zu wecken.

Zwischen Aufstehen und Frühstück muss für alle genug Zeit für Toilette, Dusche und Waschen eingeplant werden. Auch nach dem Frühstück benötigen alle aus der Gruppe noch Zeit zum Zähneputzen. Das Bettenmachen sollte auch erst nach dem Frühstück erfolgen. Bis dahin kann – oder besser muss – das Bett oder der Schlafsack lüften.

5.7. Rund um die Mahlzeiten

Bei den Mahlzeiten gibt es zwei unterschiedliche Modelle: Verpflegung durch das Freizeithaus oder Selbstversorger.

Vollverpflegung im Haus

Wenn die Verpflegung durch das Haus bereitet wird, benötigt die Gruppe oft „nur" einen Tischdienst zum Tische decken und abräumen, für das Bringen des Essens von der Küche zum Speiseraum sowie zum Säubern der Tische. Es gibt auch Freizeithäuser, bei denen nur das Geschirr und Besteck auf einen Teewagen gestellt werden muss. Das kann dann jeder Teilnehmer allein.

Werden jedoch Gruppen für Tischdienste gebraucht, sollte dies schon vor der Freizeit durch die Leitung abgefragt werden.

Ein Losverfahren, das zu Beginn der Freizeit eingeführt wird, entscheidet darüber, wann welcher Teilnehmer den Tischdienst zu übernehmen hat. Die Chance dieser Methode liegt darin, dass die Gruppenteilnehmer willkürlich mit anderen einmal einen Dienst leisten. Zimmerweise den Tischdienst einzuteilen, bietet kaum eine Möglichkeit zum gegenseitigen Kennenlernen.

Bei der Methode des Losverfahrens muss die Freizeitleitung darauf achten, wie viele Personen für die einzelnen Essenszeiten benötigt werden. Denn oftmals ist beim Frühstücksdienst weniger zu machen als beim Mittagessen. Auch sollte eine gerechte Verteilung der einzelnen Tischdienste an die Teilnehmer gewährleistet sein, damit nicht jemand drei Mal beim Mittagessen aushelfen muss, während ein anderer lediglich beim Frühstück eingeteilt ist.

Eine weitere Variante ist die Einteilung von Tischdiensten für einen ganzen Tag. Jedoch für Selbstversorger-Freizeiten ist diese Variante nicht zu empfehlen. Die Tischdienstler sind in diesem Fall fast den ganzen Tag in der Küche beschäftigt.

Hier gilt noch der Hinweis, dass bei Vollverpfleger-Häusern die Mahlzeiten oft unflexibel gehandhabt werden. Das Programm muss grundsätzlich vor dem Essen beendet sein.

Selbstversorgung: Teilnehmer kochen mit

Aufwendig wird der Bereich Mahlzeiten bei der kompletten Selbstversorgung einer Gruppe. Nicht nur das Einkaufen von Lebensmitteln bedarf einer Planung.

Wenn nicht speziell für die Küche ein Küchendienst eingeteilt ist, dann ist jeder einmal aus der Gruppe an der Bereitung der Mahlzeiten beteiligt. Und die Überraschungen sind groß. Hier tauchen unterschiedliche Fragen sowohl bei Gruppenleitern als auch bei Teilnehmern auf: Wie koche ich einen Eintopf für vierzig Leute? Was, diesen Berg an Kartoffeln müssen wir schälen? Wie viel Zeit braucht der Küchendienst, um eine warme Mahlzeit für vierzig Personen auf den Tisch stellen zu können?

Kochen – und auch Abwaschen – ist für viele Teilnehmer ein Buch mit sieben Siegel. Daher muss natürlich mindestens einer aus der Freizeitleitung die Aufsicht führen. Hier bietet sich an, das Kochen von der Tagesleitung mitbetreuen zu lassen.

Wie lange es dauert, ein Essen zu zaubern, hängt nicht nur von der Kochcrew ab. Die Größe der Küche, das nicht vorhandene Küchengerät und die Leistung von Herd und Ofen lassen manche Mahlzeiten später als geplant auf dem Tisch stehen. So ist die Kombüse auf Schiffen sehr eng, und Kochen oder Salatschneiden bei Seegang muss auch erst gelernt sein. Bei Selbstversorger-Reisen ist es gut, wenn mindestens eine Person aus der Leitung Kenntnisse im Kochen für Großgruppen hat. Wenn alle noch nie mit so vielen in einer Küche einen solchen „Berg" Nahrungsmittel kochen mussten, gibt es zunächst eine „Testphase". Das Team und die Teilnehmer müssen sich eingewöhnen. Aber das kann ein spannendes Abenteuer werden. Nach wenigen Tagen hat sich die Situation in der Regel eingespielt.

Es gibt auch Selbstversorgung ohne eigene Küche: Rad-, Wander- oder Kanutouren und so manche Zeltfreizeiten. Hier gibt es statt großer Schwenkpfanne nur magere Gaskocher mit wenigen Töpfen. Und die kochen wieder ganz anders. Probieren geht über studieren – oder einer der Teamer ist erfahren. Gerade bei solchen Touren erfahren die Teilnehmer auch, mit wie wenig Küchengerät eine so große Gruppe bekocht werden kann. Auch in diesen Fällen benötigt die Gruppe eine tägliche Kochcrew mit Leitungsperson.

Selbstversorger: Ein Küchenteam fährt mit

Eine Art „Tandemvariante" ist die Selbstversorgung mit einer festen Kochmannschaft, die nur zu dem Zweck der Versorgung die Gruppe begleitet. Das ist vor allem bei großen Kinderfreizeiten oder Jugendcamps der Fall, sowohl in festen Unterkünften als auch auf Zeltplätzen. Personen, die ausschließlich die Küchenarbeit leisten, bieten Vor- und Nachteile für die Freizeit:

Vorteile: Vom Frühstück bis zum Abend ist die Versorgung der Gruppe gesichert. Die Küchenmannschaft hat ihre Küche im Griff und kennt die benötigten Handgriffe. Die Freizeitleitung kann Programmangebote bis zur Essenszeit anbieten, ohne dass einige schon vorher ihre Aufgaben in der Küche übernehmen müssen.
Nachteile: Wenn die Küchenmannschaft schlecht kocht, ist die Freizeit kein Erfolg. Den Teilnehmern wird die Erfahrung genommen, in gemeinsamer Arbeit für die Gruppe etwas sehr wichtiges zu leisten: Andere zu versorgen und damit eine große Verantwortung zu übernehmen. Außerdem lernen sie nicht, mit dem hauszuhalten, was da ist.

Beginn der Mahlzeiten

Wichtig ist die Frage nach einem gemeinsamen Beginn des Essens oder einer offenen Form, bei der jeder anfängt, wann er will. Die offene Form ist für uns eine

Ausnahme und nur praktikabel, wenn es im Anschluss an das Essen keine festen Programmpunkte gibt. Eine Ausnahme ist zum Beispiel eine Freizeit über 10 Tage hinaus. Dann kann die Freizeitleitung gezielt einen Vormittag mit spätem Frühstück oder einem Brunch einbauen. Oder am Abend vorher gab es ein besonderes Fest, eine Disco oder eine Nachtwanderung, so dass am Vormittag freie Zeit zur Verfügung steht.

Bei der Verpflegung durch das Freizeithaus ist fast immer von festen Essenszeiten auszugehen, so dass hier ein gemeinsamer Beginn sinnvoll ist. Auch bei Selbstversorger-Freizeiten ist ein gemeinsamer Beginn sinnvoll: Nach der gemeinsamen Vorbereitung wird in der Gruppe zusammen gegessen.

Ein gemeinsamer Beginn kann durch ein Lied oder ein Gebet erfolgen oder durch einen Spruch (So wie etwa das sinnige „Piep, piep, piep…") Auch der Schluss des Essens sollte zusammen erfolgen. Es ist nicht besonders angenehm, wenn die Schnellesser schon aufstehen, herumrennen oder sich aus dem Essensraum entfernen, wenn andere noch essen. Das ist weder höflich noch gemütlich. Daher sollte das Leitungsteam Absprachen für die gemeinsamen Mahlzeiten treffen. Neben einem gemeinsamen Beginn und Schluss gehört auch das Verhalten während des Essens dazu.

Verhalten bei den Mahlzeiten

Die Kinder und Jugendlichen sollten sich nur das auf die Teller häufen, was sie auch wirklich essen. Mit den Lebensmitteln muss wertschätzend umgegangen werden. Kinder und Jugendliche kommen manchmal auf die seltsamsten Ideen: Kartoffelweitwurf, welche Erbse rollt schneller als die andere, welcher Kakaosee ist der Größte. Solche „Spiele" sollten unserer Meinung nach sofort unterbunden werden. Wir leben zwar in einer Überflussgesellschaft, aber ein Spiel mit Lebensmitteln ist nicht zu vertreten. In vielen Freizeiten geht es thematisch um die Bewahrung der Schöpfung, um Umwelt- und Hungerprobleme.

Weitere Absprachen können das Verhalten bei den Essenszeiten lenken und festlegen:
– Wenn die Schüsseln leer sind, dann kann am Nachbartisch um deren Schüsseln gebeten werden. Erst wenn von dem Gewünschten nichts mehr da ist, holen die Teilnehmer etwas aus der Küche nach. Eine sinnvolle Alternative ist das Nachholen durch den Küchendienst. Dann rennen nicht alle umher und nerven das Küchenpersonal.
– Einmal angefasste Lebensmittel werden gegessen. Damit wird verhindert, dass die Teilnehmer erst den Kuchenteller nach dem größten Stück durchforsten.
– Wem etwas herunterfällt oder wer etwas verschüttet, wischt selbst auf.
– Man kann sich auch verständigen, ohne dem Nachbarn ins Ohr zu brüllen.
– Das Leitungsteam sollte zu Beginn der Fahrt Absprachen darüber treffen, wie die Kleiderordnung am Tisch sein sollte: Ist es erlaubt, dass die Jungen mit nacktem Oberkörper und einige mit ihrem Baseballcaps am Tisch sitzen? Ist Badekleidung beim Essen angemessen oder doch lieber etwas „Richtiges"?

Diese Absprachen gelten allgemein für alle Mahlzeiten. Vor dem Mittag- und Abendessen muss die Freizeitleitung darauf achten, das genügend Zeit bleibt für den Tischdienst oder die eventuelle Umrüstung des Gruppenraums in einen Essensraum.

Formen für die Mahlzeiten
Für das gemeinsame Essen können besondere Formen gewählt werden. Ein Piknick in schöner Umgebung oder ein Grillabend am See sind besondere Erlebnisse für die Gruppe. Und wenn das Wetter schlecht ist, muss das Picknick nicht ausfallen. Auch im Haus lässt sich ein schönes Essen gestalten. Statt an Tischen setzen sich die Teilnehmer auf Decken im Raum, und Kerzen geben ein gemütliches Licht. Eine andere Form des gemeinsamen Essens ist das gegenseitige Anreichen ohne Worte. Jeder wartet, bis ihm angereicht wird, und jeder reicht seinem Nachbarn an. Die Gruppenteilnehmer denken immer für den Nachbarn mit. Benötigt er noch Nudeln oder etwas von dem Nachtisch?

Der Nachmittagstee
Zwischen Mittagessen und Abendessen liegt oft eine lange Zeitspanne. Daher kann am Nachmittag für alle Tee, Kaffee, Kuchen, Kekse oder anderes angeboten werden. Viele Häuser mit Vollverpflegung haben für Gruppen sogenannte Teeküchen, in denen die Gruppe Getränke zubereiten kann. Ein „Nachmittagstee" hat auch einen pädagogischen Vorteil. Nach der Mittagspause, die alle unterschiedlich verbracht haben, sehen sich alle in der Gesamtgruppe wieder, um dann anschließend in das Nachmittagsprogramm zu starten.

Getränke
Gerade bei Vollverpflegung gibt es in der Regel zu wenig zu trinken. Ein Grund mag ein Kiosk- oder Automatenangebot der „Hauseltern" mit überteuerten Preisen sein. Trinken ist ein Grundbedürfnis des Menschen. Ernährungswissenschaftler empfehlen ca. eineinhalb bis zwei Liter pro Tag – ohne die sogenannten Genussmittel wie Kaffee oder schwarzer Tee. Die fehlenden Getränkemengen müssen durch die Gruppenleitung ausgeglichen werden. Geeignet für die zusätzliche Versorgung mit Getränken ist Mineralwasser. Bei uns ist der Preis dafür bereits in der Freizeitkalkulation mit enthalten. Möglich sind auch sogenannte Getränkekanister oder Getränkeeimer, in denen mit Getränkepulver und Wasser eine Limonade oder Tee angemixt wird. Ein Nachteil ist der oft hohe Zuckergehalt des Getränkepulvers.

Speisung für 36
Was eine Großgruppe während einer Freizeit verbraucht, zeigt das folgende Beispiel. Es war eine Segelfreizeit mit 36 Personen auf dem Ijsselmeer, die neun Tage dauerte. Gekocht und vorbereitet wurde alles natürlich in einer engen Kombüse. Die warme Mahlzeit gab es am Abend. Dafür gibt es zwei Gründe. Zum einen muss die Mannschaft am Tag segeln. Damit ist ein regelmäßiges Kochen schwer einzuhalten. Zum anderen legt das Schiff am späten Nachmittag in einem Hafen an. Dann kauft die Gruppe gemeinsam für die Mahlzeit frische Ware ein. Die Mittagsmahlzeit bestand aus belegten Broten, Obst und frischem kleingeschnittenen Gemüse (Paprika, Kohlrabi, Tomaten, Gurken usw.). Besonders das Obst- und Gemüseangebot wurde gern angenommen.

Die Hauptmahlzeiten waren:
Samstag: Gemüsepfanne: ca. 3 kg Reis, 5,5 kg Gemüse
Sonntag: 40 große Scheiben Kassler, 10 kg Kartoffeln, 5,5 kg Bohnen
Montag: 3 kg Schweinemett, ca. 2 kg Reis, 7 große Zucchini (ca. 2,5 kg)
Nachtisch: 9 l Vanille-, Schoko- und Caramel-Vla und Volljoghurt
(Vla ist eine niederländische Spezialität, ein eher flüssiger Pudding, der in Tetra-Packs angeboten wird.)
Dienstag: Gemüsesuppe: 5 kg Kartoffeln, 9 l Brühe, 5 kg Gemüse: Lauch, Tomaten, Möhren, Sellerie
Mittwoch: 4,5 kg Nudeln, ca. 4 kg Gulasch
Donnerstag: 50 Schinkengriller, 36 Portionen Kartoffelpüree, 5,5 kg Erbsen und Möhren
Nachtisch: 8 l Vla
Freitag: Nudel-Blumenkohl-Auflauf: 3,5 kg Nudeln, 6 Köpfe Blumenkohl, 2 Stangen Lauch, 1 große Dose Champignons, der Rest Erbsen und Möhren. Für die Soße: 2 l Milch, 10 x 200 g Schmierkäse und Gouda zum Belegen
Samstag: 10 kg Pellkartoffeln, ca. 3 kg Quark, 20 große Matjes, Nachtisch: 8l Vla
Sonntag: belegte Brote und 50 Bockwürstchen

Dazu gab es natürlich die anderen Mahlzeiten mit folgendem ungefährem Verbrauch:
Große Mengen an Brot (pro Mahlzeit ca. 4 – 6 Brote), 6 Liter Milch pro Tag, ca. 100 Teebeutel, 1,5 kg Kaffee, 7 kg Margarine, 1 kg Kakao, 10 kg Nuss-Nougat-Creme, Honig und Marmelade, ca. 12 kg Zitronentee und Getränkepulver, mind. 3 Gläser Mayonnaise, viele Kilo Obst, Gurken, Tomaten, Kohlrabi, Möhren, Paprika usw.

Kiosk

Es gibt in vielen Häusern einen Kiosk, der von den „Hauseltern" betrieben wird. Die Angebote sind allerdings oft überteuert und belasten das Taschengeld der Kinder und Jugendlichen. Das gilt vor allem für die Getränke. Soweit es organisatorisch möglich ist, kann das Leitungsteam einen eigenen Kiosk bei Kinderfreizeiten anbieten, bei dem die Getränke und Süßigkeiten zum Selbstkostenpreis abgegeben werden. Jugendliche sollten allerdings selbst in der Lage sein, mit ihrem Taschengeld zu haushalten.
Manchmal sind die Öffnungszeiten der Kioske in den Herbergsbetrieben ein Ärgernis: Vor den Mahlzeiten bieten die Leute dann ihre Waren an. Die Gruppenteilnehmer stürzen sich auf die Schleckersachen und haben für die eigentliche Mahlzeit keinen Hunger. Es ist vielleicht möglich, in einem Gespräch mit der Hausleitung diese Praxis zu ändern. Bei den Selbstversorgerfreizeiten kann auch ein Kiosk für Jugendliche angeboten werden, wenn in der Nähe kein kommerzielles Geschäft vorhanden ist.
Das Warenangebot sollte vielfältig sein, von Lakritz bis zum Müsliriegel, gegebenenfalls auch Getränke. Welche Getränke es gibt, kann bereits auf dem Elternabend abgestimmt werden.

5.8. Tagesschau

Ein Freizeittag ist in der Regel von vielfältigen Programmmethoden und Aktionen gekennzeichnet, bei denen sich die Gruppe mit unterschiedlichen Settings, Begegnungen und Themen auseinander setzt. Auch die Freizeitleitung tritt in verschiedenen Rollen auf, hat unterschiedlich geprägten Kontakt zu einzelnen Teilnehmern. Vieles wird in ihrer Abwesenheit besprochen. Die Tagesschau ist dabei mit unterschiedlichen Teilschritten ein vorteilhafter Baustein am Ende eines Tagesgeschehen. Alle Gruppenmitglieder treffen sich für eine letzte Runde, um zur Ruhe zu kommen und um den Tag gemeinsam Revue passieren zu lassen. Bei langen Freizeiten kann die Tagesschau als „Ritual" eingeführt werden.

5.8.1. Bildershow

Die technische Weiterentwicklung von Fotoapparaten hat den Programmablauf unserer Tagesschau erweitert. Mit Hilfe einer digitalen Kamera und eines Beamers ist es mittlerweile möglich, sofort am Freizeitort aktuelle Bilder des Erlebten auf der Leinwand zu sehen und nach zu erleben.
Sicherlich hängt es auch vom Wert einer Kamera ab, ob ausschließlich Leitungspersonen oder auch Freizeitteilnehmer fotografieren. Wenn aber auch Jugendliche die Kamera in ihre Hand nehmen dürfen, wird die Bildauswahl um die Sichtweise der Teilnehmer erweitert. Schließlich gibt es Situationen, bei denen nicht immer alle da sind. So ist es bei der Bildershow interessant zu sehen, was sich sonst noch alles am Tag ereignet hat.

Bei einer solchen Bildershow sind verschiedene Präsentationsmodelle denkbar:

Drei bis vier Bilder
Kurz vor Beginn der Tagesshow sichtet ein Teamer alle Bilder und wählt unter diesen drei bis vier Bilder für die Show aus. Dabei können diese unter dem Motto stehen: Das Witzigste, das Aufregendste oder das Kreativste des Tages.

Rund um Zimmer 3
Bei dieser Präsentation wird der Fokus auf die Personen gerichtet, die zusammen ein Zimmer bewohnen. Wenn Jugendliche mit der Kamera fotografieren, sollte erst bei der Präsentation das Thema genannt werden, um zum Beispiel keine künstliche Situation zu erzielen.
Diese Art der Präsentation kann helfen, bestimmte Personen für einen Moment in den Vordergrund zu stellen, die ansonsten am Rande des Gruppengeschehens stehen. Hierbei müssen die Bilder mit sensibler Sorgfalt ausgewählt werden, um die betreffende Person gegebenenfalls vor der Gruppe nicht bloß zu stellen.

Alle Bilder
Natürlich können auch alle fotografierten Bilder der Gruppe gezeigt werden. Hierbei muss allerdings abgewägt werden, wie reizvoll dann ein Nachtreffen ist, bei dem dann noch einmal alle Bilder den Teilnehmern und Eltern gezeigt werden.

5.8.2. Feedback-Runde

Der Begriff Feedback stammt aus dem Englischen und bezeichnet ursprünglich die Rückmeldung oder „Rückfütterung" von Informationen. In der Feedback-Runde trifft sich die gesamte Gruppe, und die Teilnehmer geben sich gegenseitig Rückmeldung von ihren Eindrücken. Das Feedback hat den gemeinsam erlebten Prozess in der Gruppe und zwischenmenschliche Vorgänge von zwei oder mehr Personen zum Gegenstand. Die dabei gemachten Äußerungen helfen bei der Klärung und Verbesserung der zwischenmenschlichen Beziehungen und führen zu einem wechselseitigen Verstehen. Wichtig ist folgende Aussage: Die Teilnehmer an einer Feedback-Runde sind alle gleichrangig. Jeder hat die Möglichkeit, etwas beizutragen.

Dabei haben die gesendeten Aussagen vier verschiedene Ebenen: Inhalt, Selbstmitteilung, Beziehung und Appell (vgl. Schulz von Thun 1991). Einer geäußerten Feedback-Mitteilung wird ein Empfänger demnach nicht gerecht, wenn er ausschließlich eine Handlungsaufforderung in der Botschaft sieht.

Beispiel: „Ich finde es nicht gut, dass ich Tischdienst machen muss, denn Zuhause brauche ich auch nicht in der Küche zu helfen." Die Konsequenz kann nicht darin bestehen, den entsprechenden Teilnehmer aufgrund dieser Aussage an den folgenden Tagen vom Tischdienstplan zu streichen. Vielmehr geht es um ein Hören in der und für die Gruppe. Zum Beispiel tut sich dieser Teilnehmer mit seiner zur Freizeit gehörenden Aufgabe schwer (Selbstmitteilung).

Ziel des Feedback

Geht man der Frage nach, was Feedback bewirken soll, so kann die Antwort in sieben Punkten zusammengefasst werden:
Feedback…
1. verdeutlicht Positionen
2. schafft eine Gegenüberstellung von Selbst- und Fremdwahrnehmung
3. korrigiert Phantasien und Interpretationen
4. bindet an konkrete Situationen an
5. schafft gegensätzliche Identifikationen
6. informiert über gegenseitige Beziehungen und klärt sie
7. bewirkt positive Veränderungen und positives Verhalten

Bedingungen für ein Feedback

Im folgenden sind Bedingungen für eine erfolgreiche Feedback-Runde beschrieben:

1. Feedback muss erbeten sein.
An der Feedback-Runde nehmen alle freiwillig aus der Gruppe teil. Wir haben die Erfahrung gemacht, dass feedback-ungeübte Teilnehmer in der ersten Runde wenig von sich und dem Erlebten erzählen mögen. Wenn jedoch diese Runde zum Ritual eines Tagesablaufes gehört und aus ihr wichtige Einsichten für das eigene Verhalten und Erleben gewonnen werden, beteiligen sich bald alle Gruppenmitglieder an dieser Methode. Durch das gemeinsame Gespräch ergeben sich neue Wirklichkeiten, die wiederum Gegenstand des Gruppenprozesses sein können.

2. Feedback muss zum richtigen Zeitpunkt sein.
Die Gruppe kommt nach einem gemeinsam erlebten Tag zusammen. Das Gefühlte, das Innere des Einzelnen wird der Gruppe transparent gemacht. Jetzt besteht die Chance, sich als Sender einer Nachricht auf eine ihm wichtige Situation zeitnah zu beziehen, statt diese rekonstruierend Wochen später zu reflektieren.

3. Feedback muss angemessen sein.
Der Inhalt einer Aussage sollte sachlich nachprüfbare Beobachtungen beschreibend zum Gegenstand haben. Bei Rückmeldungen zwischenmenschlicher Vorgänge sind Taktgefühl und Behutsamkeit vom Sender angebracht, auch wenn eine solche sensible Kommunikationsform nicht davor bewahrt, dass ein Empfänger unwirsch auf solche Eindrucksschilderungen reagiert.

4. Feedback muss brauchbar sein.
Der Sender eines Feedbacks hat eine schwierige Aufgabe. Er spricht subjektiv seine Eindrücke, gegebenenfalls auch über einzelne Teilnehmer, aus. Diese Eindrucksschilderungen beruhen auf persönlicher Wahrnehmung, und können daher niemals falsch sein. Wenn ein Empfänger sagt: „Mit dem, was ich von dir höre, kann ich nichts anfangen", kann das mehrere Ursachen haben. Zum einen blockt er möglicherweise einfach ab, er will sich damit nicht beschäftigen. Andererseits ist vielleicht die Aussage des Senders so konfus oder unverständlich, dass der Empfänger wirklich erst einmal nichts damit anfangen kann. Ihm fehlt eine „Übersetzung". Daher sollte der Sender versuchen, sich in das Denken und Fühlen des Gegenübers hineinzuversetzen, damit das Feedback aufgenommen werden kann. Wenn der Empfänger das Feedback versteht, war der Sender erfolgreich.

5. Feedback muss klar und deutlich sein.
Der Sprecher drückt sich klar und gezielt aus. Mit verschwommenen und vagen Aussagen kann der Feedback-Empfänger nichts anfangen. Hier spielt der Punkt des brauchbaren Feedbacks eine wichtige Rolle.

6. Feedback muss konkret sein.
Allgemein gehaltene Sätze, wie zum Beispiel „Das Programm am Vormittag hat mir keinen Spaß gemacht", liefert dem Empfänger nur ein Gefühl des Senders. Jedoch wird bei einer solchen Rückmeldung nicht deutlich, was spezifisch keinen Spaß gemacht hat. So entwickeln sich beim Hörer mannigfaltige Phantasien darüber, was Auslöser für das Gefühl des Senders sein mögen.

7. Feedback muss kurz sein.
Jeder ist bemüht, in wenigen Sätzen den anderen seine Situation zu beschreiben und darzustellen. Gerade in großen Gruppen und wenn jeder einen Beitrag leistet, ist ein kurzes Feedback wichtig. Es ist immer daran zu denken, dass jeweils nur eine Person spricht. Bei dreißig Personen in einer Gruppe kann ein Feedback dann schon sehr lang ausfallen.

8. Feedback wird nicht kommentiert.
In dieser Runde ist gerade bei Aussagen mit emotionalen Aspekten die Versu-

chung groß, diese zu kommentieren. Das ist nicht gestattet, denn jeder hat ein
Recht darauf, seine in der Freizeit gemachten Entdeckungen beschreibend zu
äußern, für die jeder selbst verantwortlich ist. Ob und welche Konsequenz der
Empfänger aus einem Feedback zieht, ist allein seine Entscheidung. Ein Feedback
führt nicht automatisch und sofort zu einer völligen Veränderung der Person,
seines Charakters oder seines Handelns. Aber das Nachdenken über das Gehörte kann bereits einen Prozess zur Veränderung einleiten.

Methoden für Feedback

Bei Freizeiten mit nur maximal zwei Übernachtungen findet bei uns eine Feedback-Runde für die Gesamtdauer der Freizeit statt. In der Regel lassen sich zwei Tage für die am Prozess beteiligten Personen gut reflektieren.

Bei Freizeiten mit einer Dauer von mehr als zwei Übernachtungen bietet sich eine regelmäßige Feedback-Runde als Ritual beziehungsweise als Baustein an, um die aktuelle Stimmungslage und den gemeinsamen Gruppenprozess im Blick zu haben. Da der Tagesverlauf viele verschiedene Eindrücke mit sich bringt, trifft sich die Gruppe zum gemeinsamen Feedback am Ende eines Tages.

Feedback-Würfel

Zielgruppe für einen Feedback-Würfel sind Jugendliche. Wir benutzen einen selbstgebauten Würfel aus Holz mit den Maßen 15 x 15 cm. Der Feedback-Würfel hat sechs verschiedene Gesichtsausdrücke, denen ein Gefühl zugeordnet wird. Die Bilder sind an die sogenannten „Smileys"/„Faces" angelehnt. Die Beschreibung der Gesichter und ihrer möglichen Bedeutungen ist in etwa:

Ein strahlendes Gesicht	mir geht es strahlend, weil… / ich stimme voll zu …
Ein fröhliches Gesicht	mir geht es gut, weil… / ich stimme zu …
Ein Strichmund	ich weiß nicht so recht… / dazu habe ich keine Meinung …
Ein erstaunter Mund	ich bin erstaunt über… / warum ist das so …
Ein trauriges Gesicht	ich bin traurig über… / mir geht es schlecht, weil …
Ein wütendes Gesicht	ich bin wütend über… / ich stimme überhaupt nicht zu …

Beim ersten Feedback mit diesem Würfel werden die Bedingungen oder Regeln geklärt. Es gibt eine Einführung in die Gesichter mit ihren Bedeutungen. Dann wird der Würfel reihum gegeben. Jeder Teilnehmer sucht sich ein Gesicht aus, das seiner persönlichen Stimmungslage entspricht. Ein Beispiel: Ein Teilnehmer zeigt das strahlende Gesicht und sagt: „Mir hat heute besonders der Radausflug gefallen." Dann wechselt er zum erstaunten Gesicht und sagt: „Ich hätte nicht gedacht, dass mir Erbsensuppe so gut schmecken kann, wenn sie in der Gruppe gekocht wird."

Tipp

Vor dem Feedback gibt die Tagesleitung einen kurzen und neutralen Bericht über den Tag, was wann wo war, um diesen Tag noch einmal vor dem inneren Auge aller vorbeigleiten zu lassen.

Bettlaken
Um dem Spieldrang der Kinder entgegenzukommen, sind die sechs oben beschriebenen Gesichter auf sechs verschiedenen Bettlaken aufgemalt. Auch hier wird vor dem Feedback ein Tagesablauf geschildert. Es wird ruhige, meditative Musik eingespielt. Die Kinder nehmen sich Zeit und setzen sich schließlich auf das Bettlaken, das ihrem Gemütszustand entspricht. Wenn alle ihren Platz auf den Gesichtern gefunden haben, wird die Musik ausgestellt. Die Tagesleitung geht von Gesicht zu Gesicht und fragt die Kinder, was sie bewogen hat, sich gerade auf dem Bild niederzulassen.

Materialtipp
Um so schöner die Tücher gemalt sind, desto besser werden sie angenommen und um so sorgfältiger gehen die Kinder mit den Tüchern um.

Wetterkarte
Auf ein großes Tuch (Betttuch) wird der Freizeitort aufgemalt. Entsprechend der Wetterkarte werden aus Tonkarton, Moosgummi oder Holz Symbole hergestellt: Sonnen, Regenwolken, Blitze usw. Die Gruppenmitglieder nehmen sich eine Schablone und legen sie auf die Wetterkarte. Sie können dabei kurz sagen, warum sie dieses oder jenes Symbol gewählt haben.

Sonne	mir geht es gut, weil… / schön fand ich heute …
Regenwolken	ich bin traurig über… / schlecht fand ich heute …
Blitz	ich bin wütend über…

Tipp
Die Anzahl der Symbole muss der Teilnehmerzahl entsprechen, denn jeder muss die Möglichkeit besitzen, eine Sonne, eine Regelwolke oder einen Blitz legen zu können. Diese Feedback-Runde kann nach drei, vier oder fünf Beiträgen mit einem Lied aufgelockert werden. Ein Vorschlag von uns: Wolken oder Sonnenschein (vgl. Schlaudt 2000).

5.8.3. Andacht

Für die meisten Teilnehmer stehen Gemeinschaftserfahrungen im Mittelpunkt einer Freizeit: Sie lernen sich kennen, tauschen sich miteinander aus, helfen sich einander in mannigfaltigen Situationen und teilen miteinander Freude, Begeisterung sowie Kummer und Tränen. Leben zeigt sich in Fülle. In der Begegnung mit anderen werden persönliche Lernprozesse gefördert, so dass vieles in einem neuen Licht erstrahlt. Diese Gemeinschaftserfahrungen als „sinnstiftende" Angebote prägen das Sozialverhalten, geben eine persönliche Orientierung und entfalten die Identität junger Menschen.
Christliche Gemeinschaft meint darüber hinaus auch immer die Gemeinschaft mit Gott. Durch Offenheit gegenüber Erlebnissen kann die Nähe Gottes spürbar und somit Glaubenserfahrung ermöglicht werden. Glaubenserfahrungen beinhalten stets religiöse Erfahrungen, aber nicht alle religiösen Erfahrungen sind Glaubenserfahrungen. Junge Menschen sehnen sich durchaus nach religiösen Erlebnissen,

und so ist es die Aufgabe von kirchlichen Freizeiten, hierfür einen Raum zu schaffen.

Die Andacht als praktizierter religiöser Erlebnisraum bringt Gemeinschaftserfahrungen vor Gott zur Sprache und lässt die Gruppe sprachfähig werden im Glauben. Daneben hat sie auch eine missionarische und diakonische Funktion. Ein christliches Leitungsteam ist dafür verantwortlich, die biblische Botschaft und den Glauben an junge Menschen weiterzugeben (Mt 28,19-20). In einer säkularisierten Gesellschaft hören viele Teilnehmer einmal (wieder) vom Glauben anderer. Die Chance der Andacht liegt darin, Menschen mit der guten Nachricht zu erreichen und ihnen den eigenen Glauben als wertvoll nahe zu bringen. Freizeiterlebnisse wie zum Beispiel Begegnung mit anderen, Staunen über die Natur, Teilen von Lebensmitteln, Freude an gemeinsamen Aktionen werden in der Andacht aufgenommen und mit dem Hintergrund der biblischen Botschaft in Beziehung gesetzt. So kann beispielsweise ein ökologisches Handeln bei Kanu- oder Segelfreizeiten eine christlichen Verantwortung gegenüber Gottes Schöpfung zum Ausdruck bringen.

Durch Diakonie wird ein Heilungsprozess in Gang gesetzt bzw. unterstützt, sie verhilft den Menschen zu einem „ganzen" Mensch-Sein. Heilung findet im individuellen Bereich statt, wenn die Andacht beim Menschen selbst ansetzt. So können zum Beispiel Stärken und Schwächen Einzelner oder Streit und Versöhnung in der Andacht behutsam, aber durchaus bewusst, zur Sprache kommen, da diese Themen auch immer einen zentralen Platz im Christentum haben.

Indem Andachten auf Freizeiten gefeiert werden, unterscheiden sie sich von anderen Gruppenfahrten.

5.8.3.1. Impulse zur Vorbereitung einer Andacht

Wenn junge Menschen in ihrem Innersten angerührt sein sollen, dann müssen Andachten sorgfältig vorbereitet werden. Schließlich geht es nicht um eine seelenlose Pflichtübung, sondern um die Chance, Gott einmal anders zu erleben und zu feiern als zu Hause.

Zeitpunkt

Es ist wichtig, bereits bei der Vorbereitung einer Freizeit die Andacht als einen festen Programmpunkt einzuplanen. Es gibt immer wieder äußere Umstände, die dazu zwingen, das Programm spontan zu ändern. Die Andacht als ein guter Wille für religiöse Erziehung wird dann zu leichtfertig den neuen Zwängen geopfert. Wenn sie jedoch einen festen Bestandteil der Freizeit darstellt, kann sie die Freizeitleitung zu einem anderen Zeitpunkt wieder einfügen.

Auf unseren Freizeiten hat sich der Abend als ein geeigneter Zeitpunkt bewährt. Der Tag mit seinen Erlebnissen klingt aus, und die Gruppe kann zur Ruhe kommen.

Textauswahl

Hier gilt der Grundsatz, dass der ausgewählte Text am Leben der Teilnehmer orientiert ist und einen Bezug zur Freizeit herstellt. Der Ausgangspunkt ist die Situation in der Gruppe sowie die Interessen und Bedürfnisse der Zielgruppe. Dabei müssen es nicht nur Bibeltexte sein, auf die sich ein Vorbereitungskreis bezieht. Auch Kurzgeschichten, Liedertexte, Symbole oder Bilder können helfen, die gewünschte biblische Botschaft zu vermitteln.

Textverständnis
Nach dem ersten Lesen eines Textes kann sich der Leser die Frage stellen, was dieser Text aussagt und vermittelt. Hierbei kann die Methode des Brainstormings ein möglicher Schritt sein, einen Text kennen zu lernen: Alle Gedanken, die dem Leser zum Text spontan einfallen, werden aufgeschrieben.
Beim zweiten Lesen können lange Textpassagen in Abschnitte oder Szenen eingeteilt werden. Es wird darauf geachtet, was die Kernaussage im Text ist, und welche Worte oder welcher Satz von großer Bedeutung ist. Dabei ist zu berücksichtigen, dass diese Eindrücke auf diese Fragen zu unterschiedlichen Zeiten variabel sein können.
Folgende Leitfragen können beim Verstehen des Textes weiterhelfen:

Was ist der Kern der Aussage?
Welche Orte und Personen des Geschehens kommen vor?
Was machen die handelnden Personen?
Welche Zeit des Geschehens wird genannt?
Welche Szenen und Höhepunkte werden geschildert?
Welche Gefühle löst der Text spontan aus?
Welche neuen oder ungewöhnlichen Sichtweisen bietet der Text?
Welche Begriffe und Aussagen sind unverständlich?

Bei der Erarbeitung von Bibeltextstellen gilt grundsätzlich, eine gut lesbare neue Bibelausgabe zu verwenden, die auch Erklärungen und Sachinformationen zu den Bibeltextstellen beinhaltet. Manchmal ist es hilfreich, ein Stichwortverzeichnis aufzuschlagen, Landkarten zu betrachten, Parallelstellen, auf die manche Bibelausgaben verweisen, oder auch die Abschnitte vor und nach dem betreffenden Text zu lesen.
Ein weiterer Schritt kann sein, sich in bestimmte Personen (-gruppen) oder Situationen hinein zu versetzen: Wie lebt diese Person, welche Gedanken mögen ihr durch den Kopf gehen, was verändert sich in der beschriebenen Situation für sie? Gibt es Identifikationen mit einzelnen Personen und Situationen?
Schließlich wird überlegt, welche Erfahrungen die beschriebenen Menschen mit Gott und seinem Handeln machen.
Nach dieser Textbetrachtung wird überlegt, was dieser Text für einen selbst und dann weiter für die Zuhörer aussagt.

Textauslegung
Erst wenn diese Fragen geklärt sind, kann überlegt werden, welche der gewonnenen Erkenntnisse das Interesse der Freizeitteilnehmer weckt. Die beim Brainstorming gemachten Notizen werden wieder zur Hand genommen und mit den Ergebnissen zum Textverständnis verglichen. Dabei können Unterschiede in Textverständnis und Interpretation deutlich werden. Wenn der Text zu viele Fragen aufwirft und unterschiedliche Ergebnisse nicht aufgelöst werden können, ist der Text

eventuell zu schwierig für eine Andacht. Dann ist es besser, sich einem anderen Text zuzuwenden, als sich momentan mit der Erstwahl weiter zu beschäftigen. Sind jedoch die Ergebnisse zufriedenstellend, müssen alle Gedankengänge in eine logische Reihenfolge gebracht werden. Der rote Faden muss erkennbar bleiben. Das ist besser, als alle in dem Text enthaltenen Themen anzusprechen und dadurch die Hörer (und sich selbst) zu verwirren und abzulenken. Es gilt die Regel: Weniger ist mehr. Eine Auslegung sollte so konkret wie möglich sein. Sie benennt das Hauptthema und Gottes Wirken im Text.

Ablauf

Nachdem das Thema durch die Textauswahl und -auslegung festgelegt ist, kann der Rahmen der Andacht überlegt werden. Die Dauer der Andacht sollte 20 Minuten nicht überschreiten.

Lieder und Gebete beziehen sich immer auf die Textauslegung. Manchmal sind Textaussagen auch ohne verbindende Worte so klar, dass auf eine Auslegung verzichtet werden kann. Eine entsprechende Entscheidung darüber hängt sicherlich auch von der jeweiligen Gruppenkonstellation und -situation ab. Ein möglicher Ablauf kann wie folgt gestaltet sein:

BEGRÜSSUNG
LIED
Einstimmung zum Thema – Interesse der Zielgruppe wecken
(Bibel-)Text, Symbol und/oder Bild
evtl. Auslegung
evtl. mit einer Aktion verknüpft
LIED
GEBET
SEGEN

Atmosphäre

Bei einer Freizeitandacht achten wir darauf, dass alle im Kreis sitzen und keiner außen vor ist. Die Mitte des Kreises ist dabei anschaulich gestaltet: Auf einem schönen Tuch steht ein Kreuz als Zeichen für die Verbindung Gottes mit den Menschen und der Menschen untereinander. Eine Kerze brennt als Zeichen für die Gegenwart Gottes in der Welt und daneben stehen frische Blumen als Zeichen für das Leben, das Gott schenkt. Natürlich kann der Raum dem Anlass entsprechend verändert werden, der Phantasie sind keine Grenzen gesetzt.

Um keine äußeren Störungen in der Besinnung zu produzieren, wird das benötigte Material vor der Andacht zurecht gelegt. Das Lied zu Beginn lädt ein, zur Ruhe zu kommen. Gegebenenfalls wird noch einmal auf die Sitzhaltung hingewiesen, denn wenn Arme oder Beine „einschlafen", kann sich die betreffende Person nicht konzentrieren und lenkt womöglich alle anderen auch noch ab.

Beim Hören des Textes oder Sehen des Bildes muss den Teilnehmern Zeit zum Nachdenken und -spüren gelassen werden. Texte müssen langsam und deutlich gelesen werden. Texte lassen sich gut erfassen, wenn sie mit Betonung gelesen werden. Wörtliche Rede, einzelne Handlungen oder kontrovers klingende Aussagen können so zum Ausdruck kommen. Bei Andachten, die auf die Wortmeldun-

gen der Teilnehmer bauen, muss darauf geachtet werden, dass diese von den anderen respektiert und nicht abgewertet werden. Das Element der Meinungsäußerung sollte als Einladung formuliert werden, und keinen Zwang auslösen.
Alle Andachten brauchen nicht allein durch die Freizeitleitung vorbereitet werden. So kann eine Andacht mit entsprechender Begleitung von den Kindern und Jugendlichen selbst vorbereitet werden.

5.8.3.2. Typische Themen für eine Freizeitandacht

Im folgenden Teil stellen wir fünf Themen vor, die typisch für eine Freizeitsituation sind. Hinweise auf Bibeltextstellen, Literatur- und Bildmaterial und Aktionen sollen helfen, eigene Ideen für die Andacht zu entwickeln.

Abschied
Situationsbeschreibung:
Eine Fahrt geht zu Ende. Ambivalente Gefühle von Freude und Trauer kommen bei den Gruppenmitgliedern auf. Einerseits muss die Gruppe Abschied nehmen vom Freizeitort, von der Freizeitsituation oder von einzelnen Freizeitteilnehmern, weil sie an unterschiedlichen Orten wohnen. Die vergangenen Tage haben ihren eigenen Wert erhalten. Unter Tränen äußern einige Gruppenteilnehmer, dass es schwer fällt, diese Eindrücke loszulassen.
Abschied bedeutet aber auch immer Aufbruch. Am Ende der Freizeit ist es ein Aufbrechen in die Alltagssituation und ein Zusammentreffen mit Eltern, Geschwistern und Freunden, die nicht mitgefahren sind.

Bibelstellen als Beispiele:
1 Mo 12,1-6: Abrahams Aufbruch aus der Heimat.
Ruth 1,1-17: Die Schwiegermutter Noomi kehrt heim.
Pred 3,1-8: Auch Abschied nehmen hat seine Zeit.

Literaturtipp sowie mögliche Aktionen:
„Die Perlenkette" von Josef Wiedersatz (in: Schnitzler-Forster 1995, S. 53-54).
Passend zur Geschichte wird eine Perlenkette aus den Namen aller Teilnehmer angefertigt, aus der zum Schluss alle einzelne Perlenstücke zum Andenken erhalten.

„Frederick" von Leo Lionni (Lionni 1999).
Jeder malt auf Papier eine Sonne. Die Anzahl der Sonnenstrahlen entsprechen der Gruppengröße minus eins, weil in die Sonnenmitte der eigene Name notiert wird. Zu ruhiger Musik wird die Gruppe eingeladen, auf die Sonnenstrahlen Kurznachrichten an die entsprechende Person zu senden, wie zum Beispiel „es war schön, mit dir die Freizeit zu verbringen", oder „danke für das Gespräch bei der Bergwanderung". Auch Jahre später ist es schön, diese Sonnenstrahlen zu lesen und sich an die Freizeit zu erinnern.

Steine, die ins Wasser geworfen werden, ziehen Kreise. Auch Freizeiterlebnisse ziehen Kreise. Jeder Teilnehmer hat sich vor der Andacht einen Stein gesucht, der nun in das Wasser geworfen wird. Dabei kann laut für die anderen in Worte gefasst werden, welche Ereignisse besonders in Erinnerung bleiben und somit Kreise ziehen sollen.

Ferien
Situationsbeschreibung:
Nun beginnt für viele die schönste Zeit des Jahres, die Urlaubszeit. Es ist Zeit, Abstand vom Alltag zu bekommen, Zeit zur Entspannung und zum Ausruhen, Zeit, um neue Eindrücke zu sammeln. Die Gruppe ist offen gegenüber neuen Erfahrungen und auch Gotteserfahrungen.

Bibelstellen als Beispiele:
Ps 104: Sich Zeit nehmen für Gottes Schöpfung.
Mt 11,28-30: Jesus gibt dem Leben wieder Freude.
Mk 6,30-32: Auch die Jünger brauchten Zeit der Entspannung.

Literaturtipp sowie mögliche Aktionen:
„Anekdote zur Senkung der Arbeitsmoral" von Heinrich Böll (in: Evangelischer Presseverband 1999, S. 218-219).
„Der Traum von der Glaskugel" von Helmut Heiserer (in: Hoffsümmer 1998, S. 128-129).
Als Aktion wird jedem Teilnehmer eine Murmel geschenkt. In der Hand wird sie betrachtet.
Anschließend werden die Einzelnen eingeladen, sich in den Ferien Zeit zu nehmen für Spielen, Träumen, Entspannung und Lebensfreuden. Dann darf man sich auch von Alltagssorgen ausruhen.

„Sich Zeit lassen" aus: Der kleine Prinz von Antoine de Saint-Exupéry, Kapitel XXII. (Saint-Exupéry 1983).

Geben und Nehmen
Situationsbeschreibung:
Eine Gruppe lebt vom gegenseitigen Geben und Nehmen. Wenn jemand immer nur an sich denkt, immer nur seinen Interessen nachgeht, ohne dabei Rücksicht auf die anderen zu nehmen, herrscht bald eine gespannte Gruppenatmosphäre. Eine Gemeinschaft lebt vom gegenseitigen Geben und Nehmen. Die Gruppenmitglieder haben Teil an Freude, Lachen, Liebe und Weinen.

Bibelstellen als Beispiele:
Mt 25,31-40: Werke der Barmherzigkeit.

Literatur- und Bildertipp sowie mögliche Aktionen:
Bild „Falkenburger Allegorie" von Hartmut R. Berlinicke (zu beziehen über das Lutherstift in Falkenburg; http://www.lutherstift.de) Dieses Bild zeigt die sechs Werke der Barmherzigkeit: Hungrige zu speisen, Durstige zu tränken, Fremdlinge zu beherbergen, Nackte zu bekleiden, Kranke zu besuchen und zu den Gefangenen gehen (Mt 25,31-40). Der Maler hat diese um ein weiteres Werk ergänzt, die Begrabung von Toten. Mit Hilfe dieses Bildes können sich die Andachtsbesucher da-

rüber austauschen, was ihnen leicht bzw. schwer fällt, anderen zu geben bzw. von anderen zu nehmen.

Bild „Kind an der Hand" von Hans Georg Annies und
Text „Es sagte einmal die kleine Hand zur großen Hand" von Gerhard Kiefel
Im Bild sind zwei Hände zu sehen, die sich beide gegenseitig brauchen. Die große Hand schenkt der kleinen Hand Vertrauen, Liebe und Geborgenheit. Aber die kleine Hand nimmt nicht nur, sondern schenkt und teilt wie die große Hand.
Auch unsere Hände sind geborgen in Gottes Hand.

„Die kleinen Leute von Swabedoo", ein Märchen aus Irland (in: Hoffsümmer 1992, S. 87-88).
Nach der Geschichte erhalten alle ein kleines Pelzchen, das in den folgenden Tagen an andere verschenkt werden darf.

Wichteln ist auch eine Form des gegenseitigen Geben und Nehmens. In einen Behälter kommen Namenszettel aller Gruppenmitglieder. Dann wird nacheinander ein Namenszettel gezogen. Wer seinen eigenen Namen zieht, legt den Zettel zurück und nimmt sich einen neuen Namenszettel. In den folgenden Tagen besteht die Aufgabe darin, dem anderen etwas Gutes zu tun, zum Beispiel dem anderen in einer besonderen Situation behilflich sein, ein paar nette Worte aufschreiben und in den Schlafsack legen, mit der Person einen Spaziergang unternehmen.
Nach einigen Tagen kann dieses Thema wieder im Zentrum der Andacht stehen. Vielleicht gibt es welche, die sich als Schenkender zu erkennen geben möchten oder die sich als Beschenkte bedanken möchten.

Gemeinschaft
Situationsbeschreibung:
Eine Fahrt beginnt. Am Anfang ist noch alles neu, viele verschiedene Fragen gehen den Teilnehmern durch den Kopf: Wie mag die Fahrt werden? Werde ich von den anderen angenommen? Wie sind die Betreuer?
Am ersten Tag lernen sich alle kennen. Damit eine Gemeinschaft entsteht, müssen sich alle in die Gruppe einbringen und an festgelegte Regeln halten. Einige möchten dabei stets im Mittelpunkt stehen, andere wiederum verlieren sich gern im Hintergrund. Doch für die Gruppe ist jeder Einzelne mit seinen Stärken und Schwächen wichtig.

Bibelstellen als Beispiele:
Joh 13,34-35: Das Gebot der Nächstenliebe stiftet Gemeinschaft.
Röm 12,10-11 + 15-21: Die eigenen Gaben für andere einsetzen – so gelingt das Miteinander.
1 Kor 12,14-26: Alle Glieder sind für die Gemeinschaft wichtig.

Literatur- und Bildertipp sowie mögliche Aktionen:
„Das alte Mühlrad", Autor unbekannt (in: Hoffsümmer 1992, S. 122).
„Die kleine Schraube" von Rudyard Kipling (in: Hoffsümmer 1998, S. 120).
Zu beiden Geschichten passt das Bild des Mobiles. Jedes Element ist mit dem an-

deren verbunden. Ein Wort oder eine Aktion des einen löst eine Reaktion bei dem anderen aus. Wenn die Freizeit gelingen soll, müssen alle wie beim Mobile zusammenhalten. Alle sind aufeinander angewiesen und jeder nimmt Rücksicht auf den anderen. Das Mobile ist an einem zentralen Punkt festgemacht, der für uns Gott ist. Wer ihm vertraut, ist nicht allein.

Ein anderes Bild ist das Netz, das verbindet. Einzelne Fäden ergeben noch keinen Halt, jedoch viele zusammen bilden ein Netz, das eine Gemeinschaft trägt. Die Gruppe benötigt für das Gelingen einer Fahrt die Fähig- und Fertigkeiten aller. Die Mitte des Netzes ist Gott, der einen festen Standpunkt in der Welt bietet, Geborgenheit schenkt und die Fahrt mit seinen Segen begleitet.

„Swimmy" von Leo Lionni (Lionni 1991).
Nur zusammen schaffen es die kleinen Fische, einen großen Fischschwarm nachzubilden, der ihnen Mut macht, die großen Wunder des Meeres zu erkunden.
In der Andacht wird ein großer Fisch angefertigt, der entsprechend der Teilnehmerzahl aus vielen kleinen einzelnen Fischen besteht. Jeder einzelne, egal welchen Platz er im Gesamtbild einnimmt, ist mit seinen Fähig- und Fertigkeiten wichtig.

Streit und Konflikte
Situationsbeschreibung:
Auf jeder Freizeit kommt es zu gegebener Zeit zu Spannungen unter den Teilnehmern. Sie entstehen immer dann, wenn unterschiedliche Interessen aufeinander treffen. Je intensiver jemand seine eigenen Bedürfnisse ausleben will, desto mehr entstehen Streitigkeiten. Solche Situationen können das Gemeinschaftsleben stark beeinträchtigen, so dass eine Streitschlichtung im Interesse aller sein dürfte. Eine Andacht zu diesem Thema bietet die Möglichkeit, den Teilnehmern Situationen zu verdeutlichen, in denen Menschen einerseits nicht im Sinne von Gottes Liebe und andererseits aus dieser Liebe heraus gehandelt haben.

Bibelstellen als Beispiele:
1 Mo 13: Abraham und Lot trennen sich, um in Frieden zu leben.
1 Mo 37,12-36: Die Brüder mögen Josef nicht.
Röm 12,17-21: Ein Neuanfang ist manchmal nur möglich, wenn eine Seite nachgibt.

Literatur- und Bildertipp sowie mögliche Aktionen:
„Die sieben Stäbe", nach einer Legende
(in: http://www.campus-d.de/impulse/archiv/19993/art_sieb.htm; Ref. 08.03.2003)
„Die beiden Böcke", Autor unbekannt.
(in: http://gutenberg.spiegel.de/haltrich/maerchen/107.htm; Ref. 08.03.2003)

„Die Brücke" von Natalie Oettli (in: Hoffsümmer 1992, S. 100-101).
Die Geschichte wird gelesen bis zu dem Abschnitt „…lief wieder auf die Straße, zur Abwehr bereit." Zusammen mit der Gruppe wird überlegt, wie die Geschichte weitergehen könnte.

Eventuell wird zum Schluss das Ende der Geschichte vorgelesen. Aus verschiedenen Materialien lassen sich Brücken bauen, die als Bild für Versöhnung im Raum stehen können.

5.9. Freizeitgottesdienst

Der Sonntag als siebter Schöpfungstag in der Woche lädt zur Ruhe, Besinnung und zur Unterbrechung des Arbeitsalltages ein (1 Mo 2,2-3). Seit fast 2000 Jahren feiern Christen an diesem Tag Gottesdienst. Gottesdienst schafft einen Raum für Gottes Nähe. Um diese Nähe menschlich zu begreifen und zu entdecken, reicht es nicht aus, im Gottesdienst nur mit den Ohren zu hören. Auch die Augen sollen sehen, der Mund schmecken, die Nase riechen und der Körper spüren. Dann ist der Mensch in seiner Ganzheit Ernst genommen.

Auch wenn während der Freizeit der sonst übliche Alltagsrhythmus unterbrochen ist, bietet eine solche Fahrt Raum und Zeit, einen Freizeitgottesdienst als lebendiges Geschehen zu feiern. Damit wird nicht nur die Tradition des Sonntagsgottesdienstes an junge Menschen weitergegeben, sondern auch der christliche Glaube. Einige Impulse hierzu sind bereits im Kapitel über die Vorbereitung einer Andacht geschrieben worden.

5.9.1. Grundbausteine eines Freizeitgottesdienstes

Der Ablauf eines Freizeitgottesdienstes kann sehr unterschiedlich und kreativ gestaltet sein, dabei kann er sich an sieben Grundbausteinen orientieren:

Raum
Die Raumgestaltung strahlt eine Atmosphäre des Fröhlichseins und des feiernden Zusammenseins aus.

Zusammenkommen und Eröffnung
Die Freizeitteilnehmer und -leiter kommen mit ihren individuellen Situationen zusammen.
Die Gottesdienstbesucher werden in freier Form begrüßt. Ein Lied am Anfang ist nicht nur Verkündigung eines Liedtextes, sondern spricht durch die Musik die Gefühle an. Dieses emotionale Erleben kann helfen, von Gottes Nähe ergriffen zu werden. Dieser Baustein kann mit der trinitarischen Formel abschließen: Im Namen des Vaters und des Sohnes und des heiligen Geistes. Amen

Sich Gott zuwenden
Im Gebet wird Gott erzählt, was die Gruppe mit Lob, Dank, Bitte und Klage bewegt. Anschließend kann ein Lied gesungen werden.

Der erste Teil des Freizeitgottesdienstes will Leib und Seele ankommen lassen, mit allem, was die Gruppe erlebt hat. Jeder Einzelne ist Gott willkommen, so wie er geschaffen ist.

Verkündigung hören

Verkündigung meint hier nicht nur von Gott und dem Glauben der Menschen zu erzählen. Neben dem erzählten Wort gibt es viele andere erfahrbare Formen der Verkündigung, die auch das Auge, den Mund, die Nase und den Körper „ansprechen". Kreative Gestaltungsmöglichkeiten, wie zum Beispiel Salben, Musizieren, Schmecken, Spielen oder Gestalten, können zur ganzheitlichen Verkündigung beitragen.

Antworten und Bekenntnis

Die Kinder und Jugendlichen eignen sich die Botschaft an. Sie können die Verheißung aufnehmen, beantworten und vertiefen, weil kreative Methoden ihnen eine ganzheitliche Begegnung mit ihrer Lebenswelt ermöglicht. Um auf die erlebte Verkündigung zu antworten, können einfache Merksätze, Verse, spontane Aussagen, Gedankensplitter oder ein Lied folgen. Es müssen also keine komplizierten Glaubensbekenntnisse gesprochen werden, die sowieso kaum von Kindern oder Jugendlichen verstanden und nachempfunden werden.

Der zweite Teil lässt die Botschaft wahrnehmen. Der bekannte Pastor und Liedermacher Fritz Baltruweit sagt dazu sehr prägnant: „Wenn Leib und Seele angekommen sind, sind die Gottesdienstbesucher offen für das, was Gott zu sagen hat." (Fritz Baltruweit in einem Gespräch mit den Autoren)

Beten und Bitten

Im Fürbittengebet wird an andere Menschen gedacht und für sie gebetet. Das Vaterunser, das Jesus uns gelehrt hat, verbindet alle Christen miteinander und schließt das Fürbittengebet zusammen.

Sendung und Segen

Die Kinder und Jugendlichen nehmen neue Erfahrungen mit, die sie stärken und die ihre eigene Lebenssituation im Licht der Verheißung Gottes neu sehen lassen. Der Segen meint Gottes Kraft und Zuspruch, mit dem alle aus dem Gottesdienst gehen. Die Musik am Ausgang lässt das in allen nachklingen, was sie erlebt haben.

Der dritte Teil beinhaltet nach seinem Schlussgebet und dem Vaterunser einen letzten Höhepunkt im Freizeitgottesdienst, bevor alle auseinandergehen: „Alle dürfen mit Gottes Segen weiter-gehen." (Fritz Baltruweit in einem Gespräch mit den Autoren).

Diese gottesdienstliche Form kann um den Baustein der Abendmahlsfeier erweitert werden.

5.9.2. Beispiele für einen Freizeitgottesdienst

Wie bei den Andachten gibt es eine Vielzahl an Themen für einen Freizeitgottesdienst, die mit der Situation der Teilnehmer, der Gruppe und dem Motto der Freizeit im Zusammenhang stehen. Zwei Modelle sollen helfen, eigene Ideen für einen Freizeitgottesdienst zu entwickeln.

Wasser ist Leben

Dieser Freizeitgottesdienst war im Rahmen einer Inselfahrt für Kinder im Alter von neun bis zwölf Jahren gefeiert worden. Das Thema der Freizeit lautete „Auf der Suche nach lebendigem Wasser …". Aber mit diesem Gottesdienstthema war nicht nur das Motto der Freizeit aufgegriffen, sondern auch die Lebenssituation der Kinder. Denn im Mittelpunkt der Verkündigung stand die Geschichte der Sturmstillung (Mk 4,35-41). Diese Geschichte nimmt ein Grundthema des Lebens auf, denn ein Schwanken zwischen Angst und Vertrauen kennen viele. Auch Kinder haben Erfahrungen mit den in der Geschichte verwendeten Bildern: Angst vor Wasser, Sturm und schaukelnden Schiffen. Dem gegenüber stehen die schützende Kraft eines Bootes oder die Vertrauen schenkenden Mütter und Väter – auch wenn sie schlafen.

In dieser Geschichte schenkt Gott den Jüngern Vertrauen, und damit wird das menschliche Vertrauen in das „Lebensschiff" gestärkt. Auch Kinder dürfen sich bei Gott geborgen fühlen und Vertrauen zu ihm gewinnen.

Ablauf des Freizeitgottesdienstes

BEGRÜßUNG
LIED
GEBET
Gemeinsames Brainstorming zum Begriff Wasser
Mögliche Antworten der Kinder: nass, Pflanzen brauchen Wasser zum Leben, Wasser kann zur Bedrohung werden, Wasser löscht Durst, Wasser hat Kraft, Regentropfen usw.
Lied

VERKÜNDIGUNG
Durch das Brainstorming haben sich vier Themenbereiche zum Wasser herauskristallisiert:
1. Wasser schenkt Leben – Menschen spüren Vertrauen in ihrem Leben
2. Mir steht das Wasser bis zum Hals – Menschen sind oft verzweifelt und haben Angst
3. Ohne Wasser trocknet etwas aus – Menschen sind oft hilflos
4. Wasser kann Leben bedrohen – Menschen spüren Bedrohungen in ihrem Leben
Die Kinder teilen sich diesen vier verschiedenen Themenbereichen zu und überlegen sich jeweils ein Anspiel zu ihrem Thema. Wenn alle ihr Rollenspiel eingeübt haben, werden die Anspiele zu den Themenbereichen 2-4 vorgestellt, dazwischen wird jeweils der Kanon „Das wünsch ich sehr" gesungen. Das Rollenspiel zum Themenbereich 1 kommt an geeigneter Stelle zum Tragen.
Aktion: Mit überleitenden Worten werden die Kinder eingeladen, ihre eigenen Ängste auf Wellen aufzuschreiben, die aus blauem Tonkarton ausgeschnitten sind.
Nacheinander kann jedes Kind seine „Angstwelle" kommentierend auf den Boden legen, so dass eine große Wasserfläche entsteht.

Die Geschichte der Sturmstillung wird erzählt – hier gibt es eine Vielzahl von verschiedenen Erzählmethoden.
Nach dem Hören der Geschichte wird ein aus Tonkarton ausgeschnittenes Schiff auf die „Angstwellen" gelegt – zum Zeichen des Vertrauens, das Gott uns Menschen schenkt.
Jetzt wird das Anspiel zum Thema Vertrauen vorgespielt.
Verbindende Worte bündeln die Aussage der Geschichte mit der Lebenssituation der Kinder.
Lied

GEBET UND VATERUNSER
SENDUNG UND SEGEN

Wege begleiten uns
Bei einer Segeltour mit Jugendlichen im Alter von 13 bis 16 Jahren ist dieser Freizeitgottesdienst gefeiert worden. Jugendliche sind mit ihren Entwicklungsprozessen und -problemen in Bewegung: Der eigene Körper muss akzeptiert, eine emotionale Unabhängigkeit von Eltern gewonnen, ein Wertesystem und ein ethisches Bewusstsein erworben sowie eine Ideologie entwickelt werden. Das sind nur einige Entwicklungsaufgaben des Jugendalters, mit denen sich Jugendliche auf den Weg machen. Aber auch die Freizeitsituation selbst beschreibt einen Weg, den die Gruppe zusammen geht. Neben dem Symbol Weg, das auch ein Bild für das Leben ist, steht die Geschichte vom „Himmelsbrot" (2. Mo 16 i.A.). Die Israeliten sind aus ägyptischer Knechtschaft zum versprochenen gelobten Land aufgebrochen. Der Weg ist nicht einfach, zumal der Nahrungsvorrat ausgegangen ist und der Hunger die Menschen plagt. So klagen sie Moses an, weil sie glauben, er habe sie ins Verderben geführt. Aber Gott hört ihre Anklage und stillt ihren Hunger mit einer kleinkörnigen, hellen Speise, die wie Öl- bzw. Honigkuchen schmeckt. Ihr Name Manna beruht auf die Frage der Israeliten: „man hu", zu deutsch: „Was ist das?" Es ist das Brot vom Himmel, von Gott gegeben und somit die Wegzehrung. Verbunden mit dieser Wüstenspeise erfährt das Volk, dass Gott jeden Tag neu das Nötigste zum Leben schenkt.
In unserer Wohlstandsgesellschaft müssen Jugendliche in der Regel nicht hungern. Vielmehr noch dürfen sie jeden Tag eine Fülle an Lebensgaben als Geschenk auf ihrem Lebensweg erfahren: Nahrung, kleine und große Besitztümer, gute Gemeinschaft, Urlaub usw. Diese biblische Geschichte lenkt unsere Wertschätzung auf Gottes Fürsorge, der nahe ist und hilft.

Ablauf des Freizeitgottesdienstes

BEGRÜSSUNG
LIED
GEBET
Evtl. Wegpsalm 23
LIED

VERKÜNDIGUNG:
Mit Hilfe einer digitalen Kamera und eines Beamers werden nacheinander verschiedene Wegsituationen der Freizeit, die bislang gemeinsam erlebt wurden, gezeigt und kommentiert

1. BILD: Abfahrt – Die Gruppe macht sich auf den Weg
Die Gruppe hat sich getroffen. Reisetaschen sind gepackt, um gemeinsam ein Abenteuer zu erleben. Viele der Gruppe kannten sich noch nicht untereinander. Viele Gedanken gehen dann einzelnen durch den Kopf: Wie wird die Fahrt wohl werden? Ist diese Fahrt auch die richtige Weg-Entscheidung gewesen? Bei allen diesen Zweifeln mag auch die Aussage kommen: Gut, dass ich mich für diesen Weg entschieden habe!

2. BILD: Das erste Kennenlernen in der Gruppe
Eine erste Aktion hat die Gruppe zusammengeführt. Der Weg nimmt langsam eine Form an.

3. BILD: Ein aktuelles Bild zum Tag
Einige Tage ist die Gruppe schon zusammen. Viele Wege sind bis dahin gegangen worden. Manchmal waren es sehr schöne Erlebnisse, ein anderes Mal gab auch Wege mit Stolpersteinen. Aber dieser Weg weckt in uns Erwartung und Hoffnung.

4. BILD: Eine kritische Tagessituation
Dieses Bild erinnert an eine Situation, die für alle beschwerlich war. Streit und Konflikt haben die Gruppenatmosphäre bestimmt. Dieser Weg ließ manche Unmut und -lust verspüren.

5. BILD: Altarmitte der Freizeit
Auf allen Wegen, die wir gehen, dürfen wir darauf vertrauen, dass Gott uns nahe ist. Er kann unserem Lebensweg Orientierung schenken (vgl. Klauke/Brockmann 1997, S. 153-155).

LIED

AKTION: Die Jugendlichen werden eingeladen, auf Papier ihren Lebensweg zu skizzieren.
Im Hintergrund ist meditative Musik zu hören. Anschließend können sie sich in einem Partnergespräch über ihre Aufzeichnungen austauschen.

LIED

Geschichte vom Himmelsbrot (2 Mo 16 i.A.)
Verbindende Worte bündeln die Wegerfahrungen der Jugendlichen mit den Erfahrungen des Volk Israels. Die Stärkung, die vom Brot ausgeht, wird deutlich in einem gemeinsamen Brotmahl.

LIED

GEBET UND VATERUNSER
SENDUNG UND SEGEN

5.10. Besprechung im Mitarbeiterkreis

Regelmäßige Besprechungen unter den Mitarbeitern sind während der Freizeit sehr wichtig. Eine Teambesprechung erfüllt hauptsächlich drei Funktionen:

1. organisatorisches Handeln für die Freizeit
2. pädagogisches Handeln für die Freizeit
3. Geben und Nehmen im Mitarbeiterkreis.

Das **organisatorische Handeln** im Mitarbeiterkreis meint Programm- und Materialabsprachen. Auch wenn vor der Freizeit in Vorbereitungstreffen die verschiedensten Programmangebote entwickelt, geplant und vorbereitet worden sind, findet jetzt noch einmal ein Austausch darüber statt, wie das folgende Programm inhaltlich und methodisch gestaltet ist, wann und wo die einzelnen Programmangebote beginnen und wer welche Aufgaben verantwortlich übernimmt. Nur wenn einzelne Aufgaben verteilt sind, ist jeder in die Verantwortung einbezogen. Wie lange allein die Besprechung des Organisatorischen dauert, hängt von verschiedenen Faktoren ab. Selbst wenn bei intensiven Vorbereitungstreffen die Programmangebote genau besprochen worden sind, kann es durch äußere Umstände passieren, dass das geplante Programm umgebaut werden muss.
Wenn es Probleme für die Gruppe mit den „Hauseltern" gibt, kann in der Besprechung ebenfalls ein einheitlicher Weg beraten werden.

Zur Funktion des **pädagogischen Handelns** im Mitarbeiterkreis gehören die Teilnehmer, das Programm und die Wechselbeziehung zwischen Mitarbeiter und Gruppe. Dafür ist es wichtig, sich zunächst gegenseitig Beobachtungen über das Gewesene mitzuteilen, um dann ein pädagogisches Handeln für den kommenden Tag zu bedenken und auszuarbeiten. Das Feedback (vgl. Kapitel 5.8.2. Feedback-Runde) ist dabei eine mögliche Methode.
Im Laufe der Freizeit wird aufmerksam wahrgenommen, reflektiert und es werden entsprechende Handlungsschritte entwickelt:
– DER TEILNEHMER
Ein Austausch über die einzelnen Kinder oder Jugendlichen hilft, die Gruppe besser kennen zu lernen, die Aufmerksamkeit für Einzelne zu stärken, das Einfühlungsvermögen für die Teilnehmer zu erhöhen und ein Programmangebot oder eine Andacht dieser primären Zielgruppe anzupassen. Auf Freizeiten sind auch immer Kinder oder Jugendliche dabei, die durch ihre Verhaltensweisen besonders auffallen, sie reichen von sozial anerkanntem bis hin zu ablehnendem Verhalten, wie zum Beispiel besonders gut und fleißig sein, kluges Reden, Angeber oder Clown als Rollenverhalten oder Eigensinnigkeit usw. Ein Reflektieren über die Ursachen und Intentionen eines solchen Verhaltens soll helfen, angemessen auf diese Teilnehmer zu reagieren.
– DIE PROZESSE IN DER GRUPPE (vgl. Kapitel 2.8.)
Eine Kenntnis über die einzelnen Phasen, die eine Gruppe während der Freizeit durchläuft, kann helfen, sich als Mitarbeiter angemessen zu verhalten und der Phase entsprechende Programmangebote auszuwählen. So sollten zum Beispiel Spiele, die primär einen Wettkampfcharakter besitzen, nicht in der Kennlernphase eingesetzt werden.
– DAS PROGRAMM
Rückmeldungen der Teilnehmer und der Mitarbeiter über das Programm geben einen Anhaltspunkt darüber, was als gut bzw. nicht gut empfunden worden ist. Eine Beurteilung dieser – durchaus unterschiedlichen – Wirkungen muss mit den für

diese Freizeit formulierten Zielen verglichen werden: Wurden die Ziele gefördert oder behindert?

– DIE BEZIEHUNG ZWISCHEN MITARBEITER UND GRUPPE

Auch wenn sich ein abwechslungs- und erlebnisreiches Programmangebot positiv auf das Freizeitgeschehen auswirkt, so nimmt die Beziehung zwischen Mitarbeiter und Gruppenteilnehmer immer Einfluss auf das Freizeiterleben. Wie bereits beschrieben (vgl. Kapitel 2.2. *Möglichkeiten für Freizeiten als Teil sozialpädagogischer Arbeit*) müssen erst die Beziehungen untereinander geklärt sein, bevor die Inhalte von den Teilnehmern angenommen werden. Deswegen ist es auch wichtig, sich im Mitarbeiterkreis gegenseitig Beobachtungen im Umgang mit den Teilnehmern mitzuteilen.

Wenn beispielsweise Besonderheiten in der Kommunikation zwischen Mitarbeiter und einzelnen Teilnehmern oder der Gesamtgruppe oder besondere Verhaltensweisen gegenüber den Teilnehmern erkannt werden, können diese Beobachtungen eine Hilfestellung sein, das eigene Verhalten im Umgang mit den Teilnehmern zu verbessern. Wichtig ist hierbei die gegenseitige Wertschätzung. Keiner soll an Ansehen und Zuneigung im Mitarbeiterkreis verlieren, wenn hier Auffälligkeiten beobachtet werden.

Auch ein Austausch und eine Reflexion über die eigene Rolle macht deutlich, was der jeweilige Mitarbeiter für die Teilnehmer sein bzw. nicht sein möchte.

Besonders bei jugendlichen Ehrenamtlichen treten oftmals Rollenkonflikte auf. Sie sind einerseits nicht viel älter als die Teilnehmer selbst, andererseits haben sie als Mitarbeiter einen anderen Status bzw. eine bestimmte Rolle einzunehmen. Daran knüpfen sowohl die Mitarbeiter als auch die Teilnehmer Erwartungen. Der Mitarbeiterkreis gibt den jugendlichen Teamern einen Raum, sich über ihre Rolle auszutauschen und Unterstützung von den anderen Teamern einzufordern.

Oft kommt es vor, das Eltern von Teilnehmern im Leitungsteam mitarbeiten. Hier kann es ebenfalls zu Rollenschwierigkeiten kommen. Ein Stichwort hierzu ist das Vorziehen des eigenen Kindes. Darüber muss im Mitarbeiterkreis ein offener Austausch stattfinden.

Bei einer langen Freizeit wird ca. nach drei oder vier Tagen im Mitarbeiterkreis reflektiert, ob alle Teilnehmer Kontakt zu einem Mitarbeiter haben. Nicht nur mögliche Beziehungslücken werden dann aufgedeckt, sondern jeder Teilnehmer wird dabei ins Gespräch gebracht. So manchem Mitarbeiter wird dann erst bewusst, dass Unterschiede im Grad der Sympathie zu den Kindern oder Jugendlichen existieren, also einige ständig gegenüber anderen bevorzugt behandelt werden.

Während die ersten beiden Funktionen der Mitarbeiterbesprechung primär die Teilnehmer und das Programm im Blick haben, so beinhaltet die dritte Funktion die Atmosphäre und das Klima des Mitarbeiterkreises. Sie wird bestimmt vom gegenseitigen **Geben und Nehmen der Mitarbeiter**. Dieses kooperative Handeln braucht einen Austausch über gegenseitige Erwartungen und Einschätzungen der eigenen (Handlungs-)Möglichkeiten. Für diese Ebene gibt es verschiedene Übungen oder Impulsfragen.

Der Mitarbeiterkreis kann zum Beispiel darüber ins Gespräch kommen, wann sich der Einzelne eher wohl oder unwohl fühlt. Gründe für das Wohlfühlen oder Nicht-

wohlfühlen können benannt, Wünsche an andere und gegebenenfalls gemeinsame Vorsätze, Regeln oder Ideen formuliert werden.
Der Mitarbeiterkreis bietet dem Einzelnen einen Raum, den anderen einen Eindruck von seinem Handeln zu geben. Dieses Feedback gibt Einsicht in seine Verhaltensweisen und seine Wirkung bei den Teilnehmern. Damit erhält er eine Anregung, eigenverantwortlich über eine Veränderung seines Verhaltens zu entscheiden.
Insgesamt werden Beziehungen und das Vertrauen untereinander verstärkt, wenn miteinander in der Gruppe anstatt übereinander außerhalb der Gruppe gesprochen wird. Regeln für das Miteinander unterstützen eine gute Zusammenarbeit.

Die Gemeinschaft und die Zusammenarbeit hat für die Mitarbeiter bei kirchlichen Freizeiten auch eine besondere Dimension. Oft werden Fragen des Glaubens oder des eigenen Verhältnisses zu Gott berührt. Die christliche Botschaft und die Freizeitsituation der Teilnehmer und Mitarbeiter sind keine voneinander unabhängigen Größen.

Bezogen auf den Freizeitgottesdienst „Wege begleiten uns", den wir oben geschildert haben, kann die Vorbereitung bei einzelnen Mitarbeitern Fragen aufwerfen. Wo stehe ich in meinem Leben? Wie soll es weiter gehen? Will ich meinen Weg ändern? Die Hauptamtlichen haben die Chance, auf diese Fragen nicht nur „kumpelhaft" einzugehen, sondern einen christlichen Bezug herzustellen. Eine solche Seelenpflege hilft den Mitarbeitern, ihr Verhältnis zur Kirche und zum Glauben weiter zu klären. Diese Gespräche verhelfen zu einem ganzheitlichen Selbst und damit zu einem erfüllten Leben.

Es stellt sich die Frage, wann der richtige Zeitpunkt für ein ungestörtes Mitarbeitergespräch ist. Wenn alle Punkte, die wir oben aufgeführt haben, im Detail besprochen werden, dauert die Sitzung sicherlich mehr als eine Stunde. Das ist in der Regel kaum zu leisten, da es neben der Betreuung der Teilnehmer auch Ruhezeiten für die Mitarbeiter (vgl. Kapitel 6.10.) geben muss.
Bei uns finden die Mitarbeiterbesprechungen täglich nach der abendlichen „Tagesschau" statt.
Einerseits ist dann mehr Ruhe vorhanden als zu anderen Tageszeiten, die Teilnehmer sind im Bett und alle Mitarbeiter können an der Besprechung teilnehmen und den Tag Revue passieren lassen.
Eine Mitarbeiterbesprechung in der Mittagspause ist ungünstig, da eventuell Material für das Programm vorbereitet werden muss oder Kinder und Jugendliche einen Ansprechpartner suchen. Mittags haben die Mitarbeiter auch mehr Zeit, sich den Teilnehmern zu widmen, da oft kein fester Programmpunkt angeboten wird.

5.11. Freizeitzeitung

Für eine Freizeitzeitung gibt es verschiedene Modelle. Sie kann als Begleitheft vor der Freizeit durch die Leitung zusammengestellt sein, dann hat sie zum Beispiel Informationen, Rätsel, Bilder, Geschichten, Lieder und freie Blätter für Tagebucheintragungen zum Inhalt. Aber auch während der Freizeit kann sie durch die Teilnehmer entstehen oder nach dem Abschluss durch die Teamleitung. Es gibt auch Mischformen, bei der die Teamleitung die Herstellung nach der Freizeit übernimmt und die Teilnehmer Texte und Bilder liefern. Die Zeitung von den Teilnehmern herstellen zu lassen, hat einige Vorteile. Zum einen ist eine Freizeitzeitung damit ein Projekt innerhalb der Freizeit. Zum anderen können die Teilnehmer ihre Erlebnisse selbst einbringen.

Schon vor dem Beginn einer Freizeit muss in der Planung überlegt werden, ob es eine Freizeitzeitung geben und welche Form diese haben soll. Nach unserer Erfahrung hat sich folgende Form bewährt: Die Teilnehmer stellen während und nach der Freizeit die Zeitung zusammen. Während der Freizeit können Tagesberichte und andere Beiträge geschrieben und Informationen gesammelt werden. Dabei muss gemeinsam mit den Teilnehmern überlegt werden, ob sich immer wieder andere für jeweils einen Tagesbericht verantwortlich fühlen.

Andernfalls wird per Losverfahren festgelegt, welche Personen für welchen Tag einen Bericht schreiben.

Ebenso kann die „Redaktion" gezielt Fotos machen. Nach der Freizeit werden die Fotos gesichtet und ausgewählt, die Texte gesetzt, so dass endlich die Freizeitzeitung entsteht. Auf einem Nachtreffen wird die Zeitung dann an alle Mitreisenden verteilt. Dieses Modell funktioniert aber nur, wenn die Teilnehmer bereit sind, auch nach der Freizeit mitzuarbeiten und die Betreuer nicht auf der Arbeit allein sitzenbleiben.

Bei großen Freizeiten kann es auch ein gezieltes Projekt der Freizeitzeitung geben, mit einer eigenen Redaktion. Es gibt auch Freizeiten, die täglich eine Zeitung herausgeben. Diese haben dann Schreibmaschinen oder Computer, Drucker und Kopierer dabei. Aber dieser Aufwand ist für kleine und mittlere Freizeiten kaum zu bewältigen. Zumal immer daran gedacht werden muss, dass ein Teamer sich auch um die Redaktion kümmern muss.

Es ist natürlich auch möglich, gezielt eine Freizeit zum Thema Öffentlichkeitsarbeit anzubieten. Dann ist eine tägliche Freizeitzeitung in das Gesamtprojekt eingebunden. Aber dieses Thema ist nur für ältere Jugendliche angebracht.

Inhalt der Freizeitzeitung

Was kann der Inhalt einer Freizeitzeitung sein? Ganz allgemein Texte und Bilder, die mit der Freizeit zu tun haben. Es kann für jeden Freizeittag ein Tagesbericht geschrieben werden. Über besondere Aktionen oder Ausflüge schreiben Gruppenmitglieder kleine Berichte. Witziges und Bemerkenswertes sollte auf keinen Fall fehlen. Empfehlenswert sich auch Zitate oder Versprecher der Teilnehmer, die unfreiwilligen Humor hervorrufen. Wenn eine Gruppe sich selbst versorgt und kiloweise Pudding verzehrt, ist das sehr beeindruckend – also auch Einkaufslisten, Speisepläne, Beschreibungen zur Kochphilosophie usw. mit in die Freizeitzeitung aufnehmen. Die Frage nach Adressenlisten muss zunächst mit den Teilnehmern abgesprochen werden. Nicht jeder möchte mit seinen Angaben in einer Freizeitzeitung erscheinen. Wenn also Teilnehmer das nicht möchten, sollte auf solche Listen verzichtet werden. Auch die Freizeitleitung sollte die Gelegenheit wahrnehmen, und den einen oder anderen Artikel in die Zeitung platzieren: Dank an Teilnehmer oder Sponsoren, Reiseberichte aus ihrer Sicht, eine Rückschau als Kommentar oder ein Ausblick auf die nächste Freizeit.

Wenn es eine Redaktion für die Freizeitzeitung gibt, ist diese Gruppe für die Zusammenstellung der Texte und Bilder verantwortlich. Die Freizeitleitung sollte aber vor der Veröffentlichung noch einmal die Texte lesen, damit nicht eventuell Teilnehmer der Gruppe bloß gestellt werden oder sogar gezielt Angriffe auf andere Personen darin stehen. Für Kinder und Jugendliche ist es oft nicht so schlimm, wenn sie sich gegenseitig frotzeln oder gegenseitig beschimpfen. Aber die Freizeitzeitung ist – zumindest für einen größeren Teilnehmerkreis – eine Veröffentlichung. Und da sollten Beleidigungen und Diffamierungen nicht vorkommen. Eine Begleitung des Projektes „Freizeitzeitung" ist für das Leitungsteam unumgänglich, um mögliche Schwierigkeiten zu verhindern.

Neben Texten können die Zeitungen natürlich Bilder der Freizeit enthalten. Sehr gut ist zum Beispiel eine Gruppenaufnahme von allen Teilnehmern und Leitern. Die Bilder sollten zum Text passen, und auch hier ist zu beachten, dass niemand bloß gestellt wird. Wenn viele Bilder veröffentlicht werden, sollte sich die Redaktion bei der Bildauswahl die Mühe machen, dass jeder Teilnehmer mindestens einmal auf einem Bild zu sehen ist. Nichts ist langweiliger als stets nur die „Starken" der Gruppe zu sehen.
Auch die Qualität der Bilder ist oft sehr unterschiedlich. Entscheidend für die Bildauswahl ist die Art der Veröffentlichung. So kann die Zeitung ganz normal durch das Zusammenkleben und anschließendem Kopieren entstehen. Oder sollen sogar Farbkopien hergestellt werden? Oder hatte die Gruppe sogar eine Digitalkamera zur Verfügung?

Herstellung der Freizeitzeitung
Bei der herkömmlichen Methode der Herstellung werden Texte und Bilder auf Papier zusammengeklebt und anschließend alle Seiten kopiert. Ob die Blätter geheftet oder auch geklebt werden, ist dann die letzte Frage. Diese Methode funktioniert auch mit Farbfotos. Aber Farbkopien sind immer noch sehr teuer, und in der Regel muss die Zeitung aus dem Freizeitetat bezahlt werden. Es kann auch eine Mischform geben: Zum Beispiel eine farbige Gruppenaufnahme als Deckblatt und alle anderen Fotos als Schwarzweiß-Kopien. Die Methode des Zusammenklebens hat auch einen weiteren Vorteil. Es können zum Beispiel Zeichnungen, handschriftliche Texte, Ausschnitte aus dem Hausprospekt usw. für die Zeitung verarbeitet werden.

Natürlich macht die Bearbeitung mit Hilfe eines Computers schon etwas her. Die auf dem Markt vertretenen Textverarbeitungsprogramme sind in der Regel alle dazu geeignet. Auch Bilder können in die Texte integriert werden. Aber Bilder erfordern einen Zwischenschritt: Sie müssen erst digitalisiert werden. Papierabzüge von Fotos, Dias, Zeichnungen, Handschriften usw. werden mit Hilfe eines Scanners eingelesen und in digitale Bilder umgewandelt. Diese Arbeit kann manchmal sehr lange dauern. Dazu kommt, dass nicht jeder über die technischen Voraussetzungen verfügt. Wenn die Vorlagen eine schlechte Qualität haben, müssen die Bilder eventuell noch weiter bearbeitet werden. Dazu benötigt die Redaktion dann ein entsprechendes Programm. In den nächsten Jahren wird die Technik weiter fortschreiten. So ist es zu erwarten, dass digitale Kameras und Laptops oder Notebooks sich weiter verbreiten. Dann ist die Herstellung einer Freizeitzeitung schon während der Freizeit auch mit wenig Aufwand möglich. Digitale Bilder werden mit den eingetippten Texten verbunden und können dann einfach ausgedruckt werden.

Digitale Bilder von einer Freizeit haben einen weiteren Vorteil. Die Freizeitzeitung kann auch auf der Internetseite der Institution veröffentlicht werden. Über das Schreiben für das Internet haben wir schon einiges im Kapitel 4.2. **Werbung und Öffentlichkeitsarbeit** geschrieben (auch hier bitte die Bildrechte der Teilnehmer beachten). Für die Teilnehmer ist es sicherlich interessant, wenn ihre Berichte, Beiträge und Bilder einem größeren Publikum bekannt werden. Gleichzeitig profitiert natürlich die Institution davon unter dem Hinblick der Öffentlichkeitsarbeit. Von digital vorhandenen Freizeitzeitungen kann auch eine CD-ROM hergestellt werden, die jeder Teilnehmer erhält. Hier werden viel mehr Bilder gespeichert als in einer Zeitung abgebildet werden können.

All diese Möglichkeiten sind attraktiv für die Teilnehmer. Aber sie sollten immer unter der Frage nach der Machbarkeit und der Verhältnismäßigkeit stehen. Eine kurze Freizeit von drei oder vier Tagen verträgt kaum eine ausführliche Freizeitzeitung. Die Freizeitleitung muss auch entscheiden, ob die Geldmittel für ein solches Projekt vorhanden sind und ob sie der „Redaktion" die technischen Mittel zur Verfügung stellen wollen und/oder können.
Auf Kanu- oder Radfreizeit ist aufgrund von Naturgewalten (Regen) oder möglichen Unfällen (kenternde Kanus) zu überlegen, wie eine Freizeitzeitung eventuell ohne modernste Technik machbar ist.

Entstehung einer Freizeitzeitung
Wie eine Freizeitzeitung entstehen kann, zeigt ein Beispiel. Wieder war es eine Segeltour für Jugendliche von neun Tagen Dauer. Die Teilnehmer erhielten die Möglichkeit, eine Freizeitzeitung herzustellen. Für jeden Tag war eine Kleingruppe von zwei oder drei Teilnehmern für einen Tagesbericht zuständig. Auf dieser Freizeit gab es ein Logbuch. Dieses Buch lag in der Messe (auf einem Schiff der Ess- und Aufenthaltsraum) offen aus und jeder konnte etwas hineinschreiben: Sprüche, Wünsche, was gut und was schlecht war usw. Weitere Beiträge waren: Der Text eines Spontantheaters, ein Bericht über das Trockenfallen, die Kopie einer Seekarte, Speisepläne, Ergebnisse von Programmpunkten, witzige Sprüche und Zitate usw. Die Textbeiträge stammten von Teilnehmern und Betreuern. Die Bilder wurden bei der Freizeit mit einer digitalen Kamera gemacht und dienten zunächst für einen Tagesrückblick am Abend. Einige wurden auch für die Zeitung genutzt. Die Freizeitzeitung wurde nach der Freizeit hergestellt. Die Texte wurden in den Computer geschrieben, Bilder ausgedruckt oder mit dem Text gleich im Computer verbunden. Letztlich wurde aber auch hier die alte klassische Methode des Zusammenklebens gewählt. Dann wurde alles kopiert, geheftet und beim Nachtreffen verteilt. Die finanziellen Mittel kamen aus dem Freizeitetat.

Die vielen digitalen Bilder, rund 1600 Fotos, der Freizeit wurden auf einer CD-ROM zusammengestellt, die von den Teilnehmern zum Selbstkostenpreis gekauft werden konnten.

5.12. Bank

Spätestens auf dem Elternabend in der Vorbereitungszeit sollte das Thema Taschengeld für die Reise angesprochen werden. Eine Empfehlung zur Taschengeldhöhe für die Freizeit verhindert meistens, dass einige Teilnehmer sehr viel Geld dabei haben und andere nur sehr wenig. Leider gibt es immer wieder Eltern, die sich nicht an die Absprache halten und ihren Kindern viel zu viel Geld mitgeben. Das führt dann in Einzelfällen zu Problemen und Diskussionen um Neid und Besitz. Jugendliche sollten in der Lage sein, mit ihrem Taschengeld allein zurecht zu kommen. Bei Kindern ist das oft noch nicht der Fall, auch verlieren oder verlegen sie leicht Geld. Daher kann die Freizeitleitung eine sogenannte „Bank" anbieten. Die Kinder bzw. deren Eltern geben das Taschengeld für die Freizeit an die Bank, die ein Betreuer organisiert. Die Öffnungszeiten der Bank werden den Kindern am Anfang der Freizeit bekannt gegeben, zum Beispiel nach dem Mittagessen zu den Öffnungszeiten des Kiosks. Dabei haben wir gute Erfahrungen mit der Regelung gemacht, dass die Höhe des Taschengeldbetrages durch die Anzahl der Tage dividiert wird. Dieser Betrag gibt an, wie viel Geld ein Kind pro Tag maximal ausgeben könnte. Am ersten Tag darf es also nicht mehr als diesen Betrag von seinem Konto abheben. Am zweiten Tag gilt das entsprechend, wenn am Vortag die volle Summe ausgegeben wurde. Ist dieser Betrag jedoch gespart worden, darf immer der bis zu diesem Tag gültige Taschengeldbetrag abgehoben werden. Sowohl das Kind als „Kunde" als auch der „Bankleiter" zeichnen die Abbuchung vom Konto gegen.

Im Einzelfall muss der „Bankleiter" darüber entscheiden, wie er mit Kindern umgeht, die außerhalb der Öffnungszeiten der Bank Geld abheben möchten. Zum Beispiel steht ein Nachmittagsausflug an, und nach dem Essen wurde mehrfach darauf hingewiesen, dass die Kinder Gelegenheit haben, sich etwas zu kaufen. Ein Kind hat sich jedoch kein Geld von seinem Konto abgehoben, nun möchte es sich etwas kaufen, und kommt zum „Bankleiter" und bittet ihn um Geld. Wie soll sich der Bankleiter verhalten?

5.13. Der letzte Abend

Wie das erste Kennenlernen bei einer Freizeit einen besonderen Stellenwert für die Gruppe einnimmt, so muss auch der letzte Abend vom Mitarbeiterkreis gut vorbereitet und gestaltet sein. Entsprechend der Ablösungsphase (vgl. Kapitel 2.8. **Gruppendynamische Aspekte**) steht der Abschied mit seinen ambivalenten Gefühlen von Freude und Trauer an. Da ist die Vorfreude auf Zuhause, das Wiedersehen mit Eltern, Geschwistern und Freunden, und dagegen steht die mögliche Unlust auf den wiederkehrenden Alltag und die Ablösung von neuen Beziehungen und schönen Ereignissen.

Zwei Ideen für eine Programmgestaltung sollen Mut machen, den eigenen Abschlussabend zu gestalten. Denn nicht immer ist eine Party mit Tanz ein geeignetes Programm, um den Teilnehmern mit ihren Bedürfnissen und Interessen gerecht zu werden.

5.13.1. Das SPOOG-Fest

Das SPOOG-Fest wird zusammen mit allen Teilnehmern vorbereitet und am Abend gemeinsam gefeiert. Die einzelnen Buchstaben S, P, O, O und G stehen für jeweils ein Land, ein Gebiet oder eine Stadt, die einen Bezug zur Freizeit herstellen: Südsee, Paris, Ostfriesland, Orient und Griechenland. Je nach dem, wie viel Zeit der Gruppe zur Verfügung stehen soll, kann mit entsprechenden Spielen und den Vorbereitungen nach dem Mittagessen begonnen werden. Nach dem Abendessen beginnt das Fest, sofern ein Haus mit Vollverpflegung gebucht wurde. Ansonsten wird das Abendessen in das SPOOG-Fest eingebunden.

Einstimmung auf das Fest
Die Teilnehmer werden in fünf Kleingruppen eingeteilt. Zwei Spiele und verschiedene Aufgaben stimmen die Teilnehmer in das Fest ein. Da es der letzte Abend ist, sollte sich der Mitarbeiterkreis genau überlegen, wie die Gruppeneinteilung sinnvoll ist, also zum Beispiel nach Sympathie der einzelnen Teilnehmer, zimmerweise oder einfach durch Abzählen in der Gesamtgruppe.

Assoziationsspiel
KURZBESCHREIBUNG: In Kleingruppen sammeln und assoziieren die Spieler Begriffe zum vorgegebenen Stichwort.
ERLEBNISMOMENTE IM SPIEL: Gewinnen und Verlieren erfahren, Schöpfung bewundern, Auflockerung der Spieler schaffen, Konzentrationsvermögen aufbringen, Verständigung untereinander fördern, stimuliert intensive Zusammenarbeit in der Kleingruppe, Wissen überprüfen
ZUORDNUNG: ruhig
ALTER: ab 8 Jahren
GRUPPENGRÖSSE: ab 10 Spielern
DAUER: ab 10 Minuten
SPIELRAUM: freie Spielfläche
MATERIAL: Papier und Stifte

SPIELBESCHREIBUNG:
Die Teilnehmer werden in fünf Kleingruppen zu je sechs Spielern eingeteilt. Der Spielleiter nennt ein Stichwort, hier zum Beispiel Südsee. Jede Kleingruppe hat dann zwei Minuten Zeit, sämtliche Begriffe, die ihr zu diesem Stichwort einfallen, aufzuschreiben. Alle Begriffe sind richtig, es erhalten jedoch nur die Notizen Punkte, die auch von anderen Kleingruppen aufgeschrieben werden. Beispiel: Eine Kleingruppe hat das Wort „Palmen" notiert. Da auch zwei weitere Kleingruppen dieses Wort aufgeschrieben haben, erhalten diese drei Gruppen jeweils drei Punkte. Anders sieht es bei dem Begriff „Reggae" aus. Nur eine Kleingruppe hat diese Musikrichtung mit dem vorgegebenen Stichwort „Südsee" in Verbindung ge-

bracht. Deswegen erhält diese Kleingruppe für den Begriff „Reggae" keinen Punkt.

Tipp:
Im Spiel kommt Spannung auf, wenn erst alle Stichworte assoziiert und dann die entsprechende Punkte ausgerechnet werden.

Quizspiel
KURZBESCHREIBUNG: Ein Quizspiel stellt eine Herausforderung für die einzelnen Teams dar.
ERLEBNISMOMENTE IM SPIEL: Gewinnen und Verlieren erfahren, Konzentrationsvermögen aufbringen, stimuliert intensive Zusammenarbeit innerhalb des Teams, Wissen überprüfen
ZUORDNUNG: ruhig
ALTER: ab 8 Jahren
GRUPPENGRÖSSE: ab 20 Spielern
DAUER: ab 60 Minuten
SPIELRAUM: freie Spielfläche
MATERIAL: Kärtchen mit entsprechenden Fragen und Überschriften, die als Tabelle das Spielfeld bilden

SPIELBESCHREIBUNG:
Die Spielvariante ist der ehemaligen ZDF-Sendung „Der große Preis" mit Wim Thoelke entlehnt. Hierfür werden Rateteams mit 6 Spielern gebildet. In der Mitte liegt das Spielfeld, das wie folgt aufgebaut ist: Es gibt einzelne Überschriften auf jeweils einem Kärtchen, wie z.B. Südsee, Paris, Ostfriesland, Orient und Griechenland. Diese Überschriften bilden eine Waagerechte. Unter die jeweiligen Begriffe werden Karten mit aufgeschriebenen Punktzahlen gelegt, z.B. 10, 20, 30, 40... Punkte. Auf der Rückseite befinden sich spezifische Fragen zu den Überschriften. Der Schwierigkeitsgrad wächst mit der Höhe der zu erreichenden Punktzahl. Einige Frage-Beispiele zu Ostfriesland: Wie heißt die kleinste ostfriesische Insel?
In welcher ostfriesischen Hafenstadt werden viele Autos verschifft?
Nun kann das eigentliche Quizspiel beginnen: Ein Team fragt z.B. „Südsee 20". Der Spielleiter dreht die entsprechende Karte um und liest die Frage vor. Beantwortet das Team die Frage richtig, erhält es die aufgedruckte Punktzahl. Bei einer falschen Antwort darf das im Uhrzeigersinn nächste Team die Frage beantworten usw. Gewonnen hat das Team mit den meisten Punkten.
Das Spiel gewinnt insgesamt an Spielreiz, wenn Glücks- und Risikofragen eingebaut werden.
Bei Glücksfragen werden dem Team 25 Punkte geschenkt. Bei einer Risikofrage darf das Team bestimmen, wie viel sie von der bisher erspielten Punktzahl einsetzen möchte. Bei richtiger Antwort gewinnt sie die Punktzahl hinzu, bei falscher Antwort wird der Gruppe die benannte Punktzahl abgezogen und der Gruppe zugefügt, die die Frage richtig beantworten kann.

Aufgabenverteilung
Die beiden Spiele dienen dem Mitarbeiterkreis unter anderem dazu, die Kleingrup-

pen den entsprechenden Ländern, Gebieten oder Städten zuzuordnen. Die Gruppe, die am meisten Punkte bei dem Begriff „Südsee" gesammelt hat, erhält diesen Begriff zur entsprechenden Vorbereitung zum abendlichen Fest. Bei den anderen Gruppen verläuft die Zuordnung der Länder, Gebiete und Städte entsprechend.

Nach dieser Einstimmung erhält jede Gruppe Aufgaben, die später beim Fest präsentiert werden: Entwerfen einer Kulisse, Herstellen eines entsprechenden Nationalgerichtes, Vortragen eines Liedes, Tanzes oder Reiseberichtes usw. Die Aufgabenstellung hängt jeweils von den Möglichkeiten vor Ort ab, aber in der Regel lassen sich zum Beispiel auch typische kleine kalte Mahlzeiten herrichten, auch wenn keine Küche im Haus vorhanden ist.

Für die Präsentation der einzelnen Darstellungen überlegt sich der Mitarbeiterkreis eine geeignete Reihenfolge. Der Abend gewinnt an Vielfalt, wenn die einzelnen Betreuer auch ein entsprechendes Land vorstellen.

5.13.2. Geld oder Liebe

KURZBESCHREIBUNG: Mädchen und Jungen bringen Leib und Seele ein, um als Paar des Abends in die Freizeitannalen einzugehen. Sie stellen sich vielfältigen Aufgaben und das „Publikum" unterstützt sie dabei.
ERLEBNISMOMENTE IM SPIEL: Einzigartigkeit erleben, Leib und Seele erfahren, Bewegung fördern, Kooperation, individuelle Ziele, die von den einzelnen Aufgaben abhängen
ZUORDNUNG: sehr lebendig
ALTER: ab 13 Jahren
GRUPPENGRÖßE: ab 20 Spielern
DAUER: ab 90 Minuten
SPIELRAUM: freie Spielfläche
MATERIAL: „Sofa", eine Abstimmungstabelle, die die verschiedenen Paarkombinationen mit einer Zahl kennzeichnet, Kopie der Abstimmungstabelle für jeden Publikumsbesucher, Stifte, Trostpreise bei „Geld" (zum Beispiel ein Freizeitfoto oder das Liederbuch zur Freizeit), Preise bei „Liebe" (zum Beispiel ein Freizeit-T-Shirt mit allen Unterschriften aus der Gruppe, oder für den kleinen Freizeitetat: Schokoladenriegel oder Bonbons), für jeden Kandidaten ein Täfelchen, auf deren einer Seite ein Herz und auf der anderen Seite ein Symbol für Geld abgebildet ist, den Aufgaben und Showeinlagen entsprechendes Material
MATERIAL FÜR DIE VARIANTE: Einschätzungsfragen, Stifte, Zettel, Schals, auf Plakate aufgeschriebene Begriffe aus dem Leben einer Beziehung

SPIELBESCHREIBUNG:
Diese Spielidee ist der ehemaligen Fernsehsendung der ARD „Geld oder Liebe" mit Jürgen von der Lippe entlehnt. Je nach Gruppengröße werden mindestens drei Mädchen und drei Jungen vom Mitarbeiterkreis ausgewählt, um in verschiedenen Paar-Variationen miteinander verschiedene Aufgaben zu erfüllen. Die anderen Freizeitteilnehmer bilden das „Publikum", das nicht nur die Rolle des Zuschauers einnimmt, sondern auch bei verschiedenen Aufgaben mit einbezogen wird. Nur so bleibt die Spielspannung auf Dauer erhalten. Das Publikum entscheidet darü-

ber, welche Paarvariation als Paar des Abends gewählt wird. Die bei den Aufgaben gesammelten (Geld-) Punkte sind ein möglicher Anreiz, das „Geld" der „Liebe" vorzuziehen. Ein oder mehr Mitarbeiter nehmen die Rolle des Showmasters ein, der/die das gesamte Spiel moderiert. Zwei oder drei Teilnehmer oder Mitarbeiter sorgen als Assistenten für einen reibungslosen Spielverlauf.
Der Abend gewinnt an Lebendigkeit, wenn im Vorfeld des Spiels einzelne Kleingruppen eine Showeinlage vorbereitet haben.

ABLAUF DER SPIELSHOW:
1. BEGRÜSSUNG DES PUBLIKUMS DURCH EINEN MODERATOR/MEHRERE MODERATOREN
2. VORSTELLUNG DER WEIBLICHEN KANDIDATINNEN DURCH EIN MODERATORENINTERVIEW
3. VORSTELLUNG DER MÄNNLICHEN KANDIDATEN DURCH EIN MODERATORENINTERVIEW
4. SPIEL FÜR DIE ERSTE PAARBILDUNG

Vor Spielbeginn haben die Kandidatinnen ungesehen jeweils einen persönlichen Gegenstand dem Moderator gebracht, der den Jungen unbekannt sein dürfte. Sie werden jetzt den Kandidaten vorgestellt, so dass sich jeder spontan für einen Gegenstand entscheidet. Zum Beispiel hat sich Volker für ein Duftöl entschieden, dass Ellen gehört. So bilden sie zusammen ein Pärchen für das erste Paarspiel. Bei den anderen Kandidaten ergibt sich entsprechend eine Paarbildung.

ALTERNATIVE
Der Moderator zeigt zuerst den Kandidatinnen drei verschiedene Postkarten des Freizeitortes, und sie wählen sich jeweils eine aus. Anschließend werden den Kandidaten die gleichen Postkarten gezeigt. Auch sie suchen sich jeweils eine aus. Diejenigen, die sich die gleiche Karte ausgesucht haben, bilden zusammen ein Paar.

5. ERSTES PAARSPIEL
Als Spielvorbereitung werden Konservendosen farblich gekennzeichnet und vor Spielbeginn auf der Spielfläche verteilt. Jedes Paar bekommt einen farbigen Softball oder Luftballon, den sie zwischen ihre Stirn klemmen. Auf ein Startzeichen hin müssen die einzelnen Paare, ihrer Softballfarbe entsprechend, so viele Konservendosen wie möglich einsammeln und zu einem Turm stapeln. Gewonnen hat das Paar, dass innerhalb einer Minute den höchsten Turm gebaut hat.

ALTERNATIVE
Die Pärchen stellen sich Rücken an Rücken, verbunden mit einem Softball oder Luftballon, zueinander auf. Bei einem Startzeichen müssen die Pärchen eine vorher festgelegte Strecke zurücklegen. Wer in einer Minute die längste Strecke läuft, hat gewonnen. Das Paar, das seinen Softball oder seinen Luftballon verliert, hebt ihn wieder auf und startet an der Stelle, wo er fallen gelassen worden ist.

6. ERSTES KANDIDATENGEHEIMNIS
Jeder Spieler hat so seine Geheimnisse, die in diesem Spiel nacheinander zum Tragen kommen. Vor Spielbeginn hat der Moderator jeden einzelnen Kandidaten

nach seinen besonderen Erlebnissen, Fähigkeiten oder Hobbys befragt. Allerdings sollte dieses Geheimnis keinem anderen Kandidaten bekannt sein. Der Moderator erfindet zwei fiktive Erlebnisse, Fähigkeiten oder Hobbys hinzu. Nun präsentiert er stellvertretend für den ersten Kandidaten sein Geheimnis. Die Kandidaten des anderen Geschlechts geben ein Votum ab, welche von diesen drei Aussagen das wahre Kandidatengeheimnis darstellt. Jeder, der den Kandidaten richtig eingeschätzt hat, erhält einen Punkt.

7. MÖGLICHE SHOWEINLAGE
Vor Spielbeginn haben die Teilnehmer in Kleingruppen verschiedene Showeinlagen geprobt, die nacheinander in diesem Spielabschnitt vorgestellt werden. Als Showeinlagen sind denkbar: Gesang zum Playback, selbstgedichtete Lieder zu bekannten Melodien, artistische Kleinkunst oder eine pantomimische Darstellung zu einer Freizeitsituation. Der Phantasie sind keine Grenzen gesetzt.

8. GESCHLECHTSSPEZIFISCHES SPIEL: Mädchen gegen Jungen
Nun folgt wieder ein Wettkampfspiel, bei dem die Mädchen gegen die Jungen antreten. Das bekannte Spiel „Ich packe meinen Koffer" ist eine mögliche Spielidee. Die erste Person bekommt ein Wort, wie zum Beispiel „Ich ...". Die zweite Person fügt diesem Wort ein neues hinzu, das mit dem Buchstaben beginnt, mit dem das letzte Wort endete, wie zum Beispiel „Ich habe ...". Die dritte Person setzt entsprechend den Satz fort: „Ich habe einmal ...". Je länger der Satz wird, um so schwieriger wird eine sinnvolle Satzbildung. Derjenige, dem kein weiteres Wort einfällt, scheidet aus. Es hat die Gruppe gewonnen, die den längsten Satz bildet.

ALTERNATIVE
Auch bei diesem Spiel geht es darum, Sätze zu bilden. Jürgen von der Lippe hat einmal folgendes Spiel eingesetzt: Jeder Spieler erhält ein Wort, wie zum Beispiel „Tasse". Der entsprechende Spieler hat die Aufgabe, mit den einzelnen Buchstaben des Wortes einen vollständigen Satz zu bilden, zum Beispiel: Tasse heißt Tasse, weil Thomas andauernd seine Strümpfe einweicht, Seide heißt Seide, weil Schnecken einst ihr Dasein erlebten.

9. ZWEITES KANDIDATENGEHEIMNIS
Die nächste Kandidatin oder der nächste Kandidat ist an der Reihe. Das Muster entspricht dem oben erklärtem.

10. ZWEITES PAARSPIEL
Nachdem sich eine neue Paarkonstellation zusammengefunden hat, bekommt jedes Paar einen Buchstaben. Dem Buchstaben entsprechend zählen sie Persönlichkeiten auf, wie zum Beispiel B für Bruno Bettelheim, Bertold Brecht, Paula Moderson-Becker, Johann Sebastian Bach, Wolf Biermann, Heinrich Böll, Karl Barth, Felix Mendelssohn Bartholdy, Katharina von Bora
H für Heinrich Heine, Gustav Heinemann, Johann Gottfried Herder, Otto Hahn, Herbert Hirche, Alfred Hitchcock, Hermann Hesse
Gewonnen hat das Paar, dass innerhalb einer Minute die meisten Persönlichkeiten beim Namen nennen kann.

ALTERNATIVE
Dem Publikum werden nacheinander einzelne Verben auf jeweils einem Plakat gezeigt, so dass die Paare diese nicht sehen können, wie zum Beispiel schwimmen, Fahrrad fahren, Schlittschuh laufen, springen, Tau ziehen, Blumen umtopfen, kochen etc.
Diese Verben werden vom Publikum pantomimisch dargestellt und das Paar muss die Begriffe erraten. Beim Erraten des Begriffes wird dem Publikum der nächste Begriff gezeigt. Wenn ein Paar den dargestellten Begriff nicht erraten kann, darf es mit dem nächsten Begriff weitermachen. Gewonnen hat die Mannschaft, die innerhalb einer Minute die meisten Begriffe errät.

11. MÖGLICHE SHOWEINLAGE (S.O.)
12. DRITTES KANDIDATENGEHEIMNIS (S.O.)
13. MÖGLICHE SHOWEINLAGE (S.O.)
14. VIERTES KANDIDATENGEHEIMNIS (S.O.)
15. DRITTES PAARSPIEL

Es findet sich die letzte Paarkombination zusammen, die gegebenenfalls einer bestimmten Farbe zugeordnet wird (s. Spielvariante).

Vor Spielbeginn sind Lieder auf einzelnen Papierstreifen notiert worden, wie zum Beispiel „Es klappert die Mühle am rauschenden Bach …", „Die Affen rasen durch den Wald …", „Marmor, Stein und Eisen bricht…" usw. Das Publikum summt den Paaren diese Liedmelodien vor. Bei Erraten eines Liedes wird die nächste Melodie gesummt. Ein Paar darf mit dem nächsten Lied weiterraten, wenn es mit der gesummten Melodie zu keinem Ergebnis kommt. Es hat das Paar gewonnen, das innerhalb einer Minute die meisten Lieder beim Namen nennen kann.

ALTERNATIVE
Vor Spielbeginn sind unter den Stühlen der Zuschauer Herzen aus farbigem Tonkarton befestigt worden. Die Zuschauer nehmen ihr Papier-Herz in die Hand. Auf ein Startzeichen hin rennen die Paare zu den Zuschauern und sammeln die Herzen ein, die ihrer Farbkombination entsprechen. Das Paar, das die meisten Herzen innerhalb einer halben Minute eingesammelt hat, gewinnt.

16. FÜNFTES KANDIDATENGEHEIMNIS (S.O.)
17. MÖGLICHE SHOWEINLAGE (S.O.)
18. SECHSTES KANDIDATENGEHEIMNIS (S.O.)
19. ANSAGE DER GESAMMELTEN PUNKTE DURCH DEN MODERATOR/DIE MODERATOREN

Mit Hilfe der Assistenten gibt der Moderator bekannt, wie viele Punkte die jeweilige Kandidatin oder der Kandidat erspielt hat. Dieses Ergebnis kann für Einzelne ein Anreiz sein, sich an geeigneter Stelle für „Geld" zu entscheiden.

20. WAHL DES „PAAR DES ABENDS" DURCH DAS PUBLIKUM
Per Abstimmungstabelle bestimmt das Publikum das Paar des Abends. In der Waagerechten werden die Kandidatinnen, in der Senkrechten die Kandidaten notiert. So entstehen neun Felder, die nummeriert werden. Eine Zahl steht dann für eine Paarkombination. Die Personen im Publikum entscheiden sich für ein Paar

und schreiben die entsprechende Zahl auf. Die Assistenten sammeln die Ergebnisse ein. Die Kandidaten dürfen noch nicht erfahren, wie sich das Publikum entscheidet. Eine mögliche Showeinlage gibt den Assistenten ausreichend Zeit, die Auswertung des Publikums vor zu nehmen.

21. MÖGLICHE SHOWEINLAGE (s.o.)

22. GELD ODER LIEBE – ENTSCHEIDUNG DER SPIELER
Das Spiel endet mit der Entscheidung der einzelnen Spieler für „Geld" oder „Liebe". Sie zeigen dazu das entsprechende Täfelchen. Alle Spieler, die sich für „Geld" entscheiden, nehmen im „Sofa" wieder Platz und erhalten jeweils einen Trostpreis. Die Kandidaten, die ihr Täfelchen mit einem Herz gezeigt haben, sammeln sich um den Moderator. Jetzt erst wird das Publikumsergebnis bekannt gegeben.

23. PREISVERGABE
Wenn sich beide ausgewählten Spieler für „Liebe" entschieden haben, wird die Summe der erspielten Punkte addiert und jeweils dem Mädchen und dem Jungen, zum Beispiel in Form von Schokoladenriegeln oder Bonbons, ausgezahlt. Hat sich jedoch einer der beiden für „Geld" entschieden, wird seine Punktzahl an den Gewinner weitergegeben.
Natürlich kann es auch vorkommen, dass sich beide vom Publikum ausgewählten Spieler zuvor für „Geld" entschieden haben, dann wird kein Preis ausgegeben.

Tipp:
Die Spielshow gewinnt an Charme, wenn der Raum entsprechend geschmückt wird, zum Beispiel mit vielen Herzchen aus Tonkarton, Zuschauerreihen für das Publikum und einem kleinen Tisch vor dem „Kandidaten-Sofa".
Der Mitarbeiterkreis muss sich sorgfältig überlegen, wer als Kandidat in die Spielshow eingeladen wird. Insgesamt sollten die einzelnen Spieler sehr homogen sein, so dass Einzelne nicht von vornherein die Gruppe dominieren und damit für das Publikum schnell als Sieger feststehen. Für einen reibungslosen Spielverlauf bedarf es einer gründlichen Spielvorbereitung.

Variante:
Wenn dieser Spielablauf zu aufwendig erscheint, kann ein abwechslungsreicher bunter Abend gestaltet werden, bei dem auch verschiedene Paarspiele eingebunden sind. Wieder einmal war es eine Segelfreizeit, bei der sich im Laufe der Freizeit neun Pärchen gefunden haben. Nun sollte das Traumpaar der Freizeit gekürt werden. Folgende Spiele haben den Abend bereichert:
Einschätzungsfragen für die Jungen, wie zum Beispiel:
Trägt deine Herzdame ein Nachthemd?
Mag deine Herzdame rote Rosen?
Mag deine Herzdame Zitroneneis?
Mag deine Herzdame Kleider tragen?
Hat deine Herzdame Flugangst?
Diese Fragen werden nacheinander gestellt. Die Jungen schätzen die Antwort ihrer Herzdame ein. Danach geben die Mädchen eine ehrliche Antwort auf die Fragen. Bei jeder Übereinstimmung bekommt das Paar einen Punkt.

Im Laufe des Abends haben die Mädchen ihren Herzbuben eingeschätzt:
Mag dein Herzbube Fußball?
Isst dein Herzbube gern Spinat?
Trägt dein Herzbube Boxershorts?
Hat dein Herzbube die Reisetasche für die Freizeit selbst gepackt?
Mag dein Herzbube Kakteen?
Nach der obenbeschriebenen Spielregel erlangen die Paare ihre jeweiligen Punkte.

Fuß- oder Hand-Auswahl
Mit verbundenen Augen tasten die Jungen alle Füße oder Hände der Mädchen ab, so dass sie unter diesen den Fuß oder die Hand ihrer Herzdame finden müssen. Bei richtig ausgewähltem Fuß oder ausgewählter Hand erhält das Paar einen Punkt.

Begriffe aus dem Leben eines Paares
Vor Beginn des bunten Abends sammelt der Mitarbeiterkreis typische Begriffe, die zu einer Beziehungskiste gehören, wie zum Beispiel Liebeskummer, Sehnsucht, Handkuss, Ehekrach, Umarmung etc. Die Mitarbeiter und auch Teilnehmer, die als Paar nicht mitspielen, sind aufgefordert, diese Begriffe pantomimisch darzustellen. Jedes Paar schreibt auf einen Zettel den Begriff auf, von dem sie meinen, dass er gesucht wird. Wenn alle Begriffe vorgespielt worden sind, werden sie mit den aufgeschriebenen verglichen. Jeder erratene Begriff ergibt einen Punkt.

Das Traumpaar der Freizeit erhält einen Preis, wie zum Beispiel ein Freizeit-T-Shirt oder ein romantisches Abendessen. Auch hier sind der Phantasie keine Grenzen gesetzt.

6. Besondere Situationen für Teilnehmer und Leitung

Lea hat ihren verletzten Fuß zum Kühlen in einen Eimer Wasser gestellt. Judith: „Lea, Dein Fuß ist im Eimer!"

6.1. Erkrankungen und Unfälle

Die Katastrophen können klein und groß sein, wie immer bei uns Menschen. Das reicht von einer kleinen Prellung bis zum komplizierten Knochenbruch, von Magenschmerzen bis zum akuten Blinddarmdurchbruch. Die Betreuer einer Freizeit müssen immer auf Erkrankungen und Unfälle eingerichtet sein. Je weiter sich die Gruppe von der Zivilisation entfernt, desto eher muss sie auf Erste Hilfe eingestellt sein. In festen Häusern gibt es in der Regel Erste-Hilfe-Koffer, aus denen sich die Gruppe im Notfall bedienen kann. Wir empfehlen dennoch eine eigene Erste-Hilfe-Ausstattung. Sehr gut ausgestattete Erste-Hilfe-Taschen gibt es in Sanitätsgeschäften und Apotheken zu kaufen. Auskunft über den Inhalt geben sicher gern die Hilfsorganisationen wie Johanniter oder DRK. Eine solche Erste-Hilfe-Tasche haben wir bei unseren Freizeiten immer dabei. Oft bleibt darin auch noch Platz für ein Fieberthermometer und weitere Kleinigkeiten wie Alu-Rettungsdecken usw. Medikamente sind nicht Bestandteil der Taschen, da sie vom Betreuer nicht ausgegeben werden dürfen!

Aber es hilft alles nichts, wenn keiner aus der Gruppe Erste Hilfe leisten kann. Daher gehört zur Ausbildung eines Gruppenleiters eine Erste-Hilfe-Ausbildung. Aber auch Hauptamtliche müssen sich regelmäßig fragen: Kann ich noch die stabile Seitenlage? Was mache ich bei starken Blutungen oder Knochenbrüchen? Unfälle können passieren, und deswegen ist dann die Leitung der Freizeit gefordert, einen kühlen Kopf zu bewahren und zu wissen, was zu tun ist.

Zur Ersten Hilfe gehört natürlich das Wissen, wie und wo der örtliche Rettungsdienst erreicht werden kann. Die Notrufnummer 112 für Feuerwehr und Rettungsdienst funktioniert noch lange nicht in allen Teilen Europas, von anderen Teilen der Erde ganz zu schweigen. Bei Fahrten ins Ausland muss das Team sich also vor der Freizeit nach den Notfallnummern erkundigen. Wenn die Gruppe in den schwedischen Wäldern einen Beinbruch zu meistern hat, ist ein Einheimischer oft nicht in der Nähe.

In den Weiten Schwedens oder Frankreichs ist auch das nächste Krankenhaus kilometerweit entfernt. Das muss immer im Bewusstsein der Freizeitleitung sein. Wenn ein Betreuer mit einem erkrankten Kind ins Krankenhaus fährt, kann es sehr lange dauern, bis er wieder da ist. Zur Not müssen die Betreuer schnell ein Programm umstellen, um den oder die ausgefallenen Betreuer zu ersetzen.

Der Umgang mit Werkzeugen, Wasser und Feuer kann immer zu Unfällen führen. Also sind die Kinder und Jugendlichen immer wieder auf Gefahren hinzuweisen. Das Rauchen in den Wäldern Brandenburgs im Sommer kann zur Katastrophe führen. Heftiges Herumwackeln kann ein Kanu sehr schnell auf den Grund des Sees befördern. Auf See und im Kanu sind Schwimmwesten zu tragen. Die haben ihren lebensrettenden Sinn und allen muss klar sein, was passiert, wenn ein Teilnehmer ohne Schwimmweste in eine Stromschnelle gerät.

Diese Situationen sollen dem Leitungsteam keine Angst machen. Aber wer pädagogisch arbeiten möchte, muss auch im Sinne seiner Fürsorge- und Aufsichtspflicht handeln.

Beispiel: Unfall mit Kleinbus

Dieses ist die Schilderung eines Unfalls, der passiert ist. Er zeigt, dass auf Freizeiten mit allem gerechnet werden muss.

Die Freizeitgruppe war mit 3 Kleinbussen (einer mit Anhänger) und 27 Gruppenmitgliedern in Irland unterwegs. Als Fahrer standen sieben Personen zur Verfügung, zwei pro Fahrzeug und ein „Reservefahrer". Es war eine Rundtour mit verschiedenen Übernachtungsstationen. Auf einer der vielen engen Straßen Irlands passierte es dann: Ein fremdes Fahrzeug drängte einen der Busse von der Straße ab. Der Wagen überschlug sich und blieb auf einem Feld liegen. Zum großen Glück waren alle Personen angeschnallt und der Wagen fuhr langsam, dadurch wurde keine Person ernsthaft verletzt. Aber was für ein Schock für die Gruppe! Die Iren waren sehr hilfsbereit und Helfer schnell zur Stelle. Der Kleinbus war allerdings so stark beschädigt, dass an eine Weiterfahrt nicht zu denken war. Was nun? Wie kommt ein Drittel der Gruppe weiter? Soll man überhaupt weiter fahren oder die Freizeit abbrechen? Mit allen zu treffenden Vorbereitungen hätte die Rückfahrt nach Deutschland fünf Tage gedauert: Versicherungsfragen klären, Fährverbindungen umbuchen, neue Fahrzeuge besorgen usw. Die Gruppe entschied sich für die Weiterführung der Freizeit. Das war vor allem dem Umstand zu verdanken, dass keine Verletzten zu beklagen waren.

Mit Hilfe eines Automobilklubs wurde versucht, ein Ersatzfahrzeug zu bekommen. Aber zu dem Zeitpunkt war in ganz Irland kein Kleinbus verfügbar. Also wurden zwei PKW ausgeliehen. Aber das waren nun – dem irischen Linksverkehr angepasst – rechtsgelenkte Fahrzeuge. Die Fahrer der PKW mussten sich erst einmal umstellen auf die ungewohnte Handhabung der Fahrzeuge. Dann musste ein Teil des Gepäcks aus dem zerstörten Fahrzeug auf die anderen umgeladen werden. Die sieben Fahrer hatten jetzt also vier Fahrzeuge zu fahren. Am letzten Tag in Irland mussten die PKW zum Vermieter zurückgebracht werden – andere Länder, andere Sitten. Das bedeutete für zwei Fahrer eine Fahrt von 300 km zum Vermieter und eine ebenso lange Bahnfahrt zurück zur Gruppe. Zum Glück war für den letzten Tag ein Aufenthalt in Dublin vorgesehen gewesen. Dann ging es mit den zwei Kleinbussen und den Leuten auf die Fähre nach England. Dort warteten wieder zwei PKW. So ging es durch England bis zur Kanalküste, und die Fahrzeuge konnten hier zurückgegeben werden. Allerdings konnten in Frankreich keine Fahrzeuge zur Verfügung gestellt werden. So mussten neun Personen – einschließlich zwei Begleitpersonen – mit dem Zug nach Deutschland fahren. Zum Glück konnte das Gepäck noch mit den beiden Kleinbussen transportiert werden.

Dieses Beispiel zeigt, wie schnell sich eine Freizeitsituation ändern und wie schnell es Verletzte geben kann. Es zeigt auch, wie wichtig eine gute Vorbereitung und eine gute Versicherung sein kann. Alle Kosten für Mietwagen, Bergung des kaputten Kleinbusses, Rückfahrt mit dem Zug usw. wurden durch den Automobilklub getragen.

Ein Sprichwort sagt: Selten kommt ein Unglück allein. So auch auf dieser Irland-Freizeit. An einem Abend klagte eine Teilnehmerin über sehr starke Bauchschmerzen. Die wurden immer schlimmer – Binddarm oder eine andere schwere Erkrankung? Das nächste Krankenhaus der öffentlichen Gesundheitsvorsorge lag 110 km entfernt. Für irische Verhältnisse in der dünn besiedelten Gegend normal. Zwei Teamer fuhren die Erkrankte mit einem der Kleinbusse dorthin. Ein Teamer fuhr, der andere kümmerte sich um das Mädchen. Im Krankenhaus wurde dann tatsächlich eine akute Blinddarmentzündung diagnostiziert. Das Mädchen wurde operiert. Es stellte sich heraus, das der nächstgelegene Krankenwagen auch erst von diesem Krankenhaus losgefahren wäre. Auch das ist für uns kaum vorstellbar, für bestimmte Gegenden Europas normal. Für diesen Fall war die Auslandreisekrankenversicherung der Gruppe zuständig. Sie bezahlte den Flug für ein Elternteil des erkrankten Mädchens nach Irland und dann den Ambulanzflug aus dem irischen Krankenhaus in eine deutsche Klinik.

Nicht jede Freizeit enthält solche schweren Erkrankungen und Unfälle. Für den Fall, das etwas Unvorhergesehenes geschieht, ist eine gute Vorbereitung wichtig und unumgänglich.

6.2. Mit dem Kanu unterwegs

Paddeltouren bieten dem Einzelnen oder der Gruppe die Möglichkeit, die Schönheit der Natur hautnah zu erleben. Allerdings geht es nicht ohne eine genaue Planung der zu befahrenden Strecken, der Tagesabschnitte, der Anlegestellen, der Übernachtungsplätze, der Einkaufsmöglichkeiten, der Wetterverhältnisse, der Verkehrsverhältnisse usw. Ein Preisvergleich bei den Kanuvermietern lohnt sich, oft variieren die Preise erheblich.

Einweisung in die Handhabung der Kanus

Wichtig am Beginn einer Kanufreizeit ist die genaue Einweisung in die Kanus. Das macht in der Regel der Verleiher der Boote. Wenn sich die Kanus bereits im Besitz der Institution befinden, müssen sich die Verantwortlichen rechtzeitig damit vertraut machen. In der Regel fahren zwei Personen ein Kanu, wobei die im Heck sitzende Person das Lenken übernimmt. Bei den ersten Paddel-Versuchen kann es dann schon einmal vorkommen, dass das Boot im Zickzack fährt. Ein bisschen „Kreuzen" gehört dazu, und nach einigen Stunden wird jeder in seinem Boot klarkommen. Die Freizeitleitung sollte den Teilnehmern Zeit lassen, ihre ersten Versuche an Seeufern oder auf ruhigen, hindernisfreien Wasserläufen zu machen.

Touren über mehrere Tage

Für längere Touren über mehrere Tage mit vollem Gepäck empfehlen sich wasserdichte Tonnen und Packsäcke. Die Tonnen können mit Bekleidung, Lebensmitteln und Gerätschaften gefüllt werden. Sie werden oft von den Bootsverleihern mit angeboten. Die Investition lohnt sich. Ein gekentertes Kanu ist oft schnell wieder aufgerichtet, aber Kleidung und Lebensmittel schwimmen dann herum oder die Fische vergnügen sich damit. Bewärt haben sich zwei Tonnen á 20 Liter pro Person. Packsäcke sind zwar nicht über lange Zeit wasserdicht, aber sie schwimmen meis-

tens auf dem Wasser und schützen so Kleidung und Schlafsäcke. Alles, was nicht untergehen darf, sollte festgebunden werden. Zur Ausrüstung gehört auch eine Schwimm- bzw. Rettungsweste, die auf das Körpergewicht abgestimmt sein muss. Für das Umtragen von Boot und Gepäck ist ein zweirädriger Bootswagen vorteilhaft, der ebenfalls beim Bootsverleiher gemietet werden kann.
Zudem gehören u.a. zwei Kleinigkeiten an das Boot, die die Paddeltour erleichtern: Eine Bootsleine an Bug und Heck zum Festmachen oder Halten der Boote. Während der Fahrt wird die Bugleine aufgerollt, so dass sie sich nicht verheddern kann. Auf Seen kann die Heckleine als Bergungsleine hinterher gezogen werden, so dass man im Falle einer Kenterung das Boot nicht verliert. Denn bei Wind treibt das Boot schneller ab, als man gegebenenfalls schwimmen kann. Zum Tragen der Boote sind Gurtschlaufen zum Vorteil.

Tipp zur Kleidung:
Neopren-Schuhe oder für Wasser geeignete Schuhe verhindern beim Aussteigen mögliche Fußverletzungen oder ein Ausrutschen auf Steinen. Ansonsten bedarf es einer Kleidung, die warm hält. Westen bieten den Vorteil, dass sich die Arme gut zum Paddeln bewegen lassen.

Unterschiedliche Gewässertypen

Beim Fahren sind die Unterschiede zwischen verschiedenen Gewässertypen zu beachten: See oder Fließgewässer, flaches oder tiefes Gewässer, schnell oder langsam fließend. Dazu muss die Gruppe auch das Wetter im Blick haben. Ein plötzlich aufkommender Wind kann die Kanugruppe durch Wellengang schnell in gefährliche Situationen bringen. In Skandinavien gibt es wunderschöne Seen, oft sehr groß und bei schönem Wetter sehr ruhig. Bei Wind entstehen durch die große Fläche allerdings oft sehr hohe Wellen, so dass das Kanufahren nicht möglich ist. Grundsätzlich sollte man sich an Ufernähe aufhalten, um bei auffrischendem Wind sofort anlegen zu können. Bei Gegenwind kann der Paddler nur mit Anstrengung an sein Ziel gelangen. Ein kleiner, schmaler Fluss mit geringer Strömung (max. 4 km/h) und ohne Hindernisse ist das ideale Anfängergewässer für einen Paddler. Diese Geschwindigkeit ist langsamer als ein Fußgänger, so dass man mühelos gegen die Strömung paddeln kann.
Als nächstes kommt das fließende Gewässer von einer Geschwindigkeit von 4-7 km/h. Hier kann sich der Paddler durch Rückwärtspaddeln auf der Stelle halten und mit Anstrengung gegen den Strom paddeln.
Die dritte Stufe bildet ein Fließgewässer mit einer Geschwindigkeit von mehr als 7 km/h. Es kann mit Rückwärtspaddeln nicht mehr überwunden werden.
Aber nicht nur die Geschwindigkeit gibt darüber Auskunft, wie schwierig das Gewässer für den Paddler ist, sondern auch Gefälle, Windungen, Ablagerungen oder Hindernisse.
In Skandinavien bestehen zwischen einzelnen Seen manchmal keine direkten Verbindungen, dann müssen die Boote umgetragen werden. Das kann zu einer rechten Plackerei werden: Alles muss entladen, die Boote über Land oder auf Bootswagen getragen und alles wieder eingepackt werden. Für solche Aktionen muss genug Zeit eingeplant sein.
Beim Befahren von Flüssen kann sehr viel Verkehr herrschen, entweder durch

gleichgesinnte Kanuten oder Ruderer oder sogar durch Handelsschiffe. Vor allem im letzten Fall ist besondere Vorsicht geboten, die Wellen eines vorbeifahrenden Schiffes können die Kanus schnell in Schwierigkeiten bringen.

Die Tagesstrecken müssen gut geplant werden, wobei auch Wehre und Schleusen berücksichtigt werden müssen. Gerade bei Touren auf kleinen Flüssen oder Kanälen kann eine geschlossene Schleuse die Paddler zum Warten zwingen, wenn sie sie nicht umtragen wollen. So sind zum Beispiel auf Kanälen in Ostfriesland die Schleusen nur zu bestimmten Zeiten geöffnet. Bei der Planung also rechtzeitig Erkundigungen über Öffnungszeiten einholen.

Bei manchen Wehren gibt es spezielle Rutschen, über die die Kanus hinabfahren können. Oft trauen sich das aber nur geübte Fahrer zu, also auch hier ein Umtragen einplanen.

6.3. Mit dem Zelt unterwegs

Wenn die Gruppe mit Zelten reist, sollte auf richtige Hilfsmittel geachtet werden. Flickzeug und Dichtungsmaterial gehören ins Gepäck. Bei langen Freizeiten mit Selbstversorgung können Küchen- und Aufenthaltszelte eingeplant werden. Wenn die Gruppe jeden Tag einen anderen Zeltplatz hat, sollte das Gepäck möglichst leicht sein. Dann kann ein Küchenzelt eventuell mit Hilfe einer Plane improvisiert werden. Für die einzelnen Zelte haben sich auch große, wasserdichte Planen unter den Zelten bewährt, vor allem in Nordeuropa mit den regenreichen Sommern ist eine gute Abdichtung von unten zu empfehlen. Wenn die Gruppe mit kleinen Zelten für ein oder zwei Personen reist, kann es auch günstig sein, Reservezelte mitzunehmen. Ein Beispiel: Die Gruppe ist mit Kanus in Schweden unterwegs, der erste Abend bricht heran. Das Abendessen ist gemacht, die Teilnehmer haben ihre Zelte aufgestellt. Es kommt wie es kommen muss: Ein plötzlicher Wolkenbruch lässt alle in ihre Zelte flüchten. Kurz darauf die ersten Schadensmeldungen: „Hier regnet es ja durch!" So manches Zelt ist so schnell nicht zu flicken. Dann hilft nur ein Ersatzzelt.

Nach dem großen Regen müssen die Zelte trocknen. Manchmal fehlt während einer Freizeit genug Zeit dafür. Umso wichtiger ist das Trocknen nach der Freizeit. Sonst ist das Zelt schon nach wenigen Wochen von Schimmelpilzen befallen und unbrauchbar.

Das Zelten ist immer auch ein Naturerlebnis und alle Gruppenteilnehmer müssen sich am Erhalt der Natur aktiv beteiligen. Zunächst sollte die Gruppe nur an Plätzen ihr Lager aufschlagen, an denen das Zelten erlaubt ist. Auf vielen Plätzen gibt es fest installierte Waschräume und Toiletten. Aber das ist nicht immer der Fall. Auf anderen Plätzen gibt es nur sogenannte „Plumpsklos" oder überhaupt keine Einrichtung für das „große Geschäft". Für diese Fälle gehört unbedingt ein Klappspaten ins Gepäck, mit dem die Gruppe sich ihre Notdurftstelle selbst herstellt. Der Spaten kann auch sonst gute Dienste leisten, etwa beim Löschen des Lagerfeuers. Weitere wichtige Werkzeuge, die dabei sein sollten: Ein Hammer zum Einschlagen der Zeltpflöcke, Ersatzheringe und eine Axt, um Holz zu zerkleinern.

Für den Fall des Kampierens in der Natur ist daran zu denken, dass nicht nur Wasser zum Trinken benötigt wird. Es sollte ein Wasserkanister extra für das Kochen,

Abwaschen und Zähneputzen mitgenommen werden. Für das Abwaschen und Haare waschen sollten nur sogenannte „biologisch abbaubare" Mittel verwendet werden, wenn sie denn überhaupt notwendig sind.

Für die Nacht sind Iso-Matten und Schlafsäcke selbstverständlich. Für die Dunkelheit sollte auch für jedes Zelt eine Taschenlampe vorhanden sein. Es ist schon erstaunlich, wie dunkel die Natur wirklich ist, wenn die Lichter der Städte nicht mehr den Himmel erhellen.

6.4. Mit dem Fahrrad unterwegs

Bei Radtouren müssen die Räder natürlich in Ordnung sein und den Sicherheits- und Straßenverkehrsvorschriften gerecht werden. Also Beleuchtung, Bremsen und Reifen rechtzeitig kontrollieren. Das muss auf dem Informationsabend in der Vorbereitungszeit konkret angesprochen werden. Das Flickzeug und die Ersatzteile müssen in ausreichender Menge vorhanden sein. Es ist erstaunlich, wie oft eine Radgruppe wegen einer Panne anhalten muss. Und wenn dann das Material fehlt … Als Gepäck empfehlen sich Packtaschen für das Fahrrad. Diese gibt es inzwischen in verschiedenen Ausführungen für die Befestigung am und auf dem Gepäckträger, neben den Vorderrädern und am Lenker. Auch hierbei werden wasserdichte Modelle angeboten. Für die Befestigung von sonstigem Material empfehlen sich Spanngurte.

Mit dem Fahrrad fahren

Das Fahren in der Kolonne auf öffentlichen Straßen ist nicht einfach. Ab einer Gruppengröße von 15 Radfahrern kann zu zweit nebeneinander gefahren werden (§ 27 Absatz 1 StVO). Am Schluss der Gruppe sollte immer ein Betreuer fahren. Mindestens für den Letzten in der Gruppe empfiehlt sich eine signalfarbene Jacke oder ein entsprechender Überwurf, der über der normalen Jacke getragen werden kann und im Fachhandel erhältlich ist. Bei dunklem Wetter sind die Signalfarben viel besser zu erkennen als die oft dunklen Jacken der Teilnehmer. Die Gruppe sollte immer zusammen fahren, dass heißt, sich an den langsamsten Fahrer anpassen. Dadurch ist die Gruppe natürlich sehr viel langsamer als ein Einzelfahrender. Das muss bei der Planung der Tagestouren berücksichtigt werden. Bei den Übernachtungshäusern sollte vorher geklärt werden, ob es möglich ist, die Fahrräder sicher unterzubringen. Es gibt immer wieder Zeitgenossen, die Fahrräder stehlen. Und wenn ein Fahrrad weg ist, kann der Geschädigte nicht mehr mitfahren.

6.5. Heimweh

Auch wenn sich Teilnehmer noch so sehr auf die Fahrt mit der Gruppe freuen, kommt es immer wieder vor, dass Kinder, aber auch Jugendliche, vom Heimweh geplagt werden. Für die Freizeitleitung stellt das eine besondere Herausforderung dar. Wie soll das Freizeitteam angemessen reagieren? Hier gibt es keine eindeutigen Regelungen, sondern sie müssen von Fall zu Fall entschieden werden.

Manchmal kommt es vor, dass sich Teilnehmer von dem „Heimweh kranken" Kind „anstecken" lassen, so dass auch sie unter Tränen zum Ausdruck bringen, dass sie nach Hause möchten. In dieser Situation muss die Freizeitleitung gründlich prüfen, ob sie mit Einfühlungsvermögen, besonderer Aufmerksamkeit und Zuwendung den Teilnehmer beruhigen kann, so dass dieser nach einer Nacht wieder Spaß an der Fahrt erlangen kann. Manchmal lässt sich jedoch der Teilnehmer nicht beruhigen, so dass es besser ist, das Kind durch ein Elternteil abholen zu lassen, sofern es die Entfernung zwischen Heimat- und Freizeitort zulässt und jemand daheim ist.

Da in der Regel jedoch auf Kinderfreizeiten eher mit Heimweh zu rechnen ist als auf Fahrten mit Jugendlichen, nehmen wir für Kinder Freizeitziele, die sich im Notfall relativ schnell von Elternteilen erreichen lassen.

6.6. Alkohol und Rauchen

Das Gesetz zum Schutz der Jugend in der Öffentlichkeit ist eindeutig: Rauchen ist Jugendlichen unter 16 Jahren nicht erlaubt. Ebenso ist der Verzehr alkoholischer Getränke, wie zum Beispiel Wein und Bier oder ähnliches, gesetzlich geregelt. Der Verzehr von Branntwein sowie branntweinhaltigen Getränken und Lebensmitteln ist Jugendlichen unter 18 Jahren untersagt.

Manchmal kommt es vor, dass Jugendliche mit 14 Jahren behaupten oder sogar eine schriftliche Erlaubnis ihrer Eltern vorzeigen, dass sie zu Hause auch schon Wein oder Bier trinken dürfen. Jedoch die Freizeitleitung, an die für die Dauer einer Freizeit eine Erziehungsberechtigung delegiert wird, hat nicht in allem die gleichen Rechte wie die Eltern als Personensorgeberechtigte. Sie muss sich an das Jugendschutzgesetz halten.

Die Freizeitleitung informiert Eltern und Teilnehmer über diesen Sachverhalt, der besonders dann brisant ist, wenn die Teilnehmer zwischen 15 und 18 Jahren alt sind. Das Gleiche gilt für das Rauchen.

Pädagogisch ist zu überlegen, wenn sowohl 16-jährige Jugendliche als auch einzelne Freizeitteamer rauchen, ob sie vor den Augen der Nichtraucher ihre Zigarette genießen sollen. Gerade der Mitarbeiterkreis bietet ein Vorbild für die Teilnehmer, dessen sich alle bewusst sein müssen.

6.7. Multimedia

In der Regel befindet sich ein CD-Player in dem angemieteten Freizeitheim bzw. im Gemeinschaftsgepäck, so dass den Teilnehmern möglich sein sollte, ihre Musik in der Gruppe zu hören und zu genießen. Bringt jedoch jeder selbst sein Gerät mit, ergeben sich hieraus unterschiedliche Problemanzeigen, wie zum Beispiel lautstarkes Musikhören zu geplanten Ruhezeiten. Die Freizeitleitung muss hinsichtlich dieser Fragestellung eine Klärung finden, und diese auf dem Informationsabend transparent machen. Dabei sollten die aufgestellten Zielvorstellungen einer Freizeit berücksichtigt werden, wie zum Beispiel, dass neue Erlebnisse gesammelt werden können oder Offenheit gegenüber Neuem entwickelt werden kann. Jemand, der sich permanent mit seinem Walkman von den anderen absetzt, kann kaum neue Lernerfahrungen machen.

6.8. Post und Telefon

Bei einer Freizeit, die komplett an einem Bestimmungsort stattfindet, kann es – besonders bei Kindern – hilfreich sein, wenn sie Post von ihren Eltern erhalten. Sie sollte jedoch nicht zusätzlich Telefonkarten oder Taschengeld beinhalten, wenn es gegen die am Informationsabend vereinbarten Regeln verstößt.
Gerade bei Kinderfreizeiten rufen Eltern gern ihre Kinder an, um sich zu erkundigen, ob es ihrem Kind gut geht, ob es sich auch wirklich mit der entsprechenden Person ein Zimmer teilen kann, ob das Essen schmeckt etc.
Solche Eltern-Fragen geben den Kindern keine Chance, sich vollkommen auf das Freizeitleben einzulassen. Gerade wenn das Telefon im Aufenthaltsbereich der Freizeitteilnehmer angebracht ist, erinnert es immer wieder an Zuhause und den möglichen Druck, sich mit den Eltern in Verbindung setzen zu sollen. Zudem stört das Klingeln des Telefons ein mögliches Gruppenvorhaben. Der Informationsabend bietet der Freizeitleitung die Möglichkeit, auf diese Problematik hinzuweisen. Deswegen sollten Eltern nur im Notfall ihre Kinder anrufen. In diesem Fall könnte es hilfreich sein, wenn die Freizeitleitung im Vorfeld informiert ist, damit sie entsprechend auf das Kind eingehen kann.
Bei Bestimmungsorten ohne fester Telefonnummer für die Gruppe müssen die Teilnehmer von öffentlichen Telefonzellen aus anrufen. Dies ist Eltern vorher bekannt zu geben. Sofern vorhanden, sollte eine Handynummer der Freizeitleitung veröffentlicht werden.
Eltern erwarten oftmals, dass sich ihre Kinder am ersten Abend Zuhause melden, um von der guten Fahrt oder vom Ferienziel zu berichten. Ein Gang zur Telefonzelle könnte jedoch dem jeweiligen Gruppenvorhaben entgegenstehen. Deswegen sagen wir auf diesem Informationsabend, dass es uns in der Regel gut geht. Wenn es einmal anders sein sollte, melden wir uns rechtzeitig bei den entsprechenden Familien.
Heute haben sich auch bei Kindern und Jugendlichen die Handys durchgesetzt. Das bringt bei Freizeiten neben den Eltern-Anrufen auch das Problem sonstiger Telefonate mit sich, bis hin zur SMS-Sucht unter den Teilnehmern. Dieses Problemfeld muss ebenfalls im Vorfeld geklärt sein. Unsere Empfehlung lautet: Handys möglichst Zuhause lassen. Damit kommen bestimmte Probleme und Störungen erst gar nicht auf. Die Freizeitleitung sollte jedoch für Notfälle ein Telefon/Handy dabei haben. Auch ein Reservegerät empfiehlt sich. Bekanntlich versagt die moderne Technik oft im ungünstigsten Moment. Und bei Freizeiten in weit abgelegenen Gebieten geht es nicht ohne rasche Hilfe im Notfall. Bei fehlendem oder nicht funktionierendem Handy bei der Bergwanderung stellt sich dann auch die Frage nach möglichen juristischen Konsequenzen (Sorgfalts- und Aufsichtspflicht) für die Freizeitleitung.

6.9. Besuch der Eltern

Im Vorfeld muss sich das Freizeitteam Gedanken über mögliche Besuche vor Ort machen.
Sie können nicht nur eine Störung des Gruppenlebens vor Ort darstellen, sondern auch zum Beispiel Heimweh bei einzelnen Teilnehmer auslösen.
Das Team braucht auch eine Klärung hinsichtlich dieser Fragestellung für Geburtstagskinder. Dürfen sie an diesem für sie besonderen Tag Besuche erhalten?

6.10. Ruhezeiten der Mitarbeiter

Durch die Mitarbeit im Leitungsteam übernimmt der Einzelne verantwortlich Aufgaben, die der primären Zielgruppe zu Gute kommt. Aufgrund ihres pädagogischen Handelns sind die Mitarbeiter zudem zeitlich an die regelmäßig stattfindenden Teamsitzungen gebunden. Die Folge davon ist, dass das Bedürfnis nach freier Zeit auf ein Minimum reduziert ist und eigene Interessen zurückstehen. Auch wenn Betreuer den Eindruck vermitteln mögen, dass sie Idealisten seien, die in der Regel unentgeltlich ihren Urlaub „opfern", um den Teilnehmern schöne Tage zu bereiten, so brauchen sie Zeiten der Ruhe. Deswegen ist es notwendig, dass in der Vorbereitungsphase eine Klärung darüber herbei geführt wird, wie den Mitarbeitern Phasen der Entspannung zugestanden werden können. Denn sie sollen sich während der Fahrt in der Gemeinschaft wohlfühlen und Spaß haben.
Wie in Kapitel 5.1. beschrieben, ist die Methode der Tagesleitung eine Chance, Mitarbeiter für einen Tag zu entlasten. Ein Beispiel macht dies deutlich: Am Nachmittag haben die Teilnehmer Zeit, die Stadt zu erkunden. Einige Teilnehmer nutzen die Chance und verlassen den Freizeitort in Kleingruppen, andere bleiben jedoch im Haus. Während die Tagesleitung die Aufsichtspflicht für die Daheimgebliebenen übernimmt, haben die anderen Mitarbeiter Zeit, sich auszuruhen oder selbst in die Stadt zu gehen. Dabei hängt es von den zu beaufsichtigenden Teilnehmern und der Situation ab, inwieweit die Mitarbeiter ihrer Aufsichtspflicht auch in der Stadt nachgehen müssen.
Bei langen Freizeiten kann der Mitarbeiterstab überlegen und eine Entscheidung darüber fällen, ob bei den Programmpunkten immer alle Mitarbeiter präsent sein müssen. Wenn den Programmpunkten entsprechend die Aufgaben verteilt sind, wird es einzelnen Teamern möglich sein, während dieser Phase Zeit für sich zu nehmen. Jedoch muss sich der Mitarbeiterkreis an dieser Stelle bewusst sein, dass einzelne Teilnehmer dieses Verhalten kritisch hinterfragen, nach dem Motto: „Warum ist denn der eine Teamer nicht da? Darf ich jetzt auch das machen, wozu ich Lust habe?"
Gerade in einem Team mit jugendlichen Mitarbeitern ist zu überlegen, ob sich einige nach geleisteter Arbeit vom Freizeitort entfernen dürfen. Je nach dem wie ein Team zu dieser Phase des „Ausruhens" steht, muss gewährleistet sein, dass mindestens ein Betreuer als Ansprechpartner vor Ort ist. Am besten sind jedoch zwei Personen, die sich die Aufsichtspflicht teilen.
Ruhezeiten mit „Ausgangszeiten" gleichzusetzen impliziert zwei wichtige Hinweise. Zum einen darf das Ausgehen nicht dazu führen, das Schlafenszeiten ver-

nachlässigt werden. Zum anderen befinden sich die Mitarbeiter als sekundäre Zielgruppe auch in einem gruppendynamischen Prozess, der besonders dann gestört ist, wenn nie alle Mitarbeiter da sind.
Bei sehr langen Freizeiten von mehr als 14 Tagen ist zu überlegen, ob Mitarbeiter einen freien Tag haben sollen, um einmal Abstand zu ihrer Tätigkeit zu bekommen. Eine solche Regelung setzt voraus, dass der Mitarbeiterstab so groß ist, dass die primäre Zielgruppe, das Programm und die Aufsichtspflicht nicht darunter leiden.

6.11. Freundschaftsbeziehungen im Mitarbeiterkreis

Während einer Freizeit kommt es gerade in einem Team mit jugendlichen Mitarbeitern immer wieder vor, dass sich Mitarbeiter ineinander verlieben und zum Paar werden. Grundsätzlich ist eine Freundschaftsbeziehung positiv zu sehen. Sie kann jedoch als Störung sowohl im Mitarbeiterkreis als auch in der gesamten Freizeitgruppe erlebt werden, wenn die beiden Verliebten jede Chance nutzen, sich von der Gruppe abzusetzen, unflexibel in der Zusammenarbeit mit anderen sind, permanent Zärtlichkeiten ungeniert vor der Gruppe austauschen und ihr ihre Verhaltensweisen aufzwängen oder die primäre Zielgruppe aus den Augen verlieren.

Da Störungen in der Gruppe stets Vorrang haben, muss offen miteinander gesprochen werden, wenn sich die Beziehung eher zur Last als zur beflügelten Bereicherung für die Gruppe entwickelt. Um einen konstruktiven Austausch untereinander zu gewährleisten, bedarf es einer kompetenten Gesprächsführung, die die einzelnen ernst nimmt, aber auch Grenzen setzt. Im Vorfeld einer Fahrt kann bei der Zusammenstellung des Mitarbeiterkreises überlegt werden, ob Teamer mitarbeiten sollen, die eine Liebesbeziehung zueinander pflegen. Paare mit einer reifen Beziehung können sich sehr gut auf ihre Aufgaben konzentrieren und Verantwortung übernehmen, ohne dabei permanent ihre Beziehung in den Vordergrund stellen zu müssen.

Diese Überlegungen betreffen auch die Situation, wenn Teamer einen engen Kontakt zu einer der Gruppe fremden Personen knüpfen. Zu den oben genannten Störungen kommt möglicherweise der Konflikt hinzu, dass sich am Freizeitort permanent eine Person aufhält, die den Gruppenprozess stört.

6.12. Regelverstoß durch Teilnehmer

Am ersten Abend werden zusammen in der Gruppe Regeln für das Freizeitleben besprochen, um einerseits die Gemeinschaft zu stärken und andererseits die Aufsichtspflicht zu erfüllen. Doch auf jeder Freizeit kommt es vor, das einzelne gegen die vereinbarten Regeln leicht oder schwer verstoßen. Dabei ist es von verschiedenen Situationen abhängig, wie ein Mitarbeiter reagiert. Beim pädagogischen Handeln gibt es kein Patentrezept, stattdessen steht dem Team ein großes Instrumentarium an pädagogischen Maßnahmen zur Verfügung, die vom bewussten Ignorieren des „Störenfrieds" über Tadel bis hin zur Sanktion und Strafe reichen. Nur in konkreten Situationen haben diese einzelnen Maßnahmen ihren Wert, sie können sowohl zu guten als auch zu schlechten Lösungen führen.

Wenn jedoch bei einem Regelverstoß eine Sanktion folgt, muss diese dem Vergehen angemessen sein. Die Sanktion muss eine Beziehung zum Regelverstoß aufweisen, so dass der Teilnehmer erkennen kann, was er falsch gemacht hat und die Möglichkeit zur Wiedergutmachung besitzt. Grundsätzlich sollte es in solchen Situationen immer ein Gespräch zwischen dem Betreffenden und einem der Mitarbeiter geben, um sich Klarheit über die Situation zu verschaffen. Auch mögliche Hintergründe für die Handlung können ausschlaggebend für eine angemessene Sanktion sein. Wichtig ist auch, dass die Mitarbeiter auf einen wahrgenommenen Regelverstoß zeitlich angemessen reagieren. Denn erst Tage später eine Strafe über den Betreffenden zu verhängen, kann zu dem Ergebnis führen, dass die Teilnehmer auf Dauer die Mitarbeiter in ihrer Rolle nicht Ernst nehmen.

7. Aufsichtspflicht

Bei der Teambesprechung wird über die Aufsichtspflicht gesprochen: „Stehe ich bei einer Freizeit nicht mit einem Bein im Gefängnis?"

Ein wichtiger Aspekt vorweg: Wir wollen, können und dürfen keine Rechtsberatung erteilen. Die Ausführungen in diesem Kapitel sollen jedoch allen Freizeitfahrern bewusst machen, dass das Thema Aufsichtspflicht sehr wichtig ist und oft sehr kompliziert erscheint. Rechtliche Fragen und pädagogische Handlungsweisen greifen auf Freizeiten bei vielen Fragestellungen zur Aufsichtspflicht ineinander und sollen auf den nächsten Seiten angesprochen werden.

Das Gesetz
An den Anfang dieses Kapitels stellen wir ein Zitat aus dem Bürgerlichen Gesetzbuch (BGB).
„§ 832 BGB Haftung des Aufsichtspflichtigen:
(1) Wer kraft Gesetzes zur Führung der Aufsicht über eine Person verpflichtet ist, die wegen Minderjährigkeit oder wegen ihres geistigen oder körperlichen Zustandes der Beaufsichtigung bedarf, ist zum Ersatz des Schadens verpflichtet, den diese Person einem Dritten widerrechtliche zufügt. Die Ersatzpflicht tritt nicht ein, wenn er seiner Aufsichtspflicht genügt oder wenn der Schaden auch bei gehöriger Aufsichtsführung entstanden sein würde.
(2) Die gleiche Verantwortlichkeit trifft denjenigen, welcher die Führung der Aufsicht durch einen Vertrag übernimmt." (BGB § 832)

Während der gesamten Freizeit hat die Freizeitleitung die Aufsichtspflicht über die minderjährigen Teilnehmer, die ihnen per Vertrag übertragen worden ist. Das ist für die Betreuer eine große Verantwortung und erfordert von ihnen ein „Sich-Bewusstmachen" dieser Aufgabe. Unsere Ausführungen schreiben wir vor allem im Hinblick auf Freizeiten. Wichtig ist, dass die Freizeitleitung sich mit den gesetzlichen Bestimmungen befasst, damit die Freizeitarbeit nicht gegen geltendes Recht verstößt. Wenn die Teamer sich ihrer Verantwortung bewusst sind, können sie auf dieser Basis die Freizeit souverän leiten und müssen sich nicht immer während der Aktionen fragen: „Darf ich das jetzt eigentlich oder ist das wegen der Aufsichtspflicht verboten?" Anders herum darf das Gesetz nicht als „Gegenargument" in den jeweiligen Situationen herhalten, auf dass man sich zurückzieht, wenn die pädagogischen Mittel ausgehen (vgl. Schilling 1990, S. 10).

Aus dem Bürgerlichen Gesetzbuch lassen sich drei **Hauptziele** – und damit die Hauptaufgaben der Freizeitleitung – der Aufsichtspflicht ableiten:

1. Die zu beaufsichtigenden Personen sollen selbst keinen Schaden erleiden.
2. Die zu beaufsichtigenden Personen sollen anderen Menschen keinen Schaden zufügen.
3. Die zu beaufsichtigenden Personen sollen andere Menschen nicht gefährden.

Zunächst muss geklärt werden, wer eine zu beaufsichtigende Person ist. Das sind zunächst alle Menschen unter 18 Jahren, also bis zu ihrer Volljährigkeit. Danach endet die Aufsichtspflicht. Ausnahmen sind Menschen, die zum Beispiel aufgrund von Behinderungen einer Vormundschaft unterliegen, oder wenn eine Person unter 18 Jahren schon verheiratet ist oder war (vgl. Schilling 1990, S. 13). Wer die Aufsichtspflicht verletzt, muss für den Schaden haften, der durch die verletzte Aufsichtspflicht entstanden ist. Dabei ist es egal, ob der Schaden durch eigenes Handel oder durch ein „Nicht-Handeln" entstanden ist. Dabei muss bedacht werden, dass auch eine kleine Ursache großen Schaden anrichten kann.

Wer gehört zu den Personen, die die Aufsichtspflicht wahrnehmen? Dazu unterscheidet das Recht zwischen zwei Möglichkeiten: Zur **gesetzlichen Aufsichtspflicht** gehören Eltern, Vormünder, Lehrer, Pfleger sowie Jugendpfleger. Zu einer **vertraglichen Aufsichtspflicht** gehören Gruppenleiter, Verantwortliche bei einer Veranstaltung und die Teamer bei Freizeiten (vgl. Schilling 1990, S. 14).
Freizeiten fallen unter die vertragliche Aufsichtspflicht. Daher gehören nicht nur die Hauptamtlichen einer Freizeit sondern auch alle ehrenamtlichen Mitarbeiter zu den aufsichtsführenden Personen!

Damit ist die Definition aber noch nicht abgeschlossen. Das Recht unterscheidet noch zwischen Gruppen, die nicht an einen Verein oder Verband angeschlossen sind, und jenen, die zu Verbänden, Vereinen, Kirchen usw. gehören. Im ersten Fall wird den Gruppenleitern die Aufsichtspflicht direkt von den Eltern/Vormündern übertragen. Im zweiten Fall sind die Träger oder Verbände die Partner der Eltern/Vormünder. Die Träger der Vereine usw. übertragen ihrerseits die Aufsichtspflicht wieder auf ihre Mitarbeiter. Wenn sie die Mitarbeiter – ob Hauptamtliche oder Ehrenamtliche – schulen, anleiten und überprüfen und das nachweisen können, haftet der Mitarbeiter bei einer Verletzung der Aufsichtspflicht. Wenn die Freizeit also im Rahmen von Jugendverbänden, Vereinen, Kirchen, Jugendpflege o.ä. stattfindet, haftet demnach zunächst der Träger. Der Träger kann aber bei grober Fahrlässigkeit bei der Verletzung der Aufsichtspflicht die Leiter/Teamer der Freizeit zur Verantwortung ziehen. Bei einer leichten Fahrlässigkeit mit hohem Gefahrenpotential, wie zum Beispiel Kanutouren oder Bergwanderung, gilt das jedoch nicht (vgl. Schilling 1990, S. 15).
Ein Mitarbeiterkreis sollte im Vorfeld der Freizeit mit den Erziehungsberechtigten klären:

– Sind die Eltern mit der Teilnahme ihres Kindes einverstanden?
– Erlauben die Erziehungsberechtigten, dass das Kind an den mit „besonderen Gefahren" verbundenen Aktionen teilnimmt, wie zum Beispiel Schwimmen oder Bergwandern?
– Gibt es Situationen, in denen die Gruppenleiter die Haftungspflicht ausschließen und ist eine entsprechende schriftliche Mitteilung an die Erziehungsberechtigten erfolgt?

Bei Freizeiten gibt es auch Mitarbeiter, die selbst noch nicht Volljährig sind. Auch sie haften zusammen mit dem Träger. Die Eltern oder die Vormünder der minderjährigen Teamer müssen die Tätigkeit stillschweigend dulden oder ihr ausdrücklich zustimmen. Wenn dieses Einverständnis nicht gegeben wird, besteht für den Geschädigten kein Anspruch auf Schadensersatz. Aber bei grober Fahrlässigkeit müssen auch minderjährige Ehrenamtliche oder dessen Eltern haften und evtl. Schadensersatz leisten (vgl. Schilling 1990, S. 16).

Die **Aufsichtspflicht** kann generell auch an eine andere Person **delegiert** werden. Somit ist bei einer Freizeit mit einem Leitungsteam das gesamte Team für die Aufsichtspflicht verantwortlich. Das hat zur Folge, das bei einem Schaden die gesamte Gruppe zum „Gesamtschuldner" (vgl. Schilling 1990, S. 17) wird. Bei einem Schaden muss das Team zunächst unter sich die Schuld klären. Wichtig ist noch einmal die Tatsache, dass auch minderjährige Teamer verantwortlich sind.

Das Gesetz schreibt nicht bindend vor, wie eine Freizeit zu führen ist bzw. was nicht gemacht werden darf. Johannes Schilling schreibt von sogenannten „unbestimmten Rechtsbegriffen" (vgl. Schilling 1990, S. 17-18). Damit ist die Freizeitleitung selbständig in ihrer Entscheidung über ihre Ziele, Aktionen usw. Aber sie muss immer im Blick haben, dass sie die Aufsichtspflicht nicht vernachlässigen darf. Zu einer Freizeitvorbereitung gehört es also auch, sich zu vergewissern, ob alle Mitarbeiter sich ihrer Aufsichtspflicht gegenüber den Teilnehmern bewusst sind.

Beginn und Ende
Die Aufsichtspflicht beginnt für die Verbände, Vereine usw., wenn die Teilnehmer das Gebäude, den Raum oder das Gelände betreten. Bei Freizeiten kann dieses sehr unterschiedlich gestaltet sein. Wenn die Teilnehmer sich an einem Platz (Gemeindehaus, Jugendtreff, Kirchplatz, Bahnhof, Bushaltestelle) sammeln, beginnt die Aufsichtspflicht mit dem Ankommen der Teilnehmer. Oft werden die Kinder und Jugendlichen von ihren Eltern zur Abfahrtsstelle gebracht. Solange die Eltern/Vormünder noch anwesend sind, übernehmen sie auch die Aufsichtspflicht über ihre Kinder. Sobald sie den Sammelplatz verlassen oder die Teilnehmer allein eintreffen, beginnt die Aufsichtspflicht für die Freizeitleitung. Für den Weg zum Sammelpunkt sind die Eltern/Vormünder verantwortlich.
Die Aufsichtspflicht endet nach dem Ende der Freizeit mit dem Verlassen des Ankunftsplatzes. Auf dem Weg zum Freizeithaus können neben dem Leitungsteam auch noch andere Personen für die Gruppe verantwortlich sein, zum Beispiel Busfahrer, die für ihren Bus die Verantwortung übernehmen.

Die Erfüllung der Aufsichtspflicht: Inhalte und Regeln
Wir haben bisher über die gesetzlichen Grundlagen gesprochen. Diese Bestimmungen müssen jetzt gefüllt werden. Dazu benötigen die aufsichtsführenden Personen bestimmte Regeln und Inhalte, die ihnen bei der Erfüllung der Aufsichtspflicht helfen (vgl. zu diesem Abschnitt auch Schilling 1990, S. 19-22):

– Informationen bewerten
– Belehrung und Warnung
– Anordnung und Verbote prüfen
– Überwachung
– Eingreifen (Verwarnung und Strafe)

Der erste Punkt **„Informationen bewerten"** greift noch einmal unsere Forderung nach sorgfältiger Planung und Ausführung der Freizeit auf. Die Teamer müssen wissen, wer mitfährt, um schon im Vorfeld auf „Problemkinder" und „Problemfelder" zu achten.

Kriterien hierfür können in der Persönlichkeit der Teilnehmer liegen: das Alter der Teilnehmer, ihre geistige Entwicklung, Vorerfahrungen, charakterliche Eigenschaften und Verhaltensweisen. So kann ein junges Kind, das in der Großstadt lebt, in einer fremden Großstadt besser zurechtkommen als ein älteres Kind, das auf dem Lande lebt.

Für die Gruppe kann ausschlaggebend sein, wie groß sie ist und welche gruppendynamischen Aspekte schon bekannt sind. Es ist ein Unterschied, ob die Gruppe aus Konfirmanden besteht, die sich und die Freizeitleitung schon Monate lang kennen oder ob die Freizeitteilnehmer sich noch nie zuvor gesehen haben.

Für die Freizeit selbst ist der Freizeitort oft entscheidend: Größe des Geländes, Wasserläufe und Seen, Verkehr und Wege, offenes oder abgeschlossenes Gelände (Zeltplatz), kleines Dorf oder Großstadt usw. So ist die Aufsichtspflicht in einem Haus mit festen Hauseltern und übersichtlichem Grundstück leichter auszuüben als auf einem Zeltplatz in einem Wald ohne sichtliche Begrenzung des Areals.

Schließlich sollte auch das geplante Freizeitprogramm auf gefährliche Momente untersucht werden: Wettkampfspiele, Baden in offenem Gewässer, Radtouren, Werkzeug. Ein Baumhaus mit Äxten und Sägen zu bauen erfordert ein großes Maß an Vertrauen zur Gruppe, ausführliche Einweisung in die möglichen Gefahren und eine ständige Aufsicht. Ein Spiel in einem Stuhlkreis ist dagegen weniger unfallträchtig.

Hierbei sollten sich auch das Leitungsteam selber „unter die Lupe nehmen": Wie ist zum Beispiel die pädagogische Qualifikation der Mitarbeiter zu bewerten? Die pädagogischen Ziele nach Freiheit, Eigenverantwortlichkeit und Selbständigkeit für die Teilnehmer dürfen ebenfalls nicht außer Acht gelassen werden. Zum Verhältnis der Teamer und Freizeitteilnehmer untereinander kann eventuell ebenfalls etwas gesagt werden (Wer kennt welchen Teilnehmer schon wie lange?).

Auch während der Freizeit sollten diese Punkte immer geprüft werden. Dabei sollte der Gedanke an die pädagogisch sinnvollsten Maßnahmen immer im Vordergrund stehen (vgl. Schilling 1990, S. 21-22). Insgesamt muss die gesamte Situation für die Teamer zumutbar sein. Sie selbst müssen sich zutrauen, die Verantwortung und Aufsichtspflicht für die Teilnehmer zu übernehmen.

Ein wichtiger Aspekt ist zum Beispiel die Gruppengröße, wenn es darum geht, die Mitarbeiterzahl für die Freizeit festzulegen. 20 Teilnehmer und nur eine Leitungsperson ist – auch rechtlich – nicht zu akzeptieren. Je unübersichtlicher oder gefährlicher einzelne Aktionen der Freizeit sind, desto mehr Betreuer müssen präsent sein, um die Anforderungen der Aufsichtspflicht zu erfüllen. Natürlich muss bei teilnehmenden Mädchen mindestens eine weibliche Begleitung dabei sein.

„Belehrung und Warnung" meint die vorsorglichen Hinweise an die Teilnehmer auf eventuelle Gefahren. Die Teilnehmer sollen so lernen, gefährliche Situationen oder Verhaltensweisen zu beurteilen und sie zu bewältigen. Anordnungen und Verbote sollen nicht nur ausgesprochen oder schriftlich ausgehändigt werden, sondern müssen auch überwacht werden. Dazu gehört möglicherweise ein Test bei den Kindern und Jugendlichen, ob sie noch wissen, welches Verbot oder welche Anordnung gegeben wurde. Über die ständige „Überwachung" schreibt Schilling: „[Es ist] pädagogisch fragwürdig und rechtlich nicht begründbar, Kindern bzw. Jugendlichen das Gefühl zu geben, ständig überwacht und kontrolliert zu werden." (Schilling 1990, S. 20). Er plädiert an gleicher Stelle dafür, den Kontakt und das Gespräch mit den Teilnehmern zu suchen, um so festzustellen, ob die Anordnungen und Verbote verstanden werden.

An dieser Stelle liegt für viele Teamer sicherlich ein schwieriges Problem, vor allem, wenn sie noch keine oder kaum Erfahrungen mit Freizeiten gemacht haben. Schnell kommt der Mitarbeiter zu der Frage, ob dieses oder jenes verantwortbar ist oder ob hier das Gesetz gnadenlos zuschlägt.

Unmündige Kinder und Jugendliche sollen zur Freiheit, Selbständigkeit und Selbstverantwortung erzogen werden. Dieses ist ein Prozess, bei dem man viele Schritte mehrmals machen muss, oft nach schweren Irrtümern, Umwegen und Fehlstarts. Diesem pädagogischen Ziel würde eine ständige Überwachung und Beaufsichtigung im Wege stehen. Daher muss die Freizeitleitung entscheiden, inwieweit sie die Teilnehmer kontrollieren muss.

Die vorsorgliche Belehrung und Warnung genügt nicht. Die Freizeitleitung muss überwachen, ob die **Anordnungen und Verbote** befolgt werden. Ansonsten muss sie Augen und Ohren offen halten und zu einem sofortigen Eingreifen bereit sein. Ein Beispiel: Bei einer Wanderung durch ein Naturschutzgebiet beobachtet ein Teamer, dass Jugendliche immer wieder Pflanzen aus dem Boden reißen. Wenn der Teamer nicht eingreift, verletzt er seine Aufsichtspflicht, da die Jugendlichen hier einem Dritten Schaden zufügen. Er riskiert eine Anzeige und Schadensersatzforderungen.

Wandern allein ist sicherlich keine besonders **gefährliche Freizeitaktion**. Anders ist das zum Beispiel beim Bergwandern. Hier lauern viele Gefahren: abrutschen und abstürzen, stolpern und anschlagen usw. Auch das Baden – egal ob im Schwimmbad oder in der See – erfordert eine große Aufmerksamkeit der Freizeitleitung. Die Freizeitleitung ist im Rahmen der Aufsichtspflicht für die Gesundheit und das Leben der Teilnehmer verantwortlich. Bergwandern und Schwimmen sind zum Teil so gefährlich, dass sich die Freizeitleitung bei Unfällen in diesen Bereichen nicht nur der Verletzung der Aufsichtspflicht schuldig macht, sondern auch wegen fahrlässiger Körperverletzung oder Tötung. Grob fahrlässig handelt zum Beispiel ein Teamer, wenn er beim Baden nicht bei der Gruppe ist, sondern sich ins Strandrestaurant setzt und Kaffee trinkt.

Daher ist es ratsam, dass Eltern bei der Anmeldung (vgl. Kapitel 4.4. *Informationsabend*) für die Freizeit bescheinigen müssen, ob ihre Kinder Schwimmer oder Nichtschwimmer sind und ob sie schwimmen gehen dürfen. Auch für das Bergwandern oder andere gefährliche Freizeitaktivitäten sollten die Eltern im Vorfeld um Erlaubnis gefragt werden.

Das **Eingreifen** kann auf verschiedene Arten erfolgen. Es können Verwarnungen – keine Belehrung sondern ein ernsthaftes Hinweisen auf die Folgen – ausgesprochen werden. Folgen sind zum Beispiel: Sachschäden, Gefährdung des Freizeitteilnehmers selbst, der ganzen Gruppe oder Dritter.

Als höchste Strafe ist der zeitweise oder dauerhafte Ausschluss des Teilnehmers aus der Gruppe anzusehen. Wenn der Teilnehmer nach Hause geschickt werden muss, sind zunächst die Eltern zu informieren. Wenn es zumutbar ist, kann die

Abholung des Kindes oder des Jugendlichen durch die Eltern verlangt werden. Liegt ein schriftliches Einverständnis vor, kann die Abholung durch eine andere Person erfolgen. Wenn das Kind nicht abgeholt werden kann, tritt das Kind oder der Jugendliche die Rückfahrt mit öffentlichen Verkehrsmitteln an. Die Aufsichtspflicht für die Freizeitleitung endet, wenn der Zurückgeschickte in den Bus oder die Bahn einsteigt. Den Strafen sind durch das Recht auch Grenzen gesetzt, so sind verboten: Körperliche Züchtigung, Freiheits- und Essensentzug, Geldstrafen, Gruppenjustiz.

Zur Aufsichtspflicht gehören neben dem oben genannten auch das Verbot des Trampens und des Alkoholgenusses, das Sorgen für gute und ausreichende Ernährung, für genügend Schlaf und – wie schon in Kapitel 6 angesprochen – auch für die notwendige Erste Hilfe.

Wie die Beispiele in Kapitel 6 zeigen, passieren Unfälle unverhofft. Dabei kann unter Umständen von den Geschädigten schnell die Frage nach einer Verletzung der Aufsichtspflicht gestellt werden. Am Beispiel des Unfalls mit dem Kleinbus kann gefragt werden, ob der Fahrer geeignet war, das Fahrzeug zu führen. Er war zwar nicht schuld, aber war er in der Lage, auch bei einem Unfall richtig zu reagieren? Ist nach dem Unfall Hilfe geholt worden oder nicht? Oder die Jugendliche mit der Blinddarmentzündung: Haben die Teamer schnell reagiert oder haben sie zu lange gewartet, bis sie das Kind in das Krankenhaus gebracht haben? Diese Fragen müssen nicht auftreten, aber sie können. Und für diesen Fall müssen wir noch einmal zu den Rechtsbegriffen zurückkehren.

Paragraphen
Von großem Vorteil für alle aufsichtspflichtigen Personen ist, dass bei Verstößen gegen die Aufsichtspflicht vom Gericht geprüft wird, „ob [er] die seiner Aufsicht anvertrauten Personen ‚gehörig' bzw. ‚hinreichend' beaufsichtigt hat." (Schilling 1990, S. 17) Dies sind sogenannte unbestimmte Rechtsbegriffe, das heißt, es gibt keine konkreten Inhalte, die die Aufsichtsperson in jedem Fall erfüllen muss. In jeder Situation spielen die oben aufgeführten Inhalte und Regeln sowie die pädagogischen Maßstäbe eine Rolle. Das Gesetz steckt bezüglich der Aufsichtspflicht nur einen allgemeinen Rahmen ab, so dass die Teamer ihre Pädagogik nicht von juristischen Maßstäben abhängig machen müssen (vgl. Schilling 1990, S. 17-18). Bei der Verletzung der Aufsichtspflicht ist auch von Bedeutung, ob die Aufsichtspflicht „vorsätzlich", „fahrlässig", „grob fahrlässig" oder „leicht fahrlässig" verletzt wurde. Vorsätzlich handelt derjenige, der weiß, dass es zu einem Schaden kommen wird und nichts dagegen unternimmt bzw. unternehmen will. Er billigt damit den Schaden. Fahrlässig handelt derjenige, der die Möglichkeit eines Schadens erkennt, aber hofft, das der Schaden nicht eintreten wird, nach dem Motto: „Es wird schon gut gehen …" Die Fahrlässigkeit wird in der Rechtsprechung noch einmal in grobe und leichte Fahrlässigkeit unterteilt. Grob fahrlässig handelt der derjenige, der die Aufsichtspflicht in ungewohnt hohem Maße verletzt. Ein Beispiel ist ein Betreuer, der bei einer Bergwanderung weit vor der Gruppe läuft und sich nicht um die Teilnehmer kümmert. Leicht fahrlässig handelt derjenige, der seine Aufsichtspflicht nicht sorgfältig genug ausführt. Ein Beispiel: Die Freizeitgrup-

pe geht schwimmen und der Betreuer geht mit ins Wasser. Er kann von dort aus die Gruppe nicht im Blick haben – Schwimmer- und Nichtschwimmerbecken – und nicht rechtzeitig helfen in Notsituationen. Aber wie so oft in der Rechtsprechung ist der Übergang von grober zu leichter Fahrlässigkeit fließend und es wird immer der Einzelfall geprüft.

Paragraphen, die die Folgen der verletzten Aufsichtspflicht beschreiben, sind § 278 BGB Verantwortlichkeit des Schuldners für Dritte (Verschulden des Erfüllungsgehilfen); § 829 BGB Ersatzpflicht aus Billigkeitsgründen (Schadensersatzpflicht); § 831 BGB Haftung für den Verrichtungsgehilfen; § 832 BGB Haftung des Aufsichtspflichtigen; § 170d StGB Verletzung der Fürsorge- oder Erziehungspflicht. Dabei beschreibt das Bürgerliche Gesetzbuch BGB die zivilrechtlichen, das Strafgesetzbuch StGB die strafrechtlichen Folgen.
Der Verband oder Verein muss den Schaden ersetzen, wenn die Aufsichtspflicht vorsätzlich oder fahrlässig verletzt wird. Er kann sich den Schaden aber von den schuldigen Mitarbeitern wiederholen (siehe oben). Diese ist die zivilrechtliche Folge. Die strafrechtliche Seite betrifft unmittelbar die Person, die die Aufsichtspflicht verletzt hat. Dabei muss immer ein Vorsatz (§ 170d StGB) oder fahrlässige Körperverletzung (§ 230 StGB) bzw. fahrlässige Tötung (§ 222 StGB) vorliegen. Unter den Aspekt der Körperverletzung fällt auch eine Ohrfeige, die ein Teamer einem Teilnehmer verpasst!

Zivilrecht und Strafrecht
Zwischen dem Zivilrecht und dem Strafrecht gibt es im Zusammenhang mit der Aufsichtspflicht noch einen großen Unterschied.
Ist bei einer Freizeit im Zusammenhang mit der Verletzung der Aufsichtspflicht ein Schaden entstanden, gilt die „Umkehrung der Beweislast" (Schilling 1990, S. 23). Der beschuldigte Teamer oder Leiter muss beweisen, dass er die Aufsichtspflicht nicht verletzt hat! Das ist eine Abkehr von dem sonstigen Grundsatz, dass der Geschädigte dem Verursacher den Schaden nachweisen muss. Der Beschuldigte kann widerlegen, dass er falsch gehandelt hat, in dem er nachweist, dass er der Aufsichtspflicht genügt hat und/oder dass der Schaden auch bei der gehörigen Aufsichtsführung (siehe oben) aufgetreten wäre. Zunächst wird hier wieder der Träger beschuldigt. Wenn der aber nachweist, „dass er bei der Auswahl und der Überwachung [der Teamer] die im Verkehr erforderliche Sorgfalt hat walten lassen" (Schilling 1990, S. 23) hat der Teamer oder das Team nachzuweisen, dass sie die Aufsichtspflicht nicht verletzt haben.

Dazu ein Beispiel: Bei einer Schnitzeljagd während einer kirchlichen Freizeit machen Jugendliche einen Zaun um ein Privatgrundstück kaputt. Der Besitzer beschuldigt einen Teamer der Verletzung der Aufsichtspflicht und fordert Schadenersatz. Der Teamer muss nun nachweisen, dass er die Aufsichtspflicht nicht verletzt hat. Er kann beweisen, dass er vor dem Spiel das Spielfeld genau abgegrenzt hat und dass er deutlich darauf hingewiesen hat, wie sich die Jugendlichen während des Spiels zu verhalten haben. Der Gartenzaun liegt außerhalb des Spielfeldes. Zusätzlich ist der Teamer umhergegangen, um die Jugendlichen weitestgehend im Auge zu behalten.

Die Aufzählung der Paragraphen, die möglichen Fallen in der Aufsichtspflicht und die Umkehrung der Beweislast stimmt viele Leser vielleicht nachdenklich. „Stehe ich bei einer Freizeit nicht mit einem Bein im Gefängnis?" Es ist sicherlich zunächst eine Erleichterung, wenn der Teamer weiß, dass er zunächst einen Rückhalt durch den Träger hat – wenn hinter der Freizeit ein Träger steht und der Mitarbeiter sorgfältig gehandelt hat. Bei Fahrlässigkeit ist allerdings sehr schnell der einzelne Teamer beschuldigt. Dann kann eine gute Vorbereitung und eine Sorgfalt während der Freizeit eine große Hilfe sein. Wenn Mitarbeiter unsicher sind bezüglich der Aufsichtspflicht, sollten sie sich immer rechtzeitig kundig machen (zum Beispiel bei Rechtsanwälten). Viele Verbände haben eigene Rechtsabteilungen, die sicherlich Auskunft geben können.

Eine Bestrafung nach dem Strafrecht kommt – zum Glück – kaum vor, was für die Mitarbeiter auf Freizeiten spricht. Sie stehen nicht so schnell „mit einem Bein im Gefängnis" wie sie bei der ersten Begegnung mit der Aufsichtspflicht glauben mögen.

Letztendlich führt das Wissen um die Aufsichtspflicht mit den rechtlichen Forderungen zu einer Sicherheit in der pädagogischen Entscheidung. Die Bestimmungen des Rechts lassen der Freizeitleitung ein großes Maß an Selbstbestimmung und Handlungsspielraum. Das Gesetz gibt den Teamern damit eine große Verantwortung mit. Aber Verantwortung zu übernehmen bzw. zu lernen ist auch ein Konzept von Freizeit (vgl. Kapitel 2) und lässt die Mitarbeiter „an der Aufgabe wachsen".

8. Nachbereitung einer Freizeit

Fünf Tage nach der Freizeit klingelt bei der Diakonin das Telefon. Ein Vater: „Wann findet denn die Freizeit in zwei Jahren statt, damit ich meinen Urlaub danach ausrichten kann?"

Für die Teilnehmer endet eine Freizeit mit dem Ankommen am Zielort, für die Mitarbeiter erst mit einer Nachbereitung. Diese beinhaltet drei Schwerpunkte: Aufräumen des Materials, Nachbesprechung im Mitarbeiterkreis und Endabrechung (Kapitel 8.1.).

In der Regel kommen die Mitarbeiter müde von der Fahrt nach Hause, so dass es sich lohnt, erst einmal eine Nacht zu Hause zu schlafen, bevor am nächsten Tag das Material gesichtet, und aufgeräumt wird. Material, dass speziell für die Fahrt ausgeliehen wurde, wird den Besitzern gesäubert zurückgebracht, wie zum Beispiel Zelte, Gaskocher oder Spielgeräte. Beim Einräumen des eigenen Materials wird eine Bestandsaufnahme vorgenommen. Sofern es der Freizeitetat zulässt, werden die Materialien nach gekauft, die bei der Freizeit verbraucht worden sind, wie zum Beispiel Stifte oder Klebstoff. Das Bastelmaterial, das speziell für einen Workshop angeschafft worden ist, muss nicht zwingend für den Materialschrank nach gekauft werden. Je sorgfältiger mit der Materialsichtung in der Nachbereitung umgegangen wird, um so mehr freut man sich, wenn in der kontinuierlichen Arbeit oder bei der nächsten Freizeit alles in Ordnung ist. Gerade teure Materialien, wie Schwungtücher, Bergseile oder Gaskocher, können nicht für jede Freizeit neu angeschafft werden, so dass sich eine Wertschätzung dieser Gegenstände immer lohnt.

Ansonsten kann eine geplante Freizeitzeitung fertiggestellt, Filme zur Entwicklung gebracht oder eine entsprechende CD-ROM von digitalen Bildern erarbeitet werden. Es ist erstaunlich, wie viel Arbeit allein diese Aufgaben machen.

Spätestens nach Beginn der Schulzeit sollten sich die Mitarbeiter treffen, um zusammen die Freizeit auszuwerten. Auch wenn während der Freizeit regelmäßig ein Austausch zwischen den Teamern stattgefunden hat, lässt sich nach wenigen Tagen und Wochen diese Freizeit aus der „Vogelperspektive" sehr gut reflektieren. Im Mitarbeiterkreis sollten verschiedene Ebenen im Blick sein, zum Beispiel die Teilnehmer, die Zusammenarbeit im Team, das Programm, das Thema, der Freizeitort, die Freizeitdauer, die Finanzen, die Werbung, die Zielformulierungen und Sonstiges. Jeder Mitarbeiter soll eine Chance haben, diese verschiedenen Ebenen im einzelnen kritisch zu durchleuchten. Wenn dazu ein Protokoll angefertigt wird, kann dieses bei der Planung der nächsten Freizeit dazu dienen, bestimmte Aspekte zu berücksichtigen. Denn sobald der Alltag wieder eingekehrt ist, verschwindet vieles nach ein paar Wochen aus dem Gedächtnis.

Nach einem intensiven Auswertungsgespräch ist es schön, wenn dieses in einer angenehmen Atmosphäre ausklingt; das kann zum Beispiel ein gemeinsames Essen sein.

8.1. Endabrechung einer Freizeit

Der für die Finanzen zuständige Mitarbeiter sollte nach der Freizeit ausreichend Zeit einplanen, um die Endabrechung vorzunehmen. Kaum ist die Gruppe wieder zu Hause, kommen auch schon die ersten Rechnungen vom Busunternehmer oder angemieteten Haus, die in der Regel nach vier Wochen bezahlt sein müssen. Auch wenn Zuschüsse beantragt worden sind, müssen diese oft in einer Frist von vier Wochen abgerechnet sein. Hier lohnt es sich, die Richtlinien der jeweiligen Institutionen genau zu lesen. Denn einige benötigen eine Teilnehmerliste mit Unterschriften der Teilnehmer, eine Programmaufstellung und/oder eine Bestätigung vom Freizeitort, dass die Gruppe auch tatsächlich zur angegeben Zeit vor Ort war.

Möglicherweise müssen Devisen wieder getauscht und Materialien nach gekauft werden. Wenn die Freizeitleitung im Krankheitsfall von Teilnehmern Arztkosten übernommen hat, müssen diese von den Erziehungsberechtigten bzw. von deren Krankenkasse erstattet werden. Erst wenn alle Rechnungen beisammen und bezahlt sind, muss der „Finanzbeauftragte" eine Kostenaufstellung vornehmen. Grundsätzlich müssen die Belege mit Mehrwertsteuer der Endabrechnung zugeführt werden.

Für die Endabrechnung lohnt es sich, mit dem Raster aus Kapitel 4.5.2 zu arbeiten. Wenn die Tabelle zur Freizeitkalkulation um eine Spalte der tatsächlichen Kosten erweitert wird, ist eine Gegenüberstellung der kalkulierten und der tatsächlichen Kosten sofort erkennbar. So ist im Nachhinein zu übersehen, wo Einsparungen möglich und Mehrausgaben nötig waren. Diese Gegenüberstellung hilft dann bei einer zweiten Freizeitplanung weiter.

Bei einem möglichen Defizit des Freizeitetats ist zu klären, wie dieses ausgeglichen wird (vgl. Kapitel 4.5.1.).

8.2. Das Nachtreffen

Auch wenn jede Freizeit mit der Rückkehr am Heimatort abschließt und alle Gruppenmitglieder in verschiedene Richtungen auseinandergehen, so bietet das Nachtreffen eine Chance, sich wieder zu treffen, Erinnerungen aufleben zu lassen, Eltern von der Freizeit zu erzählen und einzelne Teilnehmer in die kontinuierliche Gruppenarbeit zu integrieren bzw. eine solche Arbeit mit Kindern und Jugendlichen aufzubauen. Je nach dem, welche Ziele das Leitungsteam im einzelnen verfolgt, ist der Ablauf eines Nachtreffens strukturiert. Dieses kann gestaltet sein von einer Diashow für die Teilnehmer und deren Freunde und Eltern bis hin zu einem Wochenende mit Übernachtung der primären Zielgruppe.

Bei uns finden die Nachtreffen am Samstag für ca. fünf Stunden statt, so dass die Teilnehmer, losgelöst vom Schulstress, Zeit und Raum finden, sich beim Nachtreffen wiederzusehen. Der Ablauf ist dabei in drei Sequenzen unterteilt. Im ersten und zweiten Teil sind die Teilnehmer unter sich, zum dritten Teil werden die Eltern und Freunde der Freizeitfahrer eingeladen, um durch eine Präsentation von Bildern und Geschichten einen Eindruck von der Freizeit zu gewinnen. Auch von den Zielen der Einrichtung hängt es ab, wann dieses Nachtreffen stattfindet, zum Bei-

spiel vier Wochen oder vier Monate nach der Freizeit. Gerade wenn die Freizeit einen Höhepunkt in der kontinuierlich stattfindenden Gruppenarbeit darstellt, lohnt es sich, gleich nach Ende der Schulferien ein Nachtreffen anzubieten. Durch die Erfahrungen der Freizeit motiviert, hat die Zielgruppe ein Interesse, die Verbindung zur Institution zu halten.
Somit ist die letzte Sequenz des Nachtreffens auch immer Öffentlichkeitsarbeit für die Institution. Ein Ablauf des Nachtreffens kann wie folgt gestaltet sein:

Ankommensphase der Teilnehmer
Begrüßung durch die Mitarbeiter

1. Sequenz:
Verschiedene Spiele dienen zum erneuten Kennenlernen bzw. sich Erinnern an die Freizeitsituationen, zum Beispiel „Namen raten".
Ein „Freizeit-Parcours" nimmt noch einmal Höhepunkte des Erlebten auf. Alternativ sind hier auch andere Spiele denkbar, die während der Freizeit bei den Teilnehmern sehr gut angekommen sind.

»Namen raten«
KURZBESCHREIBUNG: Beim Erzählen und Raten von Gruppenmitgliedern werden sie in ihrer Persönlichkeit intensiv wahrgenommen.
ERLEBNISMOMENTE IM SPIEL: Einzigartigkeit erleben, den anderen in der Gruppe wahrnehmen, Ausdrucksfähigkeit entwickeln
ZUORDNUNG: ruhig
ALTER: ab 8 Jahren
GRUPPENGRÖSSE: ab 9 Spielern
DAUER: ab 20 Minuten
SPIELRAUM: im Kreis
MATERIAL: evtl. Papier und Stifte

SPIELBESCHREIBUNG:
Zu Beginn des Spiels hat der Spielleiter alle Namen der Spieler auf einzelne Zettel geschrieben. Jeder Spieler zieht nun einen Namen. Von dieser Person muss in Form einer Beschreibung erzählt werden. Die Identität der Person wird dabei nicht offensichtlich preisgegeben. Die übrigen Spieler raten, wen die Beschreibung vorstellt. Zur Spielvorbereitung können sich die Spieler Stichpunkte aufschreiben.

Tipp:
Das Spiel macht noch mehr Spaß, wenn vor der Namensziehung Kleingruppen von bis zu drei Personen gebildet werden, die sich gegenseitig bei der Umschreibung der gezogenen Personen helfen.

Freizeit-Parcours
Kurzbeschreibung: Auf die Auswahl der Parcoursaufgaben und -fragen kommt es an: Leib und Seele für die Freizeit in Schwingung zu bringen.
Erlebnismomente im Spiel: Leib und Seele erfahren, individuelle Ziele, die von dem einzelnen Parcours abhängen.

ZUORDNUNG: ruhig bis lebendig
ALTER: ab 8 Jahren
GRUPPENGRÖSSE: ab 12 Spielern
DAUER: ab 60 Minuten
SPIELRAUM: freie Spielfläche
MATERIAL: großer, selbstgemachter Spielplan, Schaumstoffwürfel, große Spielfiguren, diverse Aufgaben und Fragen für die einzelnen Spielfelder, den Aufgaben und Fragen entsprechendes Material

SPIELBESCHREIBUNG:
Der Spielplan wird am besten auf ein Bettlaken aufgezeichnet. Das Spielfeld zeigt zum Beispiel den Bus als Startfeld, die Fahrstrecke hin zum Freizeitort, das Freizeitgelände, den Nachthimmel usw. Durch die aufgemalten Bilder, oder an ihnen vorbei, führt ein Parcours, hinter dem sich Aufgaben und Fragen verbergen. Die Felder des Parcours, durch eine Linie miteinander verbunden, können farblich markiert oder mit Zahlen versehen werden. Eine farbliche Markierung hat den Vorteil, dass die Spieler bereits an der Farbe erkennen können, um welche Rubrik es sich bei den einzelnen Feldern handelt. Die Spieldauer steht mit der Anzahl der Spielfelder in einem Zusammenhang. Der Ausgestaltung des Spielfeldes sind keine Grenzen gesetzt.
Vor Spielbeginn werden Kleingruppen gebildet, damit Einzelspieler nicht in Gefahr sind, sich zu blamieren. Die Spielfiguren stellen sich auf dem Startfeld auf. Die Spieler einigen sich untereinander, welche Gruppe mit dem Würfeln anfängt. Nach dem Würfeln setzt die entsprechende Kleingruppe ihre Spielfigur um die gewürfelte Augenzahl weiter. Die hinter diesem Feld verborgene Aufgabe bzw. Frage wird von der Kleingruppe erfüllt, bevor die im Uhrzeigersinn links sitzende Kleingruppe würfeln kann. Ein durch eine Spielfigur besetztes Spielfeld kann mehrmals besetzt werden. Das Spiel gewinnt an Spannung, wenn überraschende Momente eingebaut werden, wie zum Beispiel: „Ihr habt während der Freizeit die Nachtruhe nicht eingehalten, setzt einmal aus" oder „Bei unserem Inseltag schien die Sonne, deswegen dürft ihr drei Felder vorgehen". Es werden mehr Fragen und Aufgaben benötigt als aufgezeichnete Felder vorhanden sind.

BEISPIELE
BLAUE FELDER: Fragen zum Team
Wie alt ist das Team insgesamt?
Welcher Mitarbeiter hat bei der Fahrradtour den Anschluss zur Gruppe verloren?
ROTE FELDER: Aktionsaufgaben; sie binden alle Spieler mit ein
Während der Freizeit haben wir zusammen ein Lied gedichtet. Singt es uns vor!
Macht aus den Namen der Teilnehmer ein Kreuzworträtsel!
GRÜNE FELDER: Fragen zur Freizeit
Was gab es auf Terschelling zu essen?
Wer von uns hat einen Seehund gesehen?
GELBE FELDER: Pantomime
Hier sollen die Spieler aus der Kleingruppe einzelne Szenen pantomimisch so darstellen, dass die anderen Spieler diese Situation erraten, wie zum Beispiel Küchendienst, Trockenfallen, Ankunft am Zielort usw.

2. Sequenz

Wie bei der Freizeit wird zusammen gekocht und gegessen. Um einen reibungslosen Ablauf des Nachtreffens zu gewährleisten, muss der Mitarbeiterkreis ausreichend Zeit für das Kochen und den Abwasch einplanen, bevor mit der 3. Sequenz begonnen werden kann. Dieser Punkt gewinnt an Bedeutung, wenn zu der letzten Sequenz Eltern und Freunde der Teilnehmer eingeladen sind. Dann lässt man sie ungern warten.

3. Sequenz

Präsentation der Freizeitbilder per Diaprojektor oder Beamer.

Papierbilder sind zwar schön anzusehen, jedoch für eine Großgruppe als Medium ungeeignet. Zu den einzelnen Bildern sollte ein oder mehrere Mitarbeiter die Moderation übernehmen und erzählen, was sich wann und wie ereignet hat.

Zur Öffentlichkeitsarbeit gehört dann auch, eine Perspektive für die Zeit nach der Freizeit anzubieten, sofern es die Mitarbeiter können, wie zum Beispiel eine Einladung für die kontinuierlich stattfindende Gruppenarbeit oder für die kommende Freizeit auszusprechen.

Bei uns werden dann noch Auszüge aus der Freizeitzeitung vorgestellt. Auch ein Dank an die Ehrenamtlichen sollte nicht fehlen.

Das Nachtreffen schließt mit einem gemeinsamen Lied.

9. Anhang

Beim Nachtreffen fragt eine Mutter besorgt: „Ist es wahr, das auf der Freizeit 80 Tüten Chips gegessen worden sind?" Antwort einer Teilnehmerin: „Ach, doch so wenig?"

9.1. Checkliste für das Kochen in der „Wildnis"

Zum Kochen in der „Wildnis" gehören nicht nur Lebensmittel. Welche Mengen dazu nötig sind, zeigt das nächste Kapitel. Kochen in der freien Natur erfordert einiges an Equipment, das mitgenommen werden sollte:

Gaskocher, am besten zwei Flammen (5 Liter Gas reichen für eine Woche bei 30 Personen)
Streichhölzer oder Gaskochanzünder
Passende Töpfe, die den Kochmengen für die Gruppe entsprechen
Küchenutensilien wie Kochlöffel, Schöpfkelle, Brotmesser, Küchenmesser, Schneidebrett, Käsehobel, Dosenöffner
Verpackungen, die offene Lebensmittel schützen (Gefrierbeutel, „Tupperware" o.ä.)
Einweckgummis zum Verschließen, zum Beispiel auch den Deckel mit dem Topf beim Transportieren im Kanu
Zwei Wasserkanister oder –beutel zu je 10 Liter (größere Kanister sind schwer zu tragen)
Evtl. wasserdichte Kisten und Behälter für den sicheren Transport der Lebensmittel
Werkzeug, zum Beispiel Axt für das Brennholz eines Lagerfeuers
Evtl. Planen, die als Wetterschutz dienen
Kumme/Schüssel für den Abwasch
Schwamm und Lappen für den Abwasch
Biologisch abbaubares Spülmittel
Geschirrhandtücher, sofern die einzelnen Teilnehmer keine im Gepäck haben
Wäscheleine und Wäscheklammern
Evtl. Brotpapier, wenn erst am Abend für die Gruppe gekocht wird. Dann müssen sich die Teilnehmer Brote schmieren und in ihr Handgepäck nehmen können
Evtl. Einweghandschuhe, die auch in den Erste-Hilfe-Koffer gehören
Toilettenpapier
Müllbeutel

Jeder in der Gruppe braucht:
Besteck und einen tiefen Teller
Becher und eine Trinkflasche
Evtl. Klappstuhl (über mehrere Tage kann das Sitzen auf dem Fußboden sehr anstrengend werden)

Es ist immer wieder erstaunlich, dass auch mit einer sehr kleinen Küchenausstattung für eine große Gruppe über mehrere Tage gekocht werden kann.

9.2. Mengenangaben für das Kochen in der Großgruppe

Die folgenden Mengenangaben sind erprobte Richtwerte. Zum Teil ist ein „von – bis" angegeben, dann steht die erste Zahl für „den kleinen Hunger" (zum Beispiel Kinder), die zweite für „den großen Hunger". Ob die Gruppenteilnehmer zu den „guten" Essern gehören, wird sich schon nach einigen Tagen der Freizeit herausstellen. Oft haben wir erlebt, dass es vom Wetter, von den Tätigkeiten während der Fahrt, vom Essensgericht selber und von der Gruppenzusammenstellung der Teilnehmer, also mehr Mädchen als Jungen, abhängt, welche Mengen tatsächlich eingekauft und gekocht werden müssen. Bei einem Nudelgericht darf es immer ein bisschen mehr sein als beim Linseneintopf.

Einige Gerichte haben wir in Kapitel 5.7. *Rund um die Mahlzeiten* unter dem Stichwort „Speisung der 36" beschrieben.

Mengenangaben pro Person / Mahlzeit

	1 Person	20 Personen
Kartoffeln als Beilage	250 g	5 kg
Kartoffeln als Hauptgericht	400 g	8 kg
Teigwaren als Beilage	75 g	1,5 kg
Teigwaren als Hauptgericht	100 g	2 kg
Teigwaren als Suppeneinlage	15 g	300 kg
Reis als Beilage	50 g	1 kg
Reis als Hauptgericht	80-125 g	1,6-2,5 kg
Reis als Suppeneinlage	20 g	400 g
Milchreis	70 g	1,4 kg
Gemüse als Beilage	150-200 g	3-4 kg
Gemüse als Hauptgericht	250-400 g	5-8 kg
Gemüse für Frischkostsalat	80-125 g	1,6-2,5 kg
Hülsenfrüchte	80 g	1,6 kg
Fisch mit Gräten	200-300 g	4-6 kg
Fischfilet	150-300 g	3-6 kg
Fleisch mit Knochen	150-200 g	3-4 kg
Fleisch ohne Knochen	80-100 g	1,6-2 kg
Hackfleisch	100 g	2 kg
Suppe als Vorgericht	1/4 l	5 l
Suppe als Hauptgericht/Eintopf	1/2-3/4 l	10-15 l
Soßen	1/8 l	2,5 l
Margarine/Butter	50 g	1 kg
Brot zum Frühstück, Abendessen, als Stullen	300-500 g	6-10 kg
Marmelade, Nuss-Nougat-Creme, Honig	40 g	800 g
Wurst, Käse als Aufschnitt (für 4 Stullen)	100 g	2 kg
Obst als Dessert	50-70 g	1-1,4 kg
Quark für Quarkspeise als Dessert	75-100 g	1,5-2 kg
Frisches Obst	150-200 g	3-4 kg

Zucker	30 g	600 g
Salz und Gewürze	nach Bedarf	
Kakaopulver	3 g	60 g
Tee und Kaffee	nach Bedarf	
Essig und Öl	je eine Flasche	
Getränke	1/4 – 1/2	5-10 l

Besonders die Mengenangaben für 20 Personen zeigen schon, welche Mengen auf einer Freizeit von der Gruppe vertilgt werden. Bei den Getränken ist zu beachten, dass jeder pro Tag eineinhalb bis zwei Liter trinken sollte. Für eine Gruppe von 20 Personen bedeutet das eine Menge von bis zu 40 Litern, das sind 57 Flaschen á 0,7 l oder 4,75 Kisten mit 12 Flaschen Wasser! Da ist die Logistik gefordert, insbesondere bei einer kompletten Selbstversorgung.
Kamillentee sollte für die Kranken im Reisegepäck sein.

9.3. Stockbrotrezept

Stockbrot lässt sich sehr gut am Lagerfeuer oder am Grill zubereiten und das gemeinsame Backen macht großen und kleinen Kindern viel Spaß. Neben dem Teig braucht jeder einen Holzstock, der an einem Ende zu einer Spitze geschnitzt wurde.

Die Zutaten für 10 Personen sind:
1/2 l Milch, 1 Würfel Hefe, eine Prise Salz, 150 g Zucker, 1000 g Mehl (davon 1/3 Weizenschrot), 2 Esslöffel zerlassene Margarine

ZUBEREITUNG:
Die Hefe in lauwarmer Milch verrühren. Salz und Zucker zufügen, das Mehl nach und nach zugeben, zuletzt die zerlassene Margarine. Den Teig gut durchkneten, damit er fest wird. Den Teig etwa eine Stunde gehen lassen und inzwischen die Glut am Lagerfeuer oder Grill vorbereiten.
Aus dem Teig 25-30 cm lange und fingerdicke Streifen rollen. (Die Teigstreifen dürfen nicht zu dick sein, sonst werden sie von innen nicht gar.) Die Streifen um einen fingerdicken Holzstock drehen und auf der Glut von jeder Seite schön braun backen.
Das Stockbrot wird direkt vom Stock gegessen.
Der Teig kann mit oder ohne Zucker zubereiten werden, das fertige Brot schmeckt dann wie süße Brötchen oder Grahambrot. Als Mehl kann man normales Mehl nehmen oder gemischt mit Weizenschrot, das in Reformhäusern zu kaufen ist.
Guten Appetit!

Zu diesem Rezept gibt es zwei Varianten, die nach dem Vorbild oben zubereitet werden:
VARIANTE A:
1 kg Mehl, 1 Würfel Hefe, 250 g Kefir, 100 g Margarine, 2 Teelöffel Salz oder Zucker (je nach Geschmacksrichtung).

VARIANTE B:
1 kg Mehl, 2 Tütchen Trockenhefe, 1/2 l Milch, 200 g Margarine, 150 g Zucker, 2-4 Eier, eine Prise Salz.

9.4. Checkliste für die Materialkisten

Als Material wird natürlich für jede Freizeit das mitgenommen, was für die einzelnen Aktionen und Programmangebote benötigt wird. Aber für – fast – jede Freizeit benötigt das Leitungsteam eine Grundausstattung an Materialien. Damit verbunden ist oft die Transportfrage, insbesondere, worin wird das Material am Besten transportiert? Empfindliche Geräte – vom CD-Spieler bis zum Projektor – sollten in feste Kisten verpackt werden, damit sie nicht beschädigt werden. Auch der sogenannte „Kleinkram" fliegt gern durcheinander. Feste Kisten sind für den Transport der Sachen sehr wichtig. Gerade für Vereine, Verbände, Kirchenkreise, Kirchengemeinden, die oft Freizeiten veranstalten, lohnt sich der Kauf von Aluminium-Kisten oder Alu-Boxen. Diese haben einen fest schließenden Deckel (oft auch abschließbar), schützen den Inhalt – auch vor Regenwasser –, sind sehr stabil, leicht zu reinigen und lassen sich an Tragegriffen bequem transportieren. Von ihnen gibt es ganze „Familien", von klein bis groß, je nach Hersteller.

Was sollte auf keiner Freizeit fehlen?

Für das Leitungsteam:
Reisedokumente: Fahrscheine, Verträge, Adressen der Eltern, Informationen über die Teilnehmer (z.B. Schwimmgenehmigungen), Krankenversicherungskarten der Teilnehmer
Ausreichende Finanzmittel und Geldtaschen
Für Reisen in Nicht-Euro-Länder Umrechnungstabellen
Taschenrechner
Den Programmpunkten entsprechendes Material, wie zum Beispiel Scheren, Papier, Beistifte, Filzstifte, Klebstoff usw.
Spiele
evtl. Literatur für eine Bibliothek
Spiel- und Bastelbücher
Streichhölzer
Erste-Hilfe-Tasche
Taschenlampe(n)
Taschenmesser, evtl. mit weiteren Funktionen, kann auch als Werkzeug verwendet werden
oder sogenannte klappbare Multifunktionswerkzeuge mit Schraubendrehern usw.
CD-Player oder ähnliches für Aktionen mit Musik
Gitarre, Stimmgerät, Kapodaster
Liederhefte
Fotoapparat und Filme
Projektor und/oder weitere benötigte Geräte

Bei Auslandsreisen: passende Adapter für die Steckdosen
Informationen über den Freizeitort und das Reiseland, zum Beispiel Landkarten

Für das Zelten und für Selbstversorger in größeren Mengen mitzunehmen:
Einweghandschuhe: Die sind nicht nur für die Erste Hilfe nützlich, sondern auch für unangenehme Säuberungsaktionen oder Putzaktionen in Toiletten usw.
Toilettenpapier (wichtig vor allem beim Zelten, bei Selbstversorgung)
Müllbeutel
Brotbeutel für die Stullen oder beim Kioskverkauf von Süßigkeiten
Spülmittel, Putzlappen, Allesreiniger
Frischhaltefolie
Wasserkanister (nicht nur auf Schiffen sehr sinnvoll)

Speziell für kirchliche Freizeiten:
Bibel
Kreuz, Kerzen und Kerzenständer, Tuch für die Gestaltung einer Mitte bei Andachten

9.5. Raster für die Programmplanung

Auf der rechten Seite ist ausreichend Platz für eigene Notizen:

Tag und Datum	Programm
Tagesleitung	
Tagesthema	
Frühstück	
Vormittagsprogramm	
Mittagessen	
Mittagspause	
Nachmittagsprogramm	
Abendessen	
Abendprogramm	
Bildershow/Feedback-Runde	
Andacht	
Bettruhe	

10. STICHWORTVERZEICHNIS

Abfahrt:	Kapitel 4.4.1., 5.2.
Abschied:	Kapitel 5.8.3.2., 5.13.
Adressen:	Kapitel 4.4., 5.11.
Anerkennung:	Kapitel 2.6., 2.6.2., 2.7., 2.8., 3., 4.5.1., 8.
Andacht: Kapitel	2.3., 5.8.3.
Anmeldebestätigung:	Kapitel 4.3.2.
Alkohol:	Kapitel 4.4.1., 5.2., 6.6., 7.
Ankommen:	Kapitel 5.3., 5.5.
Aufsichtsbedürftige Personen:	Kapitel 2.4., 2.6., 7.
Aufsichtspflicht, Ziele, Inhalte und Regeln:	Kapitel 2.4., 2.6., 5.2., 5.3., 7.
Ausschreibung:	Kapitel 4.3.
Autonomie:	2.4., 2.6.3.
Bahnfahrt:	Kapitel 4.4.1., 4.5.1., 5.2.
Besprechung im Mitarbeiterkreis:	Kapitel 4.4., 5.1., 5.2., 5.4., 5.10., 6.10., 6.11., 8.
Busfahrt:	Kapitel 4.4.1., 4.5.1., 5.2.
CD-Player:	Kapitel 6.7.
Diakonie:	Kapitel 2.3.
Elternbesuche:	Kapitel 6.9.
Emanzipation:	Kapitel 2.4., 2.6.3.
Erlebnispädagogik:	Kapitel 3
Erste Hilfe: Kapitel	6.1., 7.
Erziehungsberechtigte:	Kapitel 4.3.2., 4.4., 7.
Fähre:	Kapitel 5.2.
Fahrrad:	Kapitel 6.4
Feedback:	Kapitel 2.6.3., 2.8., 2.9., 5.8.2., 5.10., 8
Ferien:	Kapitel 2.1., 5.8.3.2.
Ferienort:	Kapitel 2.1., 2.4., 3., 4.1.
Freiwilligkeit:	Kapitel 2.1.
Freizeitgottesdienst:	Kapitel 2.3., 5.9.
Freizeitzeitung:	Kapitel 5.11.
Ganzheitlichkeit:	Kapitel 3., 4.1., 5.8.3., 5.9., 5.10.
Geben und Nehmen:	Kapitel 5.8.3.2., 5.10.
Gefahren bei Freizeiten:	Kapitel 2.6., 4.4.2., 7.

Geld:	Kapitel 2.6., 4.4.1., 4.5., 5.2., 5.12., 8.1.
Gemeinschaft:	Kapitel 2.3., 2.4., 2.6., 5.8.3., 5.8.3.2., 5.10.
Gesamtschuldner:	Kapitel 7.
Getränke:	Kapitel 5.7., 9.2.
Gruppenprozess:	Kapitel 2.8., 3., 5.8.2., 5.10.
Handy:	Kapitel 6.8.
Heimweh:	Kapitel 6.5.
Informationsfragebogen:	Kapitel 4.3., 4.4.1., 4.4.2.
Kanu:	Kapitel: 6.2.
Kiosk:	Kapitel 5.7.
Kleinbus:	Kapitel 5.2., 6.1.
Kochen in der Großgruppe:	Kapitel 5.7., 9.1., 9.2.
Kommunikation:	Kapitel 2.2.
Krankheitsfall:	Kapitel 4.4.1., 4.4.2., 6.1., 8.1.
Kreativität:	Kapitel 2.4.
Kurzzeitpädagogik:	Kapitel 2.4., 3.
Mahlzeiten:	Kapitel 4.4.1., 5.7.
Medikamente:	Kapitel 4.3., 4.4.2.
Mission:	Kapitel 2.3.
Mitarbeiter:	Kapitel 2. komplett, 5.4., 5.10., 5.13.
Mittagspause:	Kapitel 5.7.
Multimedia:	Kapitel 5.2., 5.8.1., 6.7.
Nachbereitung:	Kapitel 8.
Nachmittagstee:	Kapitel 5.7.
Neue Erfahrungen:	Kapitel 2.1., 2.2., 2.3., 2.8., 3., 5.8.3.2.
Öffentlichkeitsarbeit:	Kapitel 4.2., 5.11., 8.2.
Paragraphen:	Kapitel 2.1., 4.3.1., 6.5., 6.6., 7.
Post:	Kapitel 6.8.
Pressemitteilung:	Kapitel 4.2.1.
Produktivität:	Kapitel 2.4.
Programm:	Kapitel 2.6., 2.8., 4.4.1., 4.5., 4.5.1., 4.6., 5.2., 5.7., 5.10., 9.5.
Qualifikation der Mitarbeiter:	Kapitel 2.9., 7.
Rauchen:	Kapitel 4.4.1., 5.2., 5.4., 6.6.
Regeln:	Kapitel 5.4., 6.12.

Reisedokumente:	Kapitel 4.4.1., 5.2., 9.4.
Reiserecht:	Kapitel 4.3.1., 4.3.2.
Religiöse Erfahrungen:	Kapitel 2.3., 2.4., 3., 5.8.3., 5.9.
Rund um das Material:	Kapitel 5.10., 8., 9.4.
Selbst- und Mitbestimmung:	Kapitel 2.6.3., 2.8., 3.
Selbstversorger:	Kapitel 4.5.1., 5.7., 9.1., 9.2.
Sexualität:	Kapitel 2.4., 2.6.2., 6.11.
Soziabilität:	Kapitel 2.4., 2.8.
Spiele:	Kapitel 5.5., 5.13., 8.2.
Stockbrot:	Kapitel 9.3.
Streit und Konflikt:	Kapitel 2.7., 2.8., 4.4.1., 5.6, 5.8.3., 5.8.3.2., 5.12., 6.11.
Tagesleitung:	Kapitel 5.1., 5.6., 6.10.
Tagesschau:	Kapitel 5.8., 5.8.1.
Team:	Kapitel 2.7., 2.8.
Telefon:	Kapitel 6.8.
Tischdienst:	Kapitel 5.4., 5.7.
Unfall:	Kapitel 6.1., 7.
Verantwortung:	Kapitel 2.7., 5.2., 7.
Verkündigung:	Kapitel 2.3.
Wecken:	Kapitel 5.6.
Wertgegenstände:	Kapitel 4.4.1., 6.7.
Werte:	Kapitel 2.2., 2.4., 2.9.
Zelten:	Kapitel 5.7., 6.3., 9.4.
Ziele:	Kapitel 2.4., 3., 4.1.

11. Literaturverzeichnis

Bernstein/Lowy 1969: Bernstein, Saul/Lowy, Louis (Hrsg.): Untersuchungen zur sozialen Gruppenarbeit in Theorie und Praxis. Aus dem Amerikanischen übersetzt von Margarete Bellebaum und Ernst Nathan unter Mitarbeit von Gertraud Wopperer, Freiburg/Br. 1969.
BGB 2003: Palandt. Bürgerliches Gesetzbuch. Bearb. von Peter Bassinger u.a., 62. neubearb. Auflage. München 2003.
Brocher 1967: Brocher, Tobias: Gruppendynamik und Erwachsenenbildung. Zum Problem der Entwicklung von Konformismus oder Autonomie in Arbeitsgruppen, Braunschweig 1967 (Theorie und Praxis der Erwachsenenbildung).

Dithmar 1995: Dithmar, Ute: Hoch hinaus. Klettern als sozialpädagogisches Medium in der Mädchenarbeit. In: Sozial Extra. Magazin für Soziale Arbeit und Sozialpolitik, 12/1995, S. 3-5.
Dorner/Klenk 1990: Dörner, Gabriele/Klenk, Gerald: Unterwegs in Gottes Welt. Religiöse Erziehung in Freizeiten und Schullandheimen, Offenbach/M. 1990 (Reihe 8-13).
Ev. Arbeitsstelle Fernstudium 1987: Ev. Arbeitsstelle Fernstudium für kirchliche Dienste (Hrsg.): Freizeittheorien. Grundlagen der Freizeitarbeit. Autoren: Sigurd Agricola u.a., Hannover 1987.

Fengler 1998: Fengler, Joerg: Feedback geben. Strategien und Übungen. Weinheim 1998.
Fraas 1990: Fraas, Hans-Jürgen: Die Religiosität des Menschen. Ein Grundriß der Religionspsychologie, Göttingen 1990 (UTB für Wissenschaft: Uni-Taschenbücher; 1578).

Giesecke 1983: Gieseke, Hermann: Leben nach der Arbeit. Ursprünge und Perspektiven der Freizeitpädagogik, München 1983.
Giesecke 1971: Gieseke, Hermann: Freizeit- und Konsumerziehung, 2., um einen Nachtrag erweiterte Auflage, Göttingen 1971 (Paedagogica. Daten – Meinungen – Analysen. Bd. 2).

Hartebrodt-Schwier/Schwier 2002: Hartebrodt-Schwier, Elke/Schwier, Stephan: Echt was Erleben. Erlebnismomente, Biblische Inhalte, Spielideen, Neukirchen-Vluyn 2002 (Reihe Kreativ Kompakt).
Hoffmann 1989: Hoffmann, Markus: Erlebnispädagogik als methodischer Ansatz in der Sozialpädagogik. In: Zeitschrift für Erlebnispädagogik, 9. Jg, 1/1989, S. 1-51.
Hoffsümmer 1998: Hoffsümmer, Willi (Hrsg.): Kurzgeschichten 1, 255 Kurzgeschichten für Gottesdienst, Schule und Gruppe, 17. Aufl. Mainz 1998.
Hoffsümmer 1992: Hoffsümmer, Willi (Hrsg.): Kurzgeschichten 2, 222 Kurzgeschichten für Gottesdienst, Schule und Gruppe, 8. Aufl. Mainz 1992.

Informations- und Pressestelle 2000: Informations- und Pressestelle der Ev.-luth. Landeskirche Hannovers (Hrsg.): Gesetzessammlung für die Arbeit in der Kirchengemeinde und Kirchenkreis, Hannover 2000.

Janssen/Schulze 1985: Janssen, Annette/Schulze, Birgit: Mit Mädchen auf Tour – Abenteuerfreizeiten für Mädchen als Medium feministischer Mädchenarbeit. In: Fischer, Dieter/Klawe, Willy/Thiesen, Hans-Jürgen (Hrsg.): (Er-) Leben statt Reden. Erlebnispädagogik in der offenen Jugendarbeit, Weinheim/München 1985.

Junge/Lendermann 1990: Junge, Hubertus/Lendermann, Heiner B.: Das Kinder- und Jugendhilfegesetz (KJHG). Einführende Erläuterungen, Freiburg/Br. 1990.

Kirchgäßner 1980: Kirchgäßner, Hubert: Freizeitpädagogik oder die Ermutigung der Gemeinde, Zürich/Köln 1980 (Beiträge zur Gemeindepädagogik).

Klauke/Brockmann 1997: Klauke, Ursula/Brockmann, Norbert: Angedacht: Materialien für Gruppenarbeit und Gottesdienst, Mainz 1997.

Klawe 1986: Klawe, Willy: Arbeit mir Jugendlichen. Einführung in Bedingungen, Ziele, Methoden und Sozialformen der Jugendarbeit, Weinheim/München 1986.

Klein 1978: Klein, Irene: Freizeitfahrplan. Ein Handbuch für Kinder- und Jugendgruppen, München 1978.

Klein 1976: Klein, Irene: Gruppen leiten lernen. Didaktik und Praxis der Ausbildung, München 1976 (Pfeiffer-Werkbücher; 167).

Kliemann 1983: Kliemann, Peter: Ehrenamtliche Mitarbeiter. Zur Identität von Gruppenleitern in der kirchlichen Jugendarbeit. Eine empirische Studie, Stuttgart 1983 (aej Studienband 6).

Kraus-Siemann 1989: Kraus-Siemann, Jutta: Von der Freizeit zur Muße. Grundlagen und Perspektiven freizeitbewusster kirchlicher Praxis, Neukirchen-Vluyn 1989.

Landesjugendkammer 1987: Landesjugendkammer in der Ev.-luth. Landeskirche Hannover (Hrsg.): Ordnung für die evangelische Jugendarbeit in der Ev.-luth. Landeskirche Hannover, Hannover 1987 (Thema 18).

Lionni 1999: Lionni, Leo: Frederick. Deutsch von Bruno Fuchs. München 1999.

Lionni 1991: Lionni, Leo: Swimmy. Deutsch von James Krüss. Köln/Zürich 1991.

Maslow 1981: Maslow, Abraham H.: Motivation und Persönlichkeit. Aus dem Amerikanischen von Paul Kinntorad, Reinbeck bei Hamburg 1981.

Nahrstedt 1972: Nahrstedt, Wolfgang: Die Entstehung der Freizeit. Dargestellt am Beispiel Hamburgs. Ein Beitrag zur Strukturgeschichte und zur strukturgeschichtlichen Grundlegung der Freizeitpädagogik, Göttingen 1972.

Opaschowski 1983: Opaschowski, Horst W.: Grundlagen und Grundpositionen der Freizeitpädagogik. In: Vahsen, Friedhelm G. (Hrsg.): Beiträge zur Theorie und Praxis der Freizeitpädagogik. Hildesheim 1983 (SOWI – Sozialwissenschaftliche Reihe Hildesheim. Theorie und Praxis der sozialen Arbeit/Sozialpädagogik, Band III), S. 10-39.

Saint-Exupéry 1983: de Saint-Exupéry, Antoine : Der kleine Prinz, Neuauflage Düsseldorf 1983.
Evangelischer Presseverband 1999: Evangelischer Presseverband für Baden e.V. (Hrsg.): Schenk dir Zeit: Texte – Bilder – Lieder, 4. Aufl. Karlsruhe 1999.
Schilling 1995: Schilling, Johannes: Didaktik/Methodik der Sozialpädagogik. Grundlagen und Konzepte, 2. Aufl. Neuwied/Kriftel/Berlin 1995 (Studienbücher für soziale Berufe).
Schilling 1990: Rechtsfragen in der Jugendarbeit. Ein Ratgeber für die Praxis, München 1990.
Schilling 1981: Schilling, Johannes: Planung von Ferienlagern und Freizeiten. Ein Ratgeber für Gruppen, München 1981.
Schlaudt 2000: Schlaudt, Bernd: Wolken oder Sonnenschein. In: Niedersächsischer Chorverband u.a. (Hrsg.): amen: Lieder für Kinder und Jugendliche. München/Berlin 2000, Lied Nr. 51.
Schmucker 1990: Schmucker, Klaus: Aufgaben und Begründungen, Möglichkeiten und Grenzen für ein Freizeitangebot als Teil evangelischer Jugendarbeit. In: Bundesarbeitsgemeinschaft Evangelischer Jugendferiendienst e.V. (BEJ) (Hrsg.): Freizeiten als Feld evangelischer Jugendarbeit, 2. Aufl. Frankfurt 1990.
Schnitzler-Forster 1995: Schnitzler-Forster, Jutta (Hrsg.): … und plötzlich riecht's nach Himmel. Religiöse Erlebnisräume auf Freizeiten und in Gruppen, Ostfildern 1995.
Schraml 1972: Schraml, Walter: Einführung in die moderne Entwicklungspsychologie, Stuttgart 1972.
Schulz von Thun 1991: Schulz von Thun, Friedemann: Miteinander reden 1. Störungen und Klärungen. Allgemeine Psychologie der Kommunikation, Reinbeck bei Hamburg 1991.
StGB 1993: Strafgesetzbuch und Nebengesetze. Erläutert von Eduard Deler. Fortgeführt von Herbert Tröndle. 46. neubearb. Aufl. des von Otto Schwarz begr. Werkes, München 1993. (Beck'sche Kurz-Kommentare, Bd. 10)
StVO 2003: Hentschel, Peter u.a.: Straßenverkehrsrecht: Straßenverkehrsgesetz, Straßenverkehrsordnung […], komm. von Peter Hentschel u.a., 37. neu bearb. Aufl. München 2003. (Beck'sche Kurzkommentare; Bd. 5)